湛庐CHEERS

与最聪明的人共同进化

HERE COMES EVERYBODY

重塑制造业

【美】苏姗娜·伯杰（Suzanne Berger）著
廖丽华 译

MAKING IN AMERICA
FROM INNOVATION TO MARKET
SUZANNE BERGER
MIT TASK FORCE ON PRODUCTION IN THE INNOVATION ECONOMY

浙江教育出版社·杭州

推荐序

制造业是国家繁荣的基础

马丁·A.施密特　菲利普·A.夏普

“一个国家要生活得好，就必须生产得好。”麻省理工学院工业生产力委员会（MIT Commission on Industrial Productivity）在1989年出版的《美国制造》（*Made in America*）一书中是这么写的。当时，美国的制造业正面临着一场生产力和质量的危机，在外国企业面前不堪一击。这个委员会在三个大洲采访了几百家企业，对8大主要产业进行了详细的研究，归纳总结出导致美国丧失竞争力的几个关键弱点。而在今天，美国的制造业又面临着新的危机。但是，这场危机的本质和上一场不同，因此其成因和发展的道路也不一样。这场危机的具体表现是，美国的制造业规模和就业人数急剧下降，虽然和全球各地的竞争对手相比，总部在美国的企业在生产力和质量方面并没有落后。在很多情况下，企业的生产模式变成了“在这里发明，在那里生产”，苹果公司就是一个最好的例子。但最主要的问题是，在这种生产模式下，是否能让“国家生活得好”。一个蓬勃发展的制造业是否是经济发展的必需要素？面对这个问题，大多数人都认为制造业是经济发展的关键，原因有三：制造业创造了好的就业机会；制造业对国家安全至关重要；制造业是建立和保持创新型经济必不可少的因素。

2010 年，麻省理工学院时任校长苏珊·霍克菲尔德（Susan Hockfield）亲自从几个系里挑选了一批人，牵头组成了一个专门小组来研究创新及其与生产制造业的关系。这个小组要探寻的主要问题是“保持美国本土制造业繁荣昌盛是否是美国创新经济的关键”。麻省理工学院创新经济生产委员会（Production in the Innovation Economy Commission，PIE）由此诞生。就像 20 世纪 80 年代麻省理工学院进行的研究一样，这个为期两年的研究项目也同样是以数据为基础来进行量化的深度探讨。PIE 委员会采访了美国乃至世界范围内的 250 家企业，对 1 000 家企业进行了问卷调查，还对中国和德国的企业进行了详细的研究，分析了这些国家的制造业在本国经济中的地位及能力与美国的显著差异。PIE 委员会的这项研究不是针对某个行业，而是从不同的地理位置和不同的角度出发，研究的对象包括一般的大中小型公司、高科技初创公司、制造业的劳动力、先进的制造业技术，以及对制造业“生态环境”做出贡献的政府和私人机构。

在对这些调查结果进行详细研究之后，我们发现，在一些变化的作用下，美国本土制造业进入了一个长期衰退的时期。同时我们也发现，总部在美国的企业要想取得长期成功，就必须把创新的想法变成产品，而蓬勃发展的本土制造业通过特定方式对此有着巨大影响。换言之，PIE 委员会强有力地证明了美国的创新经济充满活力，为了让美国继续从创新活动中获取最大化利益，美国的制造业也必须与之匹配，同样欣欣向荣。过去 10 余年间，美国制造业的生态系统已经被“掏空”了，我们必须重建这个生态系统，让作为创新引擎的制造业在这里蓬勃发展。PIE 委员会的这项研究还强调，美国的制造业也是世界经济的一个组成部分，它必须和全球经济进行互动，在这个大环境中保持竞争力。美国还可以向其他国家学习，学习这些国家支持制造业发展的组织机构，以及它们如何利用市场经济的力量和别国需求来进行新产品的研发。因此，虽然 PIE 委员会的主要研究对象是美国的制造业体系，但它有关本土制造业的结论，对于想通过创新来推动经济发展的所有国家和地区都很重要。

最后，一个国家怎样才能“生产得好”？ PIE 委员会的研究列举了它在研究过程中观察到的最佳方法，还提出了具体可行的建议。

扫码下载“湛庐阅读”APP，
搜索“重塑制造业”，
测一测你对中国制造业的未来出路了解多少。

目 录

3 生态与生产

新创企业市场化的资源难题 /071

美国的创新生态环境，从企业融资、不断拓展的市场需求和发掘客户的角度来看都不够理想，在大规模生产方面更是能力不足，这一切使得新创企业在产品商业化的关键时刻都转向海外，以谋求更大的发展。

4 真正的资本

一般企业如何在工厂中创新 /097

一般企业真正的竞争优势在于他们从来不让外人看到的行业秘密，这些从每天的操作中得来的知识，大家都心照不宣，也没有文字记录，这才是它们真正的资本。

5 创新的审视

各个国家如何利用不同的政策和机构来获取创新带来的效益？在德国和中国，我们都找到了创新制造业的雄辩的例子，它们把创新推向市场的过程，也让我们重新审视关于制造业创新的很多观点。

从制造到智造

纵观美国经济发展的历史，科学技术、生产流程、商业模式的新结合总是能够带来生产效率的大幅提高，让美国在工业发展中处于领导地位。我们现在已经可以看到能够给 21 世纪制造业创造出一个先进生产系统的新模式。

MAKING

From Innovation to Market

IN AMERICA

1

本国制造与本国创新

如何使创新成果进入实体经济

美国怎样才能利用在新科学、新技术方面的长处来进行经济重建，使美国经济充满活力呢？一定要在美国国内建立起相应的生产制造能力，才能抓住创新给经济带来的好处吗？

在过去10余年间，亚洲的商品如潮水般地涌进美国市场，美国还经历了一场非常严重的金融危机，几百万个职位随之消失，全美上下都对本国制造业的前途非常悲观。大家开始提出这样的问题：面对亚洲的廉价劳动力，美国制造业还有竞争力吗？此外，美国在高科技产品上的贸易赤字也在拉大，在2011年已占到美国贸易总赤字的17%，这样看来，就算是高科技行业的制造业，别的国家也比美国强。以前美国也有过这样的困难时期，每当这个时候，大家总是把出现这种现象的原因归咎于外国政府：它们不断地对本国企业进行补贴、保护本国货币，对美国的制造业造成了伤害，这次也不例外。但是，就算是不断批评外国政府的人也知道，美国自己一定也有难辞其咎的地方。

大家都同意，美国需要提供更多好的就业机会，但是没有一个人能够告诉我们好的就业机会从何而来。制造业的岗位还会回到美国吗？像苹果公司那样的企业界超级明星，它们把生产线建在国外，但是大部分利润还是来自美国国内。这就是美国制造业将来的发展模式吗？而且，在电池、太阳能和风能这样的新兴科技行业，就算企业是利用美国的创新技术在美国创立的，但创新技术的商品化却是在国外进行的。怎样才能利用在新科学、新技术方面的长处来进行经济重建，使美国经济充满活力呢？一定要在美国国内建立起相应的生产制造体系，才能抓住创新和创业精神给经济带来的好处吗？如果是的话，又要建立哪些生产体系，以及如何才能建立并保持这些生产体系的活力？

在麻省理工学院，我们和美国大众一样，对美国经济的走向问题非常关注。麻省理工学院肩负着双重重任，那就是教育学生以及创造新知识。我们对此孜孜不倦，因为我们想要为人类解开自然之谜做贡献，而且当今世界还面临着诸多问题，如疾病、战争、暴力、贫穷、能源和气候变暖等，我们也要为解决这些大难题出谋献策。甚至对于那些致力于解开自然世界难题的同事，紧接着要面临的难题也总是应该如何运用这些知识。在这个危机重重的时刻，我们很难明确知道谁会从我们的研究中获益、如何获益，我们的学生又会在他们的事业和生活中获得怎样的机会，这也是警钟长鸣的时刻。在这种时刻，20 世纪 80 年代，麻省理工学院时任校长保罗·格雷（Paul Gray）动员全校各学科的教研人员通力合作，找出当时美国生产力增长缓慢、工业停滞不前的原因，并为美国的私有企业、政府和大学提出解决问题的新办法。当时专案小组的研究成果就是《美国制造》这本书，这本书也成了美国经济讨论中的里程碑。

秉承这个传统，苏珊·霍克菲尔德校长在 2010 年成立了麻省理工学院 PIE 委员会，由 20 名教职员工和 12 名学生组成。PIE 委员会的目的是研究创新如何从构想发展到产品生产，从而进入经济体。我们研究的起点是：我们认识到创新对经济发展至关重要，对建立一个朝气蓬勃、充满生机的社会也是必不可少的。我们面临的问题是：为了保持创新的领先地位，美国需要什么样的生产体系，而这个生产体系又应该位于何处？我们习惯于把“生产”（production）和“制造”（manufacturing）交替使用。这两个词可能真的是一样的，就像哈佛大学经济学家理查德·弗里曼（Richard Freeman）所说，如果一个人能拿一个东西砸到脚，他便知道这个东西就是一个制成品。一直以来，企业中都有一条在“制造”和“服务”之间的清晰界线，把不同性质的活动或者最终产品区分开来，但是在我们研究的大多数企业中，这条界线已经变得非常模糊。不管是在苹果这样的巨型公司，还是在俄亥俄州一个生产修理输油管道专用管套的小公司，情况都是如此。这家小公司会将它的技术员和管套一起送到石油公司的海上平台，在凛冽的海风中，技术员把使用管套的方法大声地告诉将要潜入水中修理管道的潜水员。能够创造最大价值的活动是竞争对手难以复制的，它是由服务和能砸到脚的产品组成的捆绑包。我们以这种综合活动为重点，围绕着美国经济发展中的机遇与风险来展开研究。在过去30余年中，创新与生产之间的关系不断变化，这种变化对于美国经济的机遇和风险便是我们研究的主题。

我们都对美国制造业的命运忧心忡忡，这背后有很多深刻的原因。多年以来，学术界对这个研究课题几乎不闻不问，但是在过去几年中，对美国制造业的评论和研究却突然多得数不胜数。几乎每周都有一篇新的研究报告出炉，对美国的制造业进行诊断，在不同方面强调它对经济发展的重大意义。这些报告指出，美国面临的一个最大的问题便是美国经济在全球经济中的比重不断下降。过去10余年间，虽然美国制造业生产总量在世界总量的占比保持稳定，但经济学家指出，取得这个好成绩的只是有限的几个行业。而且，就算是在这几个有限的行业里，美国的生产水平也并不是真实的，很可能只是因为低估了进口零配件的价格。美国的对外贸易赤字不断增加，而且对其各个组成部分的详细分析告诉我们，高科技领域的赤字也不容乐观。虽然美国高科技产业的生产总量还是世界最高的，2010年生产总值为3 900亿美元，但在世界总值中的占比是不断下降的，从1998年的34%降至2010年的28%，而其他国家却在这个产业中大步前进。

这个情况对就业机会的影响也是一个很大的问题。过去几年，美国失业率的大幅上升很大程度上是因为制造业岗位的流失。经济复苏的同时，这些岗位的回归速度却很慢，实际上很多失去了的岗位就永远失去了。第二次世界大战后，美国经历了很长的经济繁荣时期，在这段时期内，制造业就业机会对工人以及需要付出人工成本的中产阶级来说都是特别宝贵的，因为它给只有高中或高中以下教育程度的工人支付的工资和福利比其他工作都要高。现在新增的制造业岗位的工资都会低一些，福利也没有那么好。

此外，制造业兴旺与否还关系到国防安全，因为军队要不断购买新武器、保养或更换现役不同批次武器的零件。由于很多中小型零配件供应商不复存在，美国军队不得不转向外国供应商来满足武器维修及保养的需求。这种和外国厂商签订军事合同的后果如何，我们还不知道，但是不可否认的是，这种情况令人忧虑。

纵观美国的工业生产体系，我们看到的是一个千疮百孔的现实。工厂空空荡荡，有些已经破损、坍塌，但这些并不是最重要的，推动新企业诞生的生产能力和技术消失了，这才是最关键的。著名经济学家约瑟夫·熊彼特（Joseph Schumpeter）曾经说过，大量的创造性破坏是经济进步的前提。但是，我们还需要知道，毁灭之后留下来的资源是否足够丰富，能否让新的经济在这里生根、发芽，茁壮成长。我们在研究中发现，不管企业成立的时间有多长、规模有多大、属于哪个行业，它所在的地区都必须要有培训体系、大学、多样化的供应商、行业公会以及技术研究中心等资源，因为企业光靠自己的内部资源是不够的。根据这些资源的密度、多样性、丰富程度，我们就可以把一个有活力的工业体系和一个枯竭贫瘠的工业体系区分开来。现在，美国各地的中小型企业只能依靠自己的内部资源来运作。除了硅谷、得克萨斯州的奥斯丁、马萨诸塞州的坎布里奇等地区以外，美国现有的工业生态系统没有足够的资源来支持创新快速进入市场，这样就阻碍了美国经济的发展。

我们现在面对的不仅仅是经济变化给社会某些阶层带来的牺牲，还要回答这样的问题：当今新兴产业不断涌现，我们要利用哪些生产能力、技术和商业模式才能保证它们的成功？苹果、高通和思科这些优秀的新企业把产品生产放到了海外，但是它们主要的利润来源还是美国。这种模式的成功把这样一个问题摆到我们面前：美国还需要本土制造业来抓住创新和创业精神带来的好处吗？在过去 30 多年中，科学技术和各国政府政策相结合，使得各种想法、货物、服务、资本和生产在国与国之间畅通无阻。现在，很多产品和服务都可以和国外的制造商合作，把创新转化为产品，投放市场。美国的发明家和企业家可利用的生产容量极高，不再需要自己建立相应的生产能力，因此面临着前所未有的机会。这些机会还意味着，有史以来第一次，发展中国家的发明家也可以和国内外的合伙人、供应商合作，达到这些科学领域的领先地位。

但长期来看，这些合作关系对美国企业和美国来说都是有风险的，风险还远不止专有知识和行业秘密流失那么简单。真正的危险是，随着美国企业把科学技术的商业化转移到国外去进行，它们进行新一轮创新的能力就会越来越弱。这是因为企业的认识、学习，是在从产品雏形、展示阶段到商业化整个过程中进行的。当车间里的工程师和技术员带着生产过程中遇到的问题来找负责设计的工程师，一起寻求更好的解决方法时，企业的认识加深了；当工厂把大家心照不宣的知识转化为标准化的流程，白纸黑字地写在操作手册上时，企业的认识加深了；当产品的最终使用者来投诉，工厂在处理投诉时，企业的认识加深了。PIE 委员会的研究人员亲眼目睹了这样的认识加深过程，他们观察了生物技术巨头百健公司（Biogen Idec），看到了治疗多发性硬化病的药物如何从试管阶段，一步一步地走到放在 15 000 升的罐子里进行规模生产，在每一步中，这家企业都学习了很多新知识。即使是深得大规模生产之道的公司也在生产过程中不断学习，生产剃须刀片、尿布、路标、便利贴这些毫不起眼产品的公司也在生产过程中不断加深认识。像宝洁公司、3M 公司等就是在制造这些产品的过程中，不断找到新的创新点来增加利润空间的。因此，当生产制造过程搬到国外后，美国用来继续学习的场地就变小了，未来的利润空间和就业机会也变少了。

我们沿着从实验室到产品这个食物链来追本溯源，大学实验室通常是创新的发源地，而研究结果告诉我们，制造业企业的流失会带来实验室的流失，因此我们的担忧是有道理的。我们对校内一个实验室的访问，最能证明这一点。我们来到托尼奥·布纳斯斯（Tonio Buonassisi）教授在麻省理工学院 35 号大厦地下室的实验室，布纳斯斯教授在太阳能电池研究方面是最杰出的研究人员。他带我们在实验室里走了一圈，告诉我们，制造这些尖端仪器的制造商都位于马萨诸塞州的坎布里奇地区附近，开车几小时就到。大多数仪器是实验室和仪器生产商紧密合作的成果，从想法到零部件再到仪器的雏形，他们之间的交流频繁而密切。这些仪器最初只是在实验室使用，不过现在它们已经商品化，很多太阳能公司都在使用。布纳斯斯教授忧心忡忡。由于经济停滞不前，对可再生能源的经济刺激终止，太阳能行业传出来的消息越来越糟；虽然整个行业的边际利润都很低，但竞争对手还在坚持。和布纳斯斯合作的本地企业情况不妙，于是他对自己的研究工作也担心起来，他认为仪器供应商倒闭后，他的研究工作麻烦就大了，因为只有和这些供应商合作，他才能生产出需要的仪器，来制造更快、更有效、更便宜的太阳能电池。虽然在全球化经济体系下，互联网可以使世界各地迅速连接，但初期研究与后期规模生产之间的联系依旧是最重要的。

现在，在和制造业相关的很多问题上，我们都有了大型研究项目带来的新见解。PIE 委员会也从中学到了很多东西，有几个人要特别感谢，他们的研究大大加深了我们对这些问题的理解：苏珊·赫尔珀（Susan Helper）、苏珊·豪斯曼（Susan Houseman）和埃丽卡·富克斯（Erica Fuchs）的相关研究；美国信息技术及创新基金会（ITIF）的研究报告《比大萧条还糟的现状》（*Worse Than the Great Depression*）；加里·皮萨诺（Gary P. Pisano）和威利·史（Willy C.

Shih）在 2012 年出版的《制造繁荣》（*Producing Prosperity*）；麦肯锡全球研究院在 2012 年出版的《制造未来》（*Manufacturing the Future*）；美国先进制造业伙伴关系指导委员会所作的报告《在高级制造业中抓住国内竞争优势》（*Capturing Domestic Competitive Advantage in Advanced Manufacturing*）；美国国家科学院关于创新政策的研究。过去几年间，有关制造业现状和前途的研究报告大量涌现，它们指出了值得考虑的地方并分析了背后成因。这些研究工作还指出了应该如何调整政策，这也为政府下一轮的行动指明了方向。

麻省理工学院 PIE 委员会的研究概览

此处 PIE 委员会的研究项目和上文提到的研究工作有两点不同。

我们只关注一个大问题：如果要保证创新的持续发展，在本土把创新的好处变为现实，那么需要在国内外有什么样的生产能力？PIE 委员会的有些成员认为把制造业保留在美国很有价值，因为制造业创造就业机会，还有助于国家安全，不过 PIE 委员会内部在这点上意见并不统一。大家都同意的出发点是，创新对建立和维持一个充满活力、蓬勃发展的社会至关重要。我们的研究围绕着以下两个方面来进行。

第一，如何保证创新长期不断地持续下去，以及怎样才能把创新带入经济体。我们从不同的角度出发对这些问题进行了分析，研究了产品创新、生产过程创新以及产品和服务的综合创新；我们还研究了不同企业的创新活动：新创企业、大型跨国企业、一般的中小型企业、欧洲和亚洲的合作方和竞争对手、新科技发展的热点地带，比如马萨诸塞州坎布里奇地区的生物技术群企业，俄亥俄州的传统制造业企业，还有亚利桑那州西南部以及中国、德国等新兴制造业地区的企业。

第二，我们自下而上地厘清从创新到市场的路线。为了把创新商业化，企业必须要取得资本、劳动力、厂房、专业知识等资源，我们对获得这些资源的每一个步骤都进行详细分析，看看企业是怎样把产品或服务商业化的，并通过在不同国家设立的研究站点对创新到市场的具体过程追本溯源。一个全新的发明或对现有产品及生产过程进行改善的想法，是怎样变成在市场上发售的产品和服务的？重点就是要找到这条变化的通道，而主要研究方法就是对企业进行实地采访。美国国家科学基金会的统计数据表明，在 2006 年到 2008 年间，22% 的美国制造业企业表示它们推出了新的或者是大大改善了的产品、服务或生产过程，但是我们在研究项目刚刚开始时，并不知道这些产品、服务或生产过程是什么，也不知道它们又是怎样取得这些成绩的。此外，虽然我们可以通过风险投资公司和大公司内部的风险投资数据来了解它们进行高风险新创企业投资方面的情况，但是对于它们是怎样找到创新发明进行商业化所需全套资源的，我们并没有这方面的系统记录。美国制造业的创新和商业化就像一个黑箱，只有进行了这些采访和分析后，我们才对这个黑箱里发生的事情有了比较清晰的了解。

通过和企业高层管理人员面谈，我们具体、详细地了解到了企业要把想法变成利润需要经历一条什么样的轨迹。

◎ 从创新到规模生产，这些企业是在哪里获得所需的技术、资金、供应商、试验设备、专业知识、早期客户反馈等必要的资源的？

◎ 它们是在哪里找到这些资源的，在国内还是国外？

◎ 它们会把各个运营中心设在哪里？为什么？

◎ 生产过程的哪一部分要与研究开发部紧挨着，才能以最快的速度把新产品投放到市场，使创新的利益最大化？

创新很多时候是从现有的流程和产品技术中成长起来的，于是在这种情况下，我们对企业进行的采访详细记录了发明者和制造商之间的互动，从构思到生产，再到产品售出整个过程。

颠覆行业传统的巨大创新也可能源自发明者和制造商之间的互动，变革的种子很可能就是在这些互动的土壤中发芽的。在以往的想象中，能把整个行业淘汰的突破性科学技术就像彗星一样不知从何而来，当它们划过现有企业的上空时，旧行业就消失了，新行业取而代之。有些新行业，比如 Facebook 那样的社交网站，真的就是从天而降。但是，大多数革命性的新科技都是在企业中长期进行的项目，无论是电子行业、新材料行业、信息行业还是医药行业都是如此。华莱士·卡罗瑟斯（Wallace Carothers）于 1930 年就在实验室发现了高分子聚合物，但是经过 10 年的努力，杜邦公司才把这个发现变成可以大规模生产的尼龙，在 1940 年生产出第一双尼龙长筒袜。今天，很多创新都经历过同样漫长的过程。以生物科技为例，要把实验室的发明转化为投放市场的药品也是一个漫长的过程，在这个过程中，拥有这项发明的企业可以把制造过程保留在公司内部，也可以外包给附近的承包商，还可以外包给世界上任何一个承包商。通过研究，我们可以观察到哪一种生产过程能加快创新商品化。

制作过程的所有权会改变利益分配吗？在这个过程中，谁学了些什么，谁又最有能力把学到的东西应用到下一个创新中去？在 PIE 委员会的研究项目中，研究人员向采访公司（见表 1-1）都问了这些问题，问题的措辞会因为不同公司、不同的情况而有所改变。研究人员会根据采访提纲问以下问题：

◎ 说出两三个你们公司进行的创新，在过去 5 年里，你们公司是如何把这些新产品、新流程，或者改良的产品和流程引进市场的？

◎ 你具体是如何把来自实验室或研发部或车间里或头脑中的创新想法，变成在市场上发售的产品的？

◎ 在开发的每一个阶段，你是怎样拿到所需的投资的？你自己掏腰包吗，还是拿到了风险投资或是银行贷款，还是有大企业合作方的投资？

◎ 你在哪里找到技能匹配的工程师和工人？

◎ 你又在哪里找到生产过程中需要的专业技能及供应商？

◎ 你是自己负责生产制造还是外包，你是怎么做这个决定的?

◎ 你是如何决定把生产基地设在哪里的?

◎ 创新过程中哪一步是不成功的? 为什么?

◎ 什么样的政策会对你的公司有帮助?

表 1-1　　PIE 委员会采访的公司

国家	采访的公司数（家）
中国	36
法国	2
德国	32
以色列	1
日本	8
瑞典	2
瑞士	3
英国	2
美国	178
亚利桑那州（11）	密歇根州（1）
加利福尼亚州（16）	新泽西州（3）
康涅狄格州（2）	纽约州（12）
华盛顿特区（2）	北卡罗来纳州（14）
特拉华州（1）	俄亥俄州（37）
佐治亚州（12）	俄勒冈州（1）
伊利诺斯州（2）	宾夕法尼亚州（9）
爱荷华州（1）	南卡罗来纳州（2）
肯塔基州（1）	华盛顿州（1）
马里兰州（2）	威斯康星州（1）
马萨诸塞州（47）	
总和	264

对美国大型企业的研究

我们的第一组采访对象是总部设在美国的跨国企业，它们应该是全球最大的研究开发投资者。我们从中挑选了 30 个具有庞大生产制造功能的企业，其中 10 个在全球 500 强企业中排在前 100 名。过去 30 多年间，这些公司从全部运作都在美国本土进行，变成了在世界范围内进行研究开发和生产制造的企业。通过和它们高层管理人员对话，我们希望能够理解它们是如何进行各种决策的，比如怎样决定在哪里进行创新、原型开发、试点生产、试验和漫示、早期制造，以及在美国甚至全世界进行大规模制造的。对于每一个公司，我们都从几个新产品线切入，从创新到市场的每一个阶段都在美国本土完成有什么优势，又有什么缺点，这就是我们要深入探讨的问题。

从新创企业到大规模商业化的研究

每年麻省理工学院的实验室都创造出大量的专利，经过麻省理工学院技术许可办公室（Technology Licensing Office，TLO）的批准，新的公司就可以使用这些专利并进一步市场化。PIE 委员会的第二组重点研究对象就是在 1997 年到 2008 年间，利用这些专利成立的新公司。这样的公司一共有 189 家，我们介入了其中的 150 家，它们已经在进行某种形式的生产活动。这些新创企业成功的可能性特别大，因为它们的专利来自于实力很强的实验室，起步的地区是一个创新的区域中心，附近有很多免费的资源，因此和美国其他地区的新创企业相比，它们拿到早期高风险投资的可能性要高得多。这些企业的目标就是早日把这些专利变成客户手里的产品。虽然享有这么多优势，但朝着这个目标而努力的过程依然困难重重，很难得到必需的资源。就连这些企业都会遇到这么多困难，那么其他以新科技为基础的美国新创企业的经历也很可能一样，因此从这些企业中吸取的教训就很珍贵。当然，企业会因为很多原因而得不到扩大再生产所需的各种资源，市场、竞争形势、产品或者管理层都可能是导致失败的原因。但是，针对这些以麻省理工学院专利为基础的企业，我们做了各种准备工作，想多找到一些成功的例子，通过对它们在各个阶段的发展状况进行分析，找到它们在到达规模生产的过程中遇到的困难，并对这些困难进行分析。

对一般企业的研究

PIE 委员会的第三组重点研究对象是美国本土的中小型制造商。怎样才能提高流入美国经济的创新水平呢？这包括各方面的创新，其中有产品、流程、服务的创新，也有渐进式和突变式的创新，更有改变现有用途和商业模式带来的创新。要回答这个问题，就必须把眼光放到硅谷和马萨诸塞州坎布里奇地区以外的地方。PIE 委员会的研究人员拿到了一份企业名单，上面列出了从 2004 年到 2008 年间营业收入翻番、员工人数也有所上升的美国制造商。我们在其中抽出了 3 596 个制造业企业，它们的年均营业收入都超过 500 万美元，员工人数也超过 20 名。这些公司至少是可以活下去的，而活下来才有可能向市场推出新产品。我们在亚利桑那州、佐治亚州、马萨诸塞州和俄亥俄州采访了 53 家这样的公司。后来，又通过别的工作接触到了 43 家这样的公司，把这些公司也加入到 PIE 委员会的研究项目中来。PIE 委员会的研究人员对每一家公司都问了同样的问题，问题都是关于新产品、新流程以及要把它们带入市场所需资源的。

并不是所有的创新都和专利有关。经济合作与发展组织的《弗拉斯卡蒂手册》（*Frascati Manual*）以及《奥斯陆手册》（*Oslo*）都对“研究开发活动”下了定义：

> 有组织、有系统展开的创造性活动，致力于提高知识的积累，包括关于人类的知识和关于文化和社会的知识，然后利用这些知识来设计出新的应用程序。

这些稳定发展的中小型制造商的创新活动不断，但是这些新奇而有趣的活动基本上和定义对不上号。不过在美国，各种规模的企业其实都在进行流程、商业组织、制造方法方面的革新，这样大量的创新活动只是一直不为人所知而已。在一般制造商的研究样本里，一些企业有着最前沿的创新技术，其中一些是有专利的。但是，对很多企业来说，它们是新想法、新行业的促成者。它们可能是新创企业的供应商，由于它们的存在，新创企业才可以把它们的产品向市场推进一步。

MAKING 制造业案例
IN AMERICA

大罐公司

位于马萨诸塞州米德尔伯勒的大罐公司（Mass Tank）就是其中的一个典型案例。这家企业有 50 名员工，主要为化工、食品、制药和供水企业制造箱罐，还提供箱罐检查服务。但是，它同时还和区内 5 家新创企业合作，配合这些新创企业的工程师开发新材料和新零件，当这些工程师把他们的重磅产品推向市场时，他们会记得这里面也有大罐公司的一份功劳。

大罐公司的总裁卡尔・霍斯特曼（Carl Horstmann）曾经是个银行家，他告诉 PIE 委员会的研究人员，他看着离岸风力发电塔的地基，突然想到他们公司生产的罐子也可以做这个地基啊！当然，罐子两头的盖子要去掉。因此他希望大罐公司能够参与到马萨诸塞州科德角附近的海上风电场项目中去。现在，这个项目还没有启动，还处于等待状态，但是大罐公司已经向风能业务迈出了第一步，赢得了一个生产风力发电塔的合同，于是它就开始给马萨诸塞州普利茅斯的一个小型风力发电项目生产发电塔了。大罐公司要给一个风力发电涡轮建一个近

69 米高的发电塔，生产这个涡轮的厂家是中国最大的一家风力涡轮生产厂家新疆金风科技股份有限公司。新疆金风使用的无传动装置先进技术来自他们收购的德国温思斯公司（Vensys）。温思斯公司的技术又源自一家附属于德国萨尔州应用科学大学（University of Applied Sciences）的新创企业。

在一般的制造业企业里，创新意味着把一个行业开发出来的技术应用在一个完全不同的用途上。一位中西部企业的第三代总裁告诉我们，他正在开发用于建筑业的轻型钢材，看看能不能把它用到国防承包业务中。如果这个想法成功了，他就能够帮助航空母舰减轻重量、节约能源。但是我们在美国见到的这种类型的企业，都是依靠自己的内部资源来发展的。在开发新零部件的过程中，它们在行业生态系统中找不到可以利用的互补资源，因为很少有外来的资金，与社区学院的联系也很少，行业协会也帮不上忙，也没有科研机构的协助，而这些资源在德国都是工业生态系统中的标准配置。一个有 200 名员工的钢铁制造商向我们解释，为什么社区学院不肯把工人需要的技术纳入教学计划："我猜是因为我们公司太小了，它们觉得不值得对我们的需求做出回应。"为什么一般的制造商对创新做出了贡献，但是这些贡献却不能转化成更多的利润，业务也不会因此而更快的增长？每当我们思考这个问题时，就会情不自禁地和德国做比较。一家位于俄亥俄州的机械厂不可能像微软和 Facebook 那样发展，但是它真的有未开发的发展潜力、创造就业机会的潜力和赢得更多利润的潜力。

从德国和中国学到的经验

PIE 委员会的第四组重点研究对象是美国以外的企业，主要是德国和中国的。很多美国创新公司在达到一定规模、拥有一定数量客户之前就停步不前，我们对此有一些既定看法，但是在德国和中国看到的创新制造业及其发展足迹让我们不得不重新审视这些既定看法。

德国企业的创新建立在传统的基础上：工业生产专门化、和客户关系深厚、工人技术水平高、生产能力强大的供应商近在咫尺。我们原来以为，德国企业的模式就是守住市场缝隙，打败步步紧逼的低成本生产商，但是它的潜力其实远不止如此。德国模式使得新企业不断涌现，这些新企业建立在现存的生产能力之上，通过对现有产能的转型、革新、改造及商业化而建成，走的不是美国式新创企业的路子。我们采访的德国企业，有的从生产汽车转型到生产太阳能电池，有的从生产半导体转型到生产太阳能电池，还有的从生产模具转型到生产机器火花塞，再转型到生产人造膝盖那样的医疗器械。我们见到的一般美国企业在推进创新市场化的道路上只能依靠自己的力量，不管是在材料、人力资源还是在资金方面，都没有外来帮助。相比之下，德国企业不仅有传统资源的优势，还有一个富饶的工业生态系统，这里有着各种各样的互补资源：供应商、行业协会、行业研究合作社、行业研究中心、弗劳恩霍夫研究所（Fraunhofer Institutes）、大学和工业合作社以及技术咨询委员会。德国工业生态系统有着丰富、稠密的资源，而在美国各地能够让制造商用上的资源则非常贫瘠，现有的一点还在不断萎缩。如果不将两国企业的条件进行比较，我们就不能理解两国的制造业命运为何如此不同。

对中国企业进行采访则让我们看到了它们的制造业有着极强的创新能力。刚开始时，中国的最大优势是低廉的生产要素，土地、劳动力、资本的价格都很低，货币值也被低估了。低廉的劳动力价格使得中国的服装、鞋类公司在西方市场所向披靡。但是，我们看到了处于可再生能源等新兴行业中的中国企业。这些企业成绩斐然，但不再是因为低廉价格的劳动力，而是因为它们能够把先进复杂的产品设计迅速推动到规模生产和商业化的阶段。当然，中国巨大的市场也像磁铁一样吸引了世界各国的投资者。但是，在那些主要客户群还在西方的行业里，美国、欧洲的发明家在商业化过程中通常选择和中国企业合作，因为中国企业具备把知识密集型创新市场化的专长。这些专长包括逆向工程，即把一个成熟的产品重新设计，使它变得更快、更有效率；也包括按照设计生产出一个全新的产品，或者是设立一个全新的生产流程；这些中国企业自身也在不断进行产品创新。

对先进制造技术的研究

目前，生产制造是一个漫长的过程，效率通常很低。在这个过程中，天然原材料经过各个加工、制作过程，来到组装阶段，再到仓库储存阶段，最后作为商品投放到市场。将来，在新科技的作用下，制造业的过程会加快，在这个过程中，人造材料将代替天然原材料，按照指定的要求生产出来，再投入到生产流程中去。目前，生产制造主要在大工厂里集中进行，零部件和制成品都要经过长途运输，这样长的供应链不但成本高还会对环境造成很多破坏。离岸外包风行一时，却使得工厂变得更大了，商品运输路程也变得更长了。我们可以想象，未来的情形是一个分散型的生产模式，这个模式将打破“量大就是王道的暴君统治”，让通过互联网联系在一起的小型厂商，通过需求和产能管理，灵活地为当地市场进行生产。

对就业机会和技能的研究

为了研究把创新推到市场这个过程中的两大要素：就业机会和技能、先进的制造技术，PIE 委员会的研究人员使用了问卷调查和采访相结合的研究方法。负责研究就业机会和技能的团队在美国各地对企业、社区学院、高中、劳动力市场的有关部门进行采访。他们对美国各地有代表性的制造业企业进行了调查，询问他们在招聘生产工人时都要求工人具备哪些技能。在全美范围内进行这样的调查，这还是有史以来第一次。差不多有 1 000 家企业给了回复，这些制造业企业的雇员中有 40% 是生产线上的工人，于是 PIE 委员会就重点研究了这部分员工的技能是否短缺。很多人说技术短缺在美国是一个普遍的问题。而经济学家指出，工资一直提不上去和失业率高这两个现象显然不支持这种说法。通过 PIE 委员会的调查，我们就能够有条不紊地利用收集到的证据给争论双方进行裁决，制定相关政策来修正真正存在的问题。有些职位和企业确实很难找到具有相应技能的员工，PIE 委员会对这个问题进行了深入研究，力图找出需要特别注意的地方。

美国制造业垂直一体化架构的颠覆

1960 年 1 月，美国经济在全世界中的主导地位达到了最高峰，29% 的美国工人受雇于制造业，几十年以来，制造业工人的工资一直在上涨，创新企业和制造商步调一致地向市场推出了一系列新产品。在美国发明的产品也在美国制造。就像理论家描述的“产品周期”一样，在发达国家发明的产品都在本国经历小批量的生产、生产流程和产品标准化、大规模生产的流程，产品都质量高、性能好。只有当厂家精通了生产过程的每一步，整个流程都成熟且标准化了，初期利益已被消耗之后，生产才被转移到工人技术水平较低的欠发达国家中去。

而现在，我们处于一个不同的历史时期。庞大的贸易逆差提示着我们，在美国发明不等于在美国制造。甚至初期的几代 iPhone 和 iPad 都不是在美国生产之后再转移到亚洲的。现在，在亚洲已经形成了紧密连接的供应链，供应商聚集、生产容量大、企业间的协同作用强，就算那里的工资水平继续上涨，接下来几代在美国设计的电子消费产品还是会继续在那里生产。对太阳能、风能和电池技术这些新兴高科技产业的调查表明，新产品的早期市场化就已经不在美国进行了。对当今某些新行业来说，要在美国进行早期生产特别困难，因为美国没有相应的技术专长、技术工人、仪器和最先进的厂房设施，资源也已经落后于别的国家。

随着经济变得越来越开放，世界各地新的制造业中心不断兴起，因此生产制造可以在外部进行。把生产制造搬到海外的不仅仅是服装业这类“成熟”行业，太阳能电池、风力涡轮和电池技术等行业的生产制造也在向海外迁移。过去，芯片设计和芯片制造必须在同一家公司内进行；现在，芯片设计师可以把设计放在电子文档里发送给世界上任何一家制造商。苹果公司可以在美国发明、设计、发售 iPod、iPhone 和 iPad，却不需要在美国建立庞大的生产设施。

发明家和设计者可以利用世界范围内的生产制造资源，这使得美国和发展中国家的新企业不断涌现。表面看来，这是一种非常好的现象，但我们不知道的是，把创新和制造分离开来，尤其是在新兴高科技行业，创新国还会以从前的速度和质量继续创新吗？还会不断加深学习吗？把创新和生产制造分离开来，放在不同的企业或地点中，会使企业得不到在制造过程中使用最新科学技术带来的全部好处。比如，发明新药的企业学不到如何使新药从试管阶段到规模生产的知识和技术；设计半导体芯片的企业也学不到如何在低量情况下低成本地生产高附加值芯片的知识和技术，这些芯片是某些医疗设备的必要组成部分，用来帮助老年人在家中就可使用医疗设备。

在全新的全球化经济中，研究、开发、制造、营销分散在世界各地，这种情况是如何形成的？这会给美国经济带来什么样的影响？一定要深入了解这场变革的成因，因为这些成因植根于美国金融、工业结构的变化，但直到今天人们才开始衡量这些变化带来的后果。在研究过程中，我们对美国制造业进行了回顾，其中最令人深思的是，美国企业的所有权和控制权很早就发生了结构性的变化，这些变化远在全球化或者亚洲发展全面展开之前就已经发生了。

从 20 世纪 80 年代开始，一直以垂直一体化著称的美国大企业开始改变企业机构，把很多业务功能从主干业务中分离出去，其中包括研究开发、设计、深化设计、生产制造和售后服务。这些活动原来都是在同一家企业中进行的。

以前的企业管理原则是企业各个职能联系得越紧密，业绩就越好。但是，到了2013年，很少有美国大企业还在沿用这种垂直一体化的企业结构。通用电气和宝洁这种一家企业名下有多条业务线，偏好从实验室到生产一体化的公司成了例外。在过去30多年间，美国的大公司都和戴尔、思科、苹果和高通一样，企业内部都不进行或者很少进行生产制造。导致这种企业瘦身的最重要原因来自于金融市场：从20世纪80年代开始，“核心竞争力”开始流行，股市给精练的“轻资产”型企业更高的估值，这就促使企业把利润率不那么高的业务线清除掉，减少了多种经营业务。第一个移到企业外的业务功能就是制造，因为资本市场马上就会因员工人数和成本的降低而给予企业奖励。在20世纪90年代，数字化技术和模块化技术取得了大幅度进步，这使得企业可以实施这项策略，把生产制造外包给伟创力（Flextronics）和捷普（Jabil）这样的外包公司，后来又再外包给中国台湾积体电路制造股份有限公司（简称台积电公司）、广达（Quanta）、富士康等供应商和外包公司。

在今天，要想全面了解过去30多年间全球工业发生的巨变，就必须了解世界各地的发展状况。很多变化都是在最近发生的：很多国家拆除了贸易障碍，向资本和贸易打开了大门，中国也是在2001年加入世界贸易组织的。在中国香港地区和中国台湾地区的公司的带领下，亚洲公司形成了一条完整的供应链，这些灵活而富有冲劲的外包公司拥有源源不断的低成本劳动力；新出现的数字化技术让产业价值链更加分散；巨大的亚洲消费者市场正在形成中，生产制造从此要贴近市场。这些因素都很重要，它们在对世界经济进行重组。

但是，我们对美国制造业产能的研究也要回到20世纪80年代，去重新审视垂直一体化的企业结构是如何被颠覆的。这些变化不仅带来了很多新机会，也带来了很多障碍，而在今天要想把创新带入市场，就必须消除这些障碍。下面列举了其中的一些障碍。

◎ 垂直一体化的企业有足够的资源来组织生产工人的培训活动，使这些员工的技能得到提升。员工长期服务于一家企业，意味着企业可以通过员工的整个职业生涯来收回投资成本。以前，员工都是大公司培训出来的，或者是在大公司的资助下由职业学校培养出来的。但是，当今的美国制造业企业一般都是小企业，资源也有限。它们并不打算让员工一辈子都为它们工作，也没有足够的财力来给员工进行培训。那么，我们应该怎样培养出所需要的工人呢？

◎ 像美国电话电报公司（AT&T）这样的垂直一体化公司曾经为贝尔实验室、施乐帕洛阿尔托研究中心、美国铝业实验室等基层研究中心提供长期支持，每一个基础研究中心都雇用了几千名科学家和工程师。然而，随着企业结构、规模的改变，基础研究已经被大幅削减，这些研究中心大多消失了，而企业内部的研发部则是和各个业务部门的短期需求紧密联系在一起的。在这种情况下，我们应该如何给基础研究提供资助，才能有源源不断的研究成果？如果大多数领先的科研都不再在企业内部进行，而是转到大学、新创企业和政府实验室中去进行，我们又该如何推动这些企业的创新，让这些创新成果顺利达到商业化阶段？我们又该如何在有一定历史的企业内传播最新的科学技术？

◎ 当创新是大型企业的研究成果时，这些大型企业有相应的资源把它推动到大规模商业化的阶段。在 20 世纪 30 年代，像杜邦那样的企业不但可以在尼龙的基础研究上投入 10 年的时间，而且一旦实验室研究出了一个有前途的产品，杜邦公司还有相应的财力和设施把它推动到大规模生产的阶段。现在，创新更可能出现在大企业分拆出来的小公司或者是大学和政府的实验室里，在这种情况下，商业化过程所需的资源又从何而来？在创新通向商业化的道路上，每一步都需要资金，原型机制造、试生产、测试和演示、早期生产、大规模制造，每一步都要用钱，这些企业或实验室能够拿到所需的资金吗？拥有创新的企业往往还不成熟，想要进一步把创新商业化，只能寄希望于被一个大公司并购，然后提供相应的资金，但是，当来并购的是个外国公司时，美国经济又将怎样从这项创新中获益呢？

◎ 美国的大企业曾经一度是公众利益的提供者，它们的科研、培训都有

> 溢出效应，它们向供应商传授新的科学技术，还向各州及当地政府施压,要求改善基础设施。这些溢出效应就变成了区域性的“互补资源”，其他企业即使对这些资源的形成没有做出贡献，也可以利用这些资源。现在，这些互补资源已经不存在了，小企业又该如何生存？美国工业生态系统变得千疮百孔，要怎样才能重建这些资源，让其持续发展，创造一个好的创新环境？

PIE 委员会的研究人员根据采访和调查结果，看到了美国工业生态系统中的漏洞，这些漏洞是在美国创造和维持生产制造能力过程中的最大阻力，而没有这些生产制造能力，创新便难以推向市场。我们把这种现象称为“漏洞”，更通俗易懂的说法是“市场失败”或“互补资源缺失”，因为企业在开发新产品时不能利用这些资源来给现有的资源做补充。全球化竞争带来的压力使得大量供应商消失了；以前大企业在运作过程中给所在地区的其他企业提供互补资源，但现在这些资源也消失了。在这两个条件的共同作用下，工业生态系统被掏空了，漏洞变得无处不在。全国性的银行不断对本地小银行进行并购，熟知当地制造业的本地银行家变成了“濒危物种”，使得当地制造业企业更难获得银行贷款。关键性的供应商也变得越来越少。我们发现美国的小企业和大型国防承包商都在考虑把现在供应商承担的功能外包给美国以外的企业，因为现在的供应商是在美国能够找到的唯一一家，一旦停业，事情就不堪设想了。

现有产品的生产都如此让人战战兢兢了，因此当一个企业开发新产品、新流程时，挑战就更大了。它们需要新资源、新技术、新资金来源，还有企业本身不能生产的零部件。虽然新技术出类拔萃，但有风险投资踊跃支持的新创企业也不能事事亲躬，它们还需要找到供应商、合格的生产线员工、工程师，还有在商业化的过程中需要的其他技术专长。我们还在各个地区拜访了很多处于稳定发展时期的一般企业，在开发新项目时，它们也只能完全靠自己的内部资源。它们是“独自在家”。而我们拜访的德国公司，情况则大不一样，它们植根于一个由行业协会、供应商、技术学校、应用研究中心形成的网络中，资源密集分布在企业周围，让企业唾手可得。

重塑工业生态环境的方法

要恢复美国的生产能力，我们要做很多事情才能获得创新带来的全部好处。研究指出，我们首先要重建美国的工业生态系统，这样企业要把创新市场化时，就可以利用这些公共互补资源。新的研究表明，把互补的活动放在同一地点进行，让它们形成相互依赖的关系，日积月累，就会带来更快的经济发展和更多的就业机会。这样的效果比把非常专业化的企业放在一起的效果要好很多，因为在这种依赖的关系下，获益的行业是多种多样的，不仅仅局限于高科技和先进的制造业企业。通过研究还观察到，在工业生态环境中创造公共资源、半公共资源、会员制的资源的回报率是最高的。

PIE 委员会深入研究的机构案例是非常多元化的，但都是按照共同的准则来开展研究工作的。这些机构的主要功能是召集会议、协调各方，把大家的风险集中起来共同管理，为各方铺路搭桥。这些都是不能在市场经济中自发生长出来的公共资源。首先采取行动的一般是能发挥“召集作用”的私人企业或政府机构。首先采取的行动通常是“召集者”把一些新的资源拿出来供大家使用，使用的条件是使用者也必须拿出一些资源来。其中一个著名的例子是半导体制造技术研究联合体（SEMATECH），这是半导体制造商和设备供应商在 1987 年成立的一个技术联盟，启动资金的来源是美国政府和业界。现在，联盟的活动经费都是通过向会员征收会员费筹集的。联盟把企业召集在一起，共同研究下一代芯片，按照摩尔定律进行更新换代，这样就降低了每一家企业的风险。另一个例子是纽约州政府在位于首府奥尔巴尼的纳米科学和工程学院里建立了新的制造设施，创造了行业共享的公共资源。

MAKING 制造业案例
IN AMERICA

蒂姆肯公司

位于俄亥俄州的蒂姆肯公司（Timken）是一家生产锥形轴承和特种钢材的制造商，在它的主动要求下，阿克伦大学（University of Akron）和它建立了合作关系。蒂姆肯公司把涂层实验室转给了阿克伦大学，把它的器械和主要研究人员都搬到大学里去了。在企业、大学、州政府都提供资源的条件下，他们设立了一个新的研究生课程，还成立了一个涂料和表面工程行业联盟，所有企业会员都可以使用这里的资源。从前，一整套的涂料新技术就一直被耽误在一家轴承公司的实验室里，但现在他们可以利用这套技术成立一家新创企业，大学和联盟内的企业会员都可以投资。本地区外的企业也可以加入这个联盟，加入联盟获得的最大价值是可以亲自来到阿克伦大学的实验室，使用大学实验室的资源，实验室至少有一部分的运作资金是政府出的。现在实验室不再深藏于某家企业内部了，企业还可以雇用合作大学的毕业生。

在这个例子里，“召集者”使用的诱饵是可以使用公共设施、昂贵的设备和培训机会，还可以近距离接触到掌握最先进技术的科研人员。很多州政府在建设工业生态系统时，都喜欢使用税务减免的优惠政策，但是这里举的例子有其优胜之处，因为新资源植根于长期稳定的机构，这些机构的成败和单个成员的关系不大。

有时候，在创立联盟时起带头作用的是一家私人企业，也有时候，起协调作用的则是政府中介机构。马萨诸塞州斯普林菲尔德市汉普登县的地区就业委员会（REB）在美国政府就业培训法律的授权下，和企业、地方政府、教育机构通力合作，把《劳动力投资法》（*Workforce Investment Act*）落到了实处。该地区几家提供学徒培训课程的大企业停业了，当地的机械加工行业协会面临着技术工人短缺的难题，于是协会找到了 REB。REB 让这些企业和 5 家职业高中、2 家社区学校挂上了钩。在这之前，这些学校和企业的关系并不深。但在 REB 的积极调解下，学校不仅参与各方共同开发课程，还为监工和失业工人设立了专门课程，组织了人才招聘会和高中生的企业拜访活动，鼓励学生加入机械加工行业。于是，人才缺口便缩小了。

降低风险和风险分担是所有保险组织和标准制定组织的基本功能，几乎所有行业协会都为它们的成员提供这种功能，有些协会在这方面投入大些，有些投入小些。比如，我们在前面提到一个网络公司给大罐公司牵线搭桥，让它和新英格兰地区的新创企业接上了头。后来，我们发现大罐公司在产品标准、测试、专长和保险方面全部仰仗钢罐产业学会这一行业协会。有漏洞的罐是非常危险的，可能带来很多麻烦甚至官司，小公司没有足够的财力在一般保险市场上购买足够的保险。钢罐产业学会和美国环境保护局共同制定了安全标准，这样就能够给它的会员提供技术、测试还有足够的保险。

这种依靠行业协会来分担风险的做法由来已久，现在又被派上了新用场，因为政府官员要利用行业协会来促进创新，推动创新商业化。美国制造业创新学会下面有很多个分会，第一个响应号召的是俄亥俄州扬斯敦市的美国添加剂制造商创新学会，它给企业、大学和政府机构提供了一个分散新科技投资风险的方法，可以在风险分散的情况下得到投资带来的很多好处。一个与金属行业打交道的公司高管这样解释他对风险的看法：

> 我们不生产塑料玩具，所以不会在企业内部进行这样的技术投资，因为这有可能只是一个昙花一现的东西。但是，万一它真的成功了，而我们在这方面一点也没有投资，那么在它的发展过程中就一点话语权都没有，那时我们该怎么办？

那些已经在添加剂生产方面有专属权益的厂商还面临着其他风险，和美国添加剂制造商创新学会建立的关系可以帮助它们降低风险。在俄亥俄州东北部和宾夕法尼亚州西南部地区，利用3D打印技术重振中小型制造商的潜力非常大，但却找不到一个有意做这个项目的行业带头人。如果3D打印技术可以克服目前的不足，各行各业的企业都可以从中获益。但是，创新带来的好处虽然很大，却分散在很多企业之间，要一个企业拿出足够的投资，把这个创新推动到商业化的阶段，是不可能的。美国添加剂制造商创新学会提出了促进大家在这方面合作的方法，还把新技术投资的风险分散开来，给这个地区的经济注入了新活力。

上文举的例子是重建工业环境的新典范，但是这些都是刚刚出现的新方法，不知道最后是否能够成功。如果它们真的成功了，那也是因为最终把制造业留在了美国。在本地，企业离创新和最终消费者最近，因此很多制造商还是留在了美国。虽然大数据和即时通信把整个世界都连在了一起，但不同地方的科研、生产的优势还是存在的。如何才能把创新和规模生产连接起来？我们在这方面需要不断进行试验。如果能够吸取这些试验带来的经验、教训，美国工业就会迎来蓬勃发展的新时代。

MAKING

From Innovation to Market

IN AMERICA

2

漫长的危机

制造业衰退的 4 种理论

1979 年以来，美国制造业的就业机会一直在急剧减少。美国的制造业落到这般田地，是什么因素导致的？

制造业一定要在美国进行，才能使经济持续创新且具有竞争力吗？这样的辩论可以追溯到美国建国初期。那时的问题是，美国应该保持以自耕农为主的农业社会，还是要进行工业化改革以赶超英国？现在，提倡支持工业发展的人，还在引用亚历山大·汉密尔顿于 1791 年所著的《关于制造业的报告》（*Report on Manufactures*）作为论据。但是，现在支持工业的人在支持制造业的同时，反对的不是农业，而是国家只靠服务业就可以繁荣昌盛这个观点。美国现在的很多难题，汉密尔顿都预见到了，尤其是大方向一类的问题，比如说怎样才能使经济蓬勃发展，怎样创造一个多元化的富强的国家；甚至是一些比较具体的问题，他也预见到了，比如说如何通过保护知识产权来鼓励创新，是否要鼓励有技术的人才移民到美国来。但是，汉密尔顿没有预见到的是，由于工业生产力得到了极大的提高，很少的劳动力就能够满足人类的很多需求了；他还没有预见到商品、资本和很多服务都可以在全球范围内自由、低成本地流通。他没有预见到的，正是我们现在面临的现实。

自然衰退论

在当今发达国家里，很多人都认为制造业的衰退是经济发展不可避免的自然结果。他们认为，不管是政府还是私人企业，如果说要支持制造业，大家就会觉得他们是在保护低效率，或者是怀疑他们在拉选票。但是对美国制造业现状做解释的理论很多，自然衰退论只是其中一种。全球化是另一个常用的解释，这种理论强调两个过程：进口产品和本国商品竞争，原来在美国的公司和工作都转移到国外去了。自然衰退论和全球化论都对发达国家的制造业现状做了描述，对于到底是什么导致制造业衰退到如此地步的、衰退是什么时候开始的、将来的发展轨迹是怎样的，都有不同的解释。但是两套理论的结论都是，以保留制造业为目标的公共政策会拖经济的后腿。这两套理论的支持者中也有人认为，制造业还是值得支持的，虽然它有损经济效益且增加了成本，但它创造出来的都是好岗位。不过，两种理论都承认，还有另外一些问题需要厘清：今天的制造业对创新和增长有贡献吗？哪些制造业做出了贡献？制造业应该把生产基地设在哪里？

PIE 委员会的研究追本溯源，找出了发达国家工业发展的路径，这条路径和自然消失论或者自然衰退论呈现的路径不同，因为自然消失论把制造业的现状归咎于相对竞争优势的丧失。研究团队做了大量的实地研究，采访了 264 家企业，还对产品从创新到投放市场的整个过程进行了研究分析，发现创新其实经常发生在生产制造的过程中。在研究实验室、大学、公立实验室、工业科研机构把科研成果市场化方面，制造业也起到了巨大的推动作用。在经济发展的道路上，制造业不但把很多重要的专利开发成产品，还将产品商业化了；在生产过程中，产品和生产过程也不断改良，这种温和的变化也是经济活力常新的源泉。

因此，PIE 委员会的结论是，虽然发达经济体的经济活动多来源于服务业，服务业也是经济体中最大的雇主，但制造业在以创新为动力的经济体中还是很有存在的必要的。本书的主要篇章都在阐述我们是如何得出这个结论的。但是，首先要考虑的一个问题是，为什么大家都认为制造业不再是经济的重要组成部分是一个理所当然、不可避免的结果。

这个观点的根源在于经济是如何在时间的长河里演变的。这个观点的原创人物是澳大利亚的科林·克拉克（Colin Clark），他不是通过理论推理得到这个结论的，而是研究了很多发达国家和发展中国家的就业和产出数据后得到的。之后他在 20 世纪三四十年代发表了不少文章，还出了书，宣称找到了经济体的发展路径：最初是以农业为主，接着以工业为主，再接着以服务业为主。他的《经济进步的条件》（*The Conditions of Economic Progress*）把经济体划分为农业（他把采矿业也归到农业里）、制造业和服务业。他给制造业下的定义是“大规模、连续不断地生产可以运输的产品”。“可以运输的产品”和我们现在常用的“可贸易产品”概念基本相同，因为这些产品都不需要在生产地消费掉。在运输费用已经大幅下降的条件下，它们可以被运到遥远的大市场去卖。某些服务产品，比如智能手机的应用程序是可以运输的，这也可以算是可贸易产品。但是很多服务性产品是不能运输的，比如为老年人提供的护理服务，护理员一定要到场提供服务，移民到外国，拿到一个工作签证，才能在那里出售他的服务。

我们可以从克拉克的定义中得到一些启发：在发达经济体里，新科技层出不穷，大大降低了交通运输和通信成本，使得越来越多的产品和服务都变成可运输、可贸易的了。某些国家在生产可贸易和可运输的产品方面有突出的表现，而另一些国家就只能生产那些必须在当地附近出售的产品，无法突破这个框架。在这个开放式的全球经济中，那些善于生产可运输和可贸易产品的国家就会有很强的竞争优势，因为它们的市场和那些只会生产当地消费产品的国家相比要大得多。

以电脑的微处理器为例，生产一个微处理器的成本高得吓人，但是一旦生产所需的技术和设备到位了，在此基础上再生产几百万个微处理器，每多生产一个要增加的成本就微乎其微了。这样，卖出去越多，利润就越高。家庭护理这样的服务业就得不到这样的规模效益，不过同是服务行业的智能手机应用软件就可以得到。那些高度量身定做的产品也无法获得这种好处。当然，有些产品的销售量很大，但是它需要某些高度定制的零部件或生产流程，产品才能进行生产，这类高度定制的产品也能享受到规模效益，德国生产的专业设备就是一个很好的例子，他们把设备卖给中国可以进行大规模生产的工厂。本书的后半部分会讨论怎样才能在现代制造业中找出生产可贸易和可运输产品的最有价值的部分。我们采用的方法有别于克拉克以及在学术上和他一脉相承的经济学家所沿用的方法。

克拉克强调“这是一个涵盖面广、影响深远的简单定律。随着时间的推移和社会经济的发展，从事农业的人数相对于从事工业制造的人数，就会有所下降。当社会再进步一些，从事工业制造的人数和从事服务业的人数相比，也会相应下降”。他指出，威廉·佩蒂爵士（Sir William Petty）早在400年前就总结出同样的“原理”。佩蒂爵士在1691年的著作中通过计算得出，荷兰的人均收入比法国和英国高，是因为荷兰人脱离了农业和机械生产，转而从事商业活动。克拉克宣称，现在世界各国的发展都印证了“佩蒂原理”是正确的。为了支持这个论点，克拉克把他对产出和收入的研究扩展到全球每一个角落，只要有数据可查的国家，不论是发展中国家还是发达国家，他都进行了研究。

生产力提高和农业类推法

今天，克拉克的观点通常是这样论证的：

> 由于农业生产力的发展，现在只需要2%的人口从事农业生产就能给美国人民提供足够的食物了，而在1900年，需要40%的人口从事农业生产才有足

> 够粮食糊口；工业生产力也得到了极大的提高，能够用更少的人生产更多的商品。在 1980 年，22.1% 的劳动力受雇于制造业，到了 2011 年底，只有 10.2% 的劳动力参与制造业生产。但是，如果用 2005 年的美元价值来计算，这段时间的工业总产值从 8 035 亿美元增长到了 18 316 亿美元。2011 年，美国的工业产出量占世界总量的比例和 1990 年时是差不多的，分别是 19.4% 和 21%，但是制造业雇用的工人却少了几十万。

诺贝尔经济学奖获得者加里·贝克尔（Gary Becker）在批评奥巴马政府对制造业的重视时，就是以这一观点开头的：

> 评论家们总是为经济体中某一行业岗位的大量减少而悲叹。其中最好的例子是，所有发达国家在 19 世纪都经历了农业就业人数的大幅下降。虽然只有 2% 的美国人受雇于农业，但他们不仅给 3 亿美国人生产了大量的食物，还大量出口农产品到别的国家。生产效率的提高降低了制造业产品的成本，使得制造业的产品价格比服务业的相对要低。制造业的岗位数降低了，是因为产品价格再低也不能刺激需求无限增长，需求增长还是赶不上生产力提高的速度。

贝克尔的博客伙伴理查德·波斯纳（Richard Posner）也认为这个“农业比喻”是恰当的。农业补贴是“纯粹在浪费社会资源，如果对制造业提供补贴，也是对社会资源的浪费”。波斯纳的结论是：“就像制造业一样，虽然美国农业就业人数一直很低，却充满活力，蓬勃发展。”

PIE 委员会认为，推动发达经济体沿着现有发展轨迹运行的主要因素是生产力的提高，由于生产力的提高，制造业的就业人数就减少了。要理解制造业为什么在萎缩，不需要把全球化和外包业务扯进来，也不需要归咎于低工资的国家。在美国内部进行的资本投资、引进的新技术、不断的创新都使得生产力得以大幅提高，这些就足以解释美国的制造业为什么在萎缩。重点研究工业生产力提高的问题的分析员也认识到，从低成本国家进口来的货物对美国制造业现在的窘境虽然也起到推波助澜的作用，但这并不是主要原因。实际上，注意到这一点的人无一例外地指出，就算是在中国，受雇于制造业的人数也在减少。

就像奥巴马政府第一任美国国家经济委员会主席、哈佛大学前校长劳伦斯·萨默斯（Lawrence Summers）在2010年12月所说的那样："科学技术已经把大规模生产的生产力提高到那么高的地步，就算是中国制造业的就业人数在过去10年中也减少了1 000万人。我们可以看到过去10年的数据，不过再往前就没有数据可查了。"

在过去的100年间，制造业生产力的提高可谓是突飞猛进，这当然是美国某些地区制造业就业人数下降的主要原因。但是，这并不意味着制造业就会顺理成章地沿着农业的老路走，成为整个经济体中很小的一部分。至少有三个理由可以反驳这种观点。

第一，用农业来进行类推和美国的消费者现状不符。美国的农业生产出来的食物除了够美国人消费之外，还有剩余。先不提扩大农产品耕种对土地和环境的影响，首先要考虑的问题是，在美国境内，美国人拿越来越多的粮食来做什么？可以把土豆制成高附加值的土豆片，玉米做成玉米片，甚至做成生物燃料，但是大多数人的胃口也就那么大，腰围也不允许我们再多吃了。但是，制造业产品则不同，美国的需求远远超过产量，进口的制造业产品也远多于出口的，这也是为什么美国有这么大的贸易逆差的原因。2011年，美国可贸易商品的逆差额达7 384亿美元。

贸易逆差和负储蓄率是全球经济不平衡、美国高债务水平的源头。这些不平衡大大加剧了2008年的金融危机。美国自己生产更多的制造业产品供自己消费，有助于解决美国面临的最大的经济难题，相比之下，生产更多粮食则起不到这个作用。所以，从这个角度来看，农业类推法行不通。当然，自己生产更多所需求的商品也不是解决贸易逆差的最佳办法，贸易保护措施就更不可取了，因为这些措施往往会引起别的国家的报复性行为，美国出口也会因此受到损害。如果不加强贸易保护的话，美国可以努力增加出口。光靠增加服务出口来减少贸易逆差是非常困难的，很多经济学家甚至认为这是根本不可能的。但是，美国可以多管齐下，服务和商品都多多出口。另一个解决办法就是消费少一些，储蓄多一些。这些选择要求我们把美国制造业放到一个国际经济的框架中来审视，产出不但取决于工人的生产力，还取决于国际贸易的条件，以及政府的财政和货币政策。这些选择推翻了简单地把制造业和农业换位的农业类推法。

第二，最新的研究结果对“过去10年间制造业就业人数下降的主要原因是生产力的提高”这个理论提出了挑战。如果事情真的像官方数据所说的那样，美国制造业在过去10年间经历了突飞猛进的发展，在岗位减少了几百万个之后占全球制造业总产值的比例还维持不变，那我们就可以确定无疑地说，生产效率提高就是工作岗位的杀手。

不过，经济学家苏珊·豪斯曼和同事非常怀疑这些产出数据的准确性。他们的研究报告指出，当半成品是从外国输入而不是本国制造时，美国统计数据就会出现严重的错误，从而引起了多处偏差。这些偏差的主要结果是夸大了美国的生产力提高程度。美国制造业使用的进口零部件越来越多，这些投入没有被准确地统计到数据里。当美国制造商从外国购买便宜一些的零部件而不是使用国产的零部件时，产品的最终成本就会降低，于是数据反映出来的就是产量和生产力都提高了。但实际上，美国制造商的生产力并没有提高，只是用了便宜一些的进口原材料。豪斯曼和肯·赖德（Ken Ryder）估计，过去10多年美国没有正确认识到制造业供应商从美国转到其他国家这个事实，给其他国家零部件设定的价格也不准确，从而高估了制造业（电脑和电脑相关的电子仪器除外）的增值速度，高估的范围在20%~50%之间。在过去10多年间，美国的制造业生产力有没有提高还是个疑问。如果纠正了这些估值错误，那么这段时间只有一个行业的生产力提高了，那就是电脑和电子产品。

最近的研究不仅对生产力提高的幅度提出了疑问，经济学界还有一个设想，即生产力提高和岗位流失之间有一种自动的关联性。经济学家苏珊·赫尔珀、蒂莫西·克鲁格（Timothy Krueger）、霍华德·韦尔（Howard Wial）对这个设想提出了质疑。他们参考了威廉·诺德豪斯（William Nordhouse）对 1948—2003 年制造业发展的研究。令人吃惊的是，诺德豪斯的研究表明，制造业中生产力提高的行业往往是就业岗位也在增加的行业，或者是岗位流失幅度较小的行业。赫尔珀和同事使用诺德豪斯的研究方法，对 2001—2009 年制造业产出量的变化以及这些变化对行业岗位数量的影响进行了研究。他们发现，和诺德豪斯研究的阶段相比，在他们研究的阶段里生产力提高对岗位数量的影响变小了，而且岗位流失和生产力提高之间的关联性不是很大。简而言之，最新的研究结果不但对过去 10 多年里制造业生产力提高的幅度提出了疑问，甚至质问了生产力是否真的有所提高。就有据可查的生产力提高幅度和制造业岗位流失量而言，两者之间的关系也不像预料中的那样呈现出很明显的正相关性。

第三，在经济发达的国家，制造业最终只会雇用全社会劳动力中很少的一部分，这个论点也站不住脚，我们只要看一下美国以外的出口大国就可以了。2011 年，经过了金融危机带来的岗位大流失之后，美国有大概 10% 的劳动力受雇于制造业，而在德国接近 20% 的劳动力还在制造业领域工作。德国的贸易顺差主要是在和欧盟其他国家的贸易中产生的，另外它和中国的贸易也是顺差的。此外，直到现在，日本还有 17% 的劳动力从事制造业生产。意大利也是一个出口大国，它的制造业劳动力占比是 19%。这些经济强国的制造业成为提供就业机会的主要行业，很明显不是因为这些国家是低薪国家。实际情况恰恰相反，2010 年，美国制造业每小时的平均报酬是 34.74 美元，德国是 43.76 美元。日本和韩国也不是低成本国家。第 5 章会讨论，面临发展中国家带来的激烈竞争，这些高工资国家是如何使它们的制造业保持活力的，从中又可以学到些什么。但是，我们现在是在评估发达国家的制造业命运，在这里要论述的观点是这些国家的成功例子反驳了自然衰退论。随着时间的推移，在所有以出口为主的发达经济体或发展中经济体中，制造业雇用的人数比例都在降低，将来可能还会更低，但是制造业并没有一个注定的、自然的终点。

要对美国制造业的现状进行解释，还要预测制造业的未来，生产力提高只是很多因素中的其中一个。工作岗位流失最严重的时期并不是生产力提高最快的时期。为什么德国的制造业比美国的强那么多？和其他高工资经济体相比，为什么美国的制造业就业人数下降了那么多？明明其他经济体也和美国一样承受着来自发展中国家的竞争压力，但生产效率的提高解释不了这些现象。

全球化因素

在经济领域有这样一个问题引起了全民热议，不论是平头百姓还是经济学家都加入了辩论，这个问题就是全球化到底对本国有没有好处，或者是对某一部分人有没有好处。这场辩论无论是在发达国家还是在印度、巴西等发展中国家都进行得热火朝天。贸易、资本的自由流动能够推动经济发展吗？它们给社会所有人都增加了机会，还是只是加剧了经济和社会的不公？谁从中获利，谁因此失利？虽然很多人参与了这些辩论，但是有很多基本问题都没有得到解答。比如，我们是否真的身处一个全球化经济中？现在的全球化发展到了哪个阶段了？在过去 40 多年间，经济发生了巨大的变化，其中哪些变化是由全球化引起的？要对美国制造业在过去 40 多里年发生的变化做出解释，我们首先要问以下问题：

◎ 美国制造业发生的变化有多少是全球化带来的？

◎ 这些变化是好的还是坏的？对谁好，对谁坏？对整个美国是好的还是坏的？对制造业工人、制造业企业是好的还是坏的？

◎ 全球化是否有利于以创新为标志的经济系统的发展，也就是在全球化的基础上，是否可以更顺利地把创新转化成商业产品、流程和服务？

要回答这些问题，需要从一个简单的通用定义开始。从经济学的角度来看，全球化就是形成了一个覆盖全世界劳动力、资本、货物和服务的单一市场。在这种情况下，全球化对各个独立的经济体产生了巨大的竞争压力，要把它们都融入这个单一的全球化市场。如果这个全球化的单一市场真的存在，世界各地的工资、利率、商品和服务的价格都会逐渐趋同。

现在的世界经济离这个终点还很远，很可能永远也到不了这一步，但是趋同的压力确实存在，各个经济体的内部也确实产生了巨大的压力。在对企业的常规做法和采取的策略追根溯源时，我们会不断回归到这些全球化的推动因素上来，因为这些因素在市场引进创新方面发挥了重要作用。本章就简要概述一下科技、金融、政治领域内复杂多样的因素的变化。

科技推动因素

在科技领域，我们观察到交通运输和通信经历了彻底的变化，这导致货物、服务和信息的长途运输成本发生了翻天覆地的变化。以前偏远的市场，由于进入成本太高，没有企业为之提供服务，而现在世界各地的企业都在那里进行竞争。能够把产品卖到国外的企业有更大的市场空间，也就有更大的利润空间；那些能够在本土以外的地方进行生产活动、使自己更贴近客户的企业也能得到更高的利润。

过去，同一家公司需要做的各种事情必须在公司内部完成，但是数字化新科技能够把功能分拆开来，通过互联网电子文档交换，让各有所长的多家公司独立完成各种功能，再通过整个供应链的互动把这些功能进行汇总。硅片设计和制造就是一个很好的例子。过去，一家公司的工程师和技术员必须在一起工作，这样才能步调一致，保证生产出来的硅片是高质量的。而在今天，工程师完成了一个掩码电路设计后，可以把它保存在一个电子文档里，通过互联网把它发送到自动化剪裁机，不管这个剪裁机位于世界的哪个角落。这样，设计和生产这两个功能就可以由不同的公司在不同的地方进行，比如美国高通公司可以在硅谷做硅片设计，而硅片生产很多时候是在中国的台积电公司。

这些科技带来的变化让企业的内部结构发生了巨变，在本章后半部分，我们还会对这点进行更加详细的论述。新创公司可以将精力集中在它们的特长上面，也就是专注于它们的“核心技能”，而产品生产的其他重要方面可以通过分包和工程外包来完成，这样它们就不需要在公司内部建立产品生产的全套流程。新科技带来了新机会，同时资本市场也发生了变化，对“轻资产”型的公司给予高估值的奖励，这两个因素合在一起进一步加快了传统企业结构的分崩离析。在这个新世界里，企业不再需要在自己围墙内实现所有的生产功能，因此发展可以快很多。新企业可以很快地进入市场，作为新的竞争对手很快诞生和成长起来，市场竞争就更为激烈了。

金融推动因素

资本市场的演变是趋同的第二大推动力。在 19 世纪的第一次全球化期间，投资者也能够使用到新的通信工具，电话、电报是当时最快的通信方式。19 世纪 60 年代，横跨大西洋的电缆铺好了，在此之前，债券和股票的价格需要三个星期才能在纽约和伦敦之间传播互通。有了大西洋电缆后，全世界的主要金融市场都可以即时获得信息，和现在的互联网差不多，当然互联网可以处理的数据要大得多，也快得多。新的通信技术把 19 世纪新金融机构的潜力都释放出来了，通过联合持股公司等，大大小小的投资者把资金募集起来，流入到各种组合投资里，有些还流入对外直接投资的资金池里，直接投到外国的项目里。这样的结果是，150 年以前就像现在一样，出现了世界市场一体化的现象，不同经济体之间的价格差异也逐渐缩小。20 世纪 80 年代以来发生的金融市场创新和信息、通信技术的发展也有异曲同工之妙。各种衍生产品、信贷违约交换、外汇对冲等新的金融产品把在本国生产、营销产品的风险重新分散到国外去了，使海外投资达到了更高的水平。

政治推动因素

过去 30 多年间，全球化最重要的推动力是政治改革。中国在 1978 年开始了改革开放；欧洲的“铁幕”倒了，东欧有了多个独立的国家；像越南那样以前完全闭关自守的国家也开放了，以及像南非、缅甸那样曾经被国际社会遗忘了的国家也回归了。这使得国际经济面貌焕然一新。大家进行交往和交换的政治障碍消除了，于是新的消费者市场也逐渐形成了。不同教育程度、掌握不同技能的工人都有可能参与到全球化的经济中来。

此外，在过去 50 多年间，世界主要国家也同意废除各国之间以国境线为界的障碍，让货物和资本自由流通。国境线以外的障碍也在减少，比如以往的食品安全管理条例对外国产品的歧视已经减少了。两次世界大战之间的那些年里，尤其是大萧条期间，各种为了保护本国经济出台的关税和配额的措施不断增加，在各种利益集团的不断施压下，再加上国外的矛盾重重，各国政府急于独善其身，这些保护主义措施更是有增无减。随着关贸总协定的签订，世界贸易组织在 20 世纪 90 年代成立，这些保护主义的措施慢慢被消减了。在贸易开放的条件下，企业要不断地采取新策略、新的组织架构，对全球化市场不断地适应，才能保持竞争力。

这个把国门打开，让商品、服务、资本和劳动力自由进出的过程还远未结束。为了避开金融危机带来的经济后果，走出经济衰退，各国政府都有重弹保护主义老调的倾向。但是，不管怎么说，多哈谈判陷入停顿的泥沼后近期内不会重启。因为，劳动力作为生产过程中最关键的因素，现在还只能通过合法的移民才能从一个国家去到另一个国家。由于美国和欧洲都有强烈的反移民情绪，所以这种状况还要持续很长一段时间。要获得雇用外国劳工的经济效益，企业就要为聘用的工人申请 H-1B 或者是 L-1 类型的签证，这种签证每年都有一定的额度，不是很容易拿到的。因此，为了利用外国服务、人才、低工资的劳动力等有利因素，企业只能把这些工作移到国外，再把在国外生产的产品、服务进口回美国。

就算是资本这个生产过程中最具流动性的要素，在跨越国境时也会遇到很多阻碍，即使现在只要在电脑键盘上一敲，资金就可以出国了。各国的资本市场各有特色，这在金融危机后得到了很好的证明。有些国家的政府为了挽救总部设在国境内的银行进行了积极的干预，美国和英国就是积极进行银行救助的国家，其他国家比如冰岛，它的政府就只能无助地袖手旁观。虽然现在离一个单一的全球性市场还有很长的距离，但推动向这个方向前进的各种竞争压力却在经济发展中发挥着巨大的作用。

谁从全球化中获益

研究团队做社会调查时问美国人，国际经济的变化增加了和外国的经济往来，这种往来对美国及美国人有好处吗？他们的回答可谓五花八门。措辞不同，答案也就不同，同一个问题在不同的年份问同样的人，得到的回答也不同。在 2006 年，金融危机前，皮尤研究中心在社会调查中问美国人，自由贸易对美国来说是好事还是坏事，44% 说是好事，35% 说是坏事，还有 21% 说不知道。在同一个调查中，认为自己的经济状况由于自由贸易而改善了的占 35%，持相反意见的占 36%，两者几乎持平；只有 28% 的人认为自由贸易能带来经济增长，34% 的人认为自由贸易会使经济增长放缓；只有 12% 的人认为贸易能带来更多的就业机会，48% 的人则认为贸易使工作机会流失。4 年后，美国人对自由贸易的态度变得更加负面，只有 35% 的人认为自由贸易对美国有好处，而 44% 的受访者表示自由贸易对美国有害。

全球化到底会带来什么影响，谁也说不清，造成这种情况的原因埋藏之深，并不是社会调查能够反映出来的。人们对全球化带来的后果看法各有不同，变化多端其实也在意料之中。每个人既是消费者，同时又是生产者，在不同的情况下重点利益也不同，因此全球化对他是有利的还是有害的就取决于这个重点利益。作为一个消费者，他在沃尔玛或亚马逊买的电视机、电脑、鞋子和玩具之所以这么便宜，是因为它们都是在亚洲生产的。但是，作为一个雇员，他就会想他的职位会不会被外包掉了。就算一个人不是在工厂的流水线上工作，而是在一家保险公司、律师事务所或者是建筑设计师的办公室工作，他也会见到很多类似的岗位被转到海外去的现象。作为一个公民，他通过投票选举国会议员、总统这样的代言人来影响经济发展，虽然离完全一体化还有一段距离，但是随着各国市场不断融为一体，变成一个全球性的市场，投票选举能够发挥的作用就越来越小，这也使他感到不安。在一个全球化的经济体中，我们找不到为经济发展负责的人。

主流经济学家总体来说对全球化的态度没有像大众那样复杂，对于货物、服务、资本的自由流动是否有利于参与其中的各个国家，他们的看法是一致的。在这个问题上，经济学家们都会首先想到大卫·李嘉图（David Ricardo）的相对优势理论。这套经济理论在 19 世纪早期形成，20 世纪的经济学家利用赫克歇尔 - 俄林模型和斯托尔珀 - 萨缪尔森贸易模型对它进行了进一步发展。这些理论描述了在开放式的国际经济中，参与的各方都得到了生产力和收入提高的好处，因为在这样一个一体化的市场中，每个国家都出口有相对竞争优势的产品，进口那些没有或者是只有一点点相对竞争优势的产品。所谓相对竞争优势，就是和贸易伙伴相比，其中一个或多个要素在这个国家的供应特别充足，这个要素可以是土地，也可以是劳动力。举个简单的例子，根据这个理论，中国的出口业可雇用的低工资、半熟练劳动力比美国多得多，因此在美国市场上，中国制造的产品就要比美国制造的价格低。制造这些产品的美国企业和中国企业在市场上竞争，美国企业就很可能要倒闭或者退出市场。

由于自由贸易，美国现在只进口而不再生产某些产品了，靠生产这些产品为生的人就要失去原来的工作了，他们需要重新找工作。要重新就业，这些工人就要进行新的职业培训，这对教育程度较高的年轻工人来说不是一件很难的事情，但是对年纪较大的工人来说就不同了，他们可能要搬到别的地方去。对另外一些人来说，他们没法再在现有的劳动力市场中找到合适的工作，社会就必须以另外的形式为他们提供补偿，比如说失业保险金、行业适应基金或者残疾补助等。很多经济学家承认，这个转变和适应的过程会很漫长，会给社会中的某些群体带来很大的痛苦和损失。但是，这些经济学家同时也预测，从长远角度看，国际贸易有利于全社会的所有人。

制造业的衰退是否可以归咎于全球化

1979 年以来，美国制造业的就业机会一直在急剧减少，即使我们承认这些经济学家言之有理，不能明确地把这种情况归咎于全球化，那么制造业的衰退还有没有别的因素在起作用呢？一个值得注意的事实是，在最近一段时间里，美国从高工资国家进口的商品数量和从低工资国家进口的相差无几。在 10 多年以前，两者之间的差别就非常小，使得我们难以把制造业岗位流失归咎于全球化。在西欧各国，从低成本国家进口来的商品数量和从富裕的高工资国家进口来的相比，差别就更小了。不同的国家有着不同的生产要素价格，它们之间的贸易往来就是全球化影响的具体体现，在这种情况下，高工资国家的劳动力成本都差不多，通过国际贸易制造业雇用的劳动力比例也应该相当。但是事实并非如此，我们很难用全球化来解释这种现象。

全球化对制造业就业机会的影响是，就业机会通过外包流失到低工资国家了，与此同时还要面对进口商品的竞争。但是，在 10 多年以前，即使把两者的影响都加起来，也没有足够的证据来证明全球化就是导致美国制造业就业现状萎靡的罪魁祸首。美国劳工部对岗位外包到海外引起的大规模裁员进行过调查，结果表明因为这个原因带来的岗位流失数量很小，但是在1999年到2004年间，这个数字有向上走的趋势。2003年，外包引起的裁员人数还不到总裁员人数的1%，到2004年，这个数字上升到2%。当然，这些调查没有把所有流失到海外的岗位都包括在里面，其他统计得出的数字要大得多，但这也只是占美国劳工市场每年总变化的很小一部分。其他发达国家同期做的调查也没能充分证明，和低工资国家进行的贸易活动损害了本国低技能劳工的利益。至于贸易带来的影响到底有多大，10多年前我们在这方面没有很多证据，当时大多数经济学家的结论是制造业的岗位流失主要是生产力提高的结果，因为生产力提高了，生产一定量产品所需的工人就少了。

研究人员还认为，导致岗位流失的原因可能是企业对技能的偏好改变了。这也就是说，制造业的岗位组成正在改变，对教育程度较高、拥有先进技能的工人的需求增加了，对半熟练工人的需求减少了。自动化让常规活动可以标准化，编成可以输入机器的程序，让机器自动完成这些任务。失去工作的都是只有高中文凭或高中以下文化程度的人，因为他们缺乏精密自动化生产所需的技能。像护理员那样需要进行面对面互动的工作就不那么容易消失，在繁忙十字路口工作的交警也不用担心失去工作，因为他们的工作需要做出即时判断。护理员和交警可能不需要有高级文凭，但是人们现在身处一个全新的劳动力市场，这里很多岗位和原来的制造业岗位相比，要求的教育程度要高得多，推理能力也要强得多。从这个角度来看，制造业岗位减少的压力其实来自科学技术，因为科学技术要求工人能够使用复杂的软件，操控精密的仪器，还要善于和人打交道。现在的科学技术还把常规工作自动化了，或者是在数字化技术和互联网的帮助下，交给海外的低工资工人来完成，从而减少了对半熟练工人的需求。技能偏好导致的制造业岗位流失和生产力提高导致的岗位流失一样，基本上都是科学技术在美国经济中发挥作用的结果。在理解科学技术如何发挥作用的过程中，我们不需要假设美国以外的生产能力如何大幅提高，也不需要运用相对优势这样的理论基础。本书第 7 章在全美范围内通过有代表性的抽样，对美国制造业岗位的技术要求进行了分析，参与了这场辩论。

加强版的全球化

2000 年后，从中国进口来的商品潮水般地涌进美国市场，如果美国人曾经对于自由贸易对美国制造业是否有影响还心存疑虑的话，从那时起，这种疑虑就荡然无存了。从供应的角度来看，这反映了中国制造业生产能力的巨大提高。中国香港和中国台湾地区以及西方的制造商都在中国大陆南方沿海地区设立了新工厂，然后从中国各地招来工人，这个劳动力的储备实在太充足了。这些新工厂是在 20 世纪 90 年代开始从事生产的。关税和配额等贸易壁垒被打破后，这里生产出来的产品就流入了西方市场。2001 年，中国加入了世界贸易组织，《多种纤维协定》（*Multi-Fiber Agreement*）有效期也已结束，在这两个因素的共同作用下，中国产品流入西方市场的速度大大加快了。比如，2005 年 1 月，《多种纤维协定》设定的纺织品、服装贸易配额结束了，纺织品和服装贸易再也没有什么限制了，在这以后的一年间，中国出口到美国的这些商品的总额从原来的每年 89.3 亿美元猛增到了 154 亿美元。

大卫·奥特尔（David H. Autor）、大卫·多尔恩（David Dorn）和戈登·汉森（Gordon H. Hanson）在合写的《中国综合征：进口商品对美国劳动力市场造成的竞争压力》（*The China Syndrome: Local Labor Market Effects of Import Competitioninthe United States*）中，用图表描述了从低收入国家进口商品的增长速度：1991 年，这些进口商品只占制造业进口总量的 2.9%，到了 2000 年，这个数字变成了 5.9%，2007 年变成了 11.7%。大多数的净增长来自中国。从 2000 年开始，从中国进口的商品给美国很多地区的制造业的就业状况带来了毁灭性的打击，清楚地显示了相对竞争优势是如何通过贸易来发挥作用的。这些地区的企业集中在服装和家具行业等劳动力密集型行业，中国因为廉价的劳动力在这些行业有相对竞争优势。1977—1997 年，当时从低工资国家来的进口商品数量还很少，研究人员就已经发现，与从低工资国家进口商品的企业进行竞争的制造业企业，更容易受到各种外在因素的影响，发展也缓慢得多。现在的证据表明，这种现象不但影响了企业的发展，还带来了工作岗位的大量流失。

奥特尔、多尔恩、汉森分析了 1990 年到 2007 年之间和低工资国家贸易往来对美国制造业工人的影响，这些分析论据充分，非常有说服力。他们的研究重点是，通过对劳动力密集型企业分布密集的地区和较少受到进口货物竞争影响的地区进行比较，找出从低工资国家尤其是从中国进口商品对美国区域性劳动力市场的影响。他们研究了 722 个劳动力市场，这种劳动力市场是把雇员和雇主关系相近的附近几个郡连在一起组成的。研究发现，不断加剧的进口竞争对当地劳动力市场造成了巨大的影响，失业率不断上升，劳动力参与率不断下降，通过失业保险、贸易调整协助、残疾保险、医疗保险和医疗救助等计划领取的社会补助不断上升。研究人员通过研究计算得出，在一个劳动力市场中，平均每增加 1 000 美元的中国进口商品，当地的失业率就会提升 4.9%，就业参与率就会下降 2.1%，同时，政府的社会救助人均支出就会增加 58 美元，因为失业工人和家庭成员对社会福利系统的需求增加了。

但是，和大家预料的相反，这些岗位大量流失的地区的制造业工资并没有大幅下降。导致这种情况发生的原因可能有两个。第一，失去工作的大多数工人本来的生产力水平就不高，工资很低；第二，这些劳动力市场内的制造商可能改变了运作方式，降低了劳动力密集程度。但是，这些地区的非制造业工资却出现了明显的下降，可能是因为找不到制造业相关工作的人，只能在本区的服务行业中找工作。出人意料的是，很少有人迁离受影响的劳动力市场，可能是因为搬家既昂贵又冒险吧。

由于每个劳动力市场的工业组成成分不同，有的产品和中国进口商品直接竞争的程度也不同，因此中国进口商品对这些区域的影响也很不一样。进口影响率在 75% 的地区和 25% 的地区相比较，同样的进口商品对当地劳动力市场的影响力翻了一番。奥特尔和同事还在研究中引入了控制因素来保证观察到的这些影响是单纯由进口商品引起的，而不是由导致美国制造业衰退的其他因素，比如说自动化和离岸外包引起的。研究得出的最重要结论是，1990—2000 年，中国进口商品引起的岗位流失占制造业岗位流失总量的 33%，2000—2007 年，这个比例是 55%。在中国生产力的提高、对中国进口商品壁垒降低等外因的影响下，从中国进口的商品对本地劳动力市场的影响也会不同，如果只计算这部分的影响，这些数字就会低一些。使用这种方法来计算，1990—2000 年，中国进口商品对岗位流失的影响保守估计是岗位流失总量的 16%，2000—2007 年，这个数字是 26%。

低工资国家的商品潮水般涌来的另一个后果是，美国本土的大型制造商开始大规模裁员。经济学家托马斯·J. 霍姆斯（Thomas J. Holmes）的研究发现，雇用职工在 5 000 名以上的美国工厂从 1977 年的 192 个减少到了 2007 年的 49 个。在同一段时间内，职工在 1 000 名的工厂数量减少了一半。这些工厂很多都裁员了，在近期出版的小型企业目录里还能找到这些公司，另一些则完全消失了。当然，进口竞争也不是导致这种情况发生的唯一原因，我们在下文中会对其他因素进行进一步讨论，比如，过去 20 多年间，企业结构的变化也对工厂规模有很大影响。但是，霍姆斯对这种现象进行了更深入的研究，仔细分析了美国 7 州交汇的皮德蒙特（Piedmont）地区大型制造商的变化。之所以挑选这个地区来深入研究，是因为把工厂建在这个地区的大型制造商数目高于全美平均数。研究表明，中国进口商品对这些制造商有着非同一般的影响。这个地区的很多大型制造商都是生产家具、服装或其他劳动力密集型产品的，现在中国进口产品把它们的产品都给淹没了。在 1997 年，这个地区生产这些产品的大型企业有 21 家，到 2007 年就只剩下一家了，剩下的这一家生产的家具和以前生产的也完全不同了。

最后，以低工资国家大量出口商品为代表的全球化也不是一无是处的，它对制造业至少有一个影响是正面的。1996—2007 年，中国进口商品对 12 个欧洲国家的影响如何？对这个问题的研究表明，经受住这种激烈竞争的考验而生存下来的企业变得更有创新能力了：它们加大了研究和开发方面的投资，注册了更多的专利，在生产过程中引入了更多的科技，还改善了管理。布卢姆（Bloom）、德拉科（Draca）和范里嫩（Van Reenen）估计，中国进口商品带来的压力使得专利注册率和劳动生产力都提高了 15% 左右。他们提出，竞争压力使得企业不得不提高在工人技术和设备方面的投资，否则企业根本不可能从遗留下来的资产中获得任何回报。这样的进口竞争促使了技术升级，提高了生产率。也就是说，由于低技术产品的回报率降低了，企业就不得不通过创新来生产高附加值的产品。

这些把自由贸易地区性影响和低工资国家强大生产力结合起来的先驱性研究，证明了虽然一部分美国人为全球化付出了沉重代价，但是世界上还有另一部分人从全球化中获益良多。但是，我们对制造业和全球化还有很多问题没有厘清，其中最重要的一个问题是：全球化到底对整个美国经济是好的还是坏的？现在，劳动力密集型的制造业岗位在美国已经荡然无存，这种现象会带来什么后果呢？上面这些研究也没有回答这个问题。比如，虽然做鞋子的工作在美国消失了，但是专门用于生产鞋子的机器人的出口增加了，因此生产精密先进设备的岗位也增加了。诸如此类的变化让德国放弃了低端制造业，同时保留甚至增加了高附加值行业的就业人数。美国最大的优势是创新和高科技产业，但现在美国的制造业生产能力能让美国充分利用这个优势吗？我们现在还不能回答这个问题。PIE 委员会的研究会在本书后面的章节对这些问题进行探讨，但是在这之前，我们要简单地讨论一下过去 30 多年内，美国企业结构的变化，因为在过去这段时间里，这种变化是导致美国制造业衰退的第三个原因。

美国商业模式调整

从 19 世纪中期开始，美国大企业的一切活动都是围绕着如何给巨大的美国市场生产和推销产品而进行的，那时候铁路、电报、轮船、运河已经把美国连成了一个统一的市场。像杜邦、G.F. 斯威夫特肉类加工公司、辛格缝纫机、福特汽车等公司已经发展成了多部门的企业，这些由职业经理人管理的公司把它们的竞争对手都摆平了。这些公司都是追随同一个发展模式才取得这样的成功的，从产品发明、产品用途的设定到产品去到客户手里，整个过程的各种功能都在公司内部进行。第二次世界大战后，新产业不断涌现，比如晶体管和半导体行业这些新企业，它们的结构也是垂直一体化的。美国 IBM 公司、摩托罗拉公司、德州仪器公司、惠普公司等的研究、设计、开发、制造、包装、测试、营销等所有功能都在公司内部完成，产品里的很多零部件也是公司内部开发出来的，很多电脑和打印机的零部件都是公司自己开发的。

第二次世界大战后，大众消费市场发展迅猛，产品需求稳定，生产流程长，产品周期也长，这一切都对这些垂直一体化企业非常有利，赚得盆满钵满。它们一般都利用留存收益，而不是银行贷款或股票市场来进行扩大再生产。这些企业代表着当时美国社会最强的经济力量，甚至比金融机构还要强大。管理学大师彼得·德鲁克（Peter Drucker）这样描述了这些企业当时的领导地位，现在我们读着这些文字，真是觉得不可思议：

> 这场大规模生产掀起的革命，把资本主义社会的统治阶级从宝座上拉了下来，商人、银行家、资本家都大不如前了。最能代表这个变化的是商业寡头统治的没落，伦敦的“城里”、纽约的华尔街、波士顿的“州街”都失去了往日的辉煌。20 年前，才华横溢的哈佛商学院毕业生都想在纽约证券交易所的会员公司里找一份工作，但现在他们都想在石油、钢铁、汽车公司里谋得一席之地。

> 这种现象的出现，不仅仅是因为资金已经没有工业生产力来得重要，还因为这些老式的金融机构已经失去了对金钱和信贷的控制，金融集团的总部从华尔街迁到了华盛顿的政府机构，从伦敦的“城里”迁到了英国财政部，这就是最好的见证。

企业掌握了上下游的功能，这样就减少了和供应商打交道的风险。即使在要把某些生产流程外包给供应商时，它们也能在两者的关系中占据主导地位，让多个供应商互相竞争，从而降低成本。生产过程中的每一阶段都为己所用，使得这些垂直一体化的企业可以控制生产质量，不断扩大企业经营范围，先发制人地把竞争对手拒于门外。以杜邦公司为例，当他们决定是否要在公司内部进行基础研究时，其中的一个决定因素就是，这样做可以扩大企业的边界线，把竞争对手赶离边界。

1949 年出版的《大英百科全书》列举了福特汽车公司的经营活动，从中可以看到垂直一体化到底意味着什么。福特公司是在 1903 年成立的。到了 1949 年,《大英百科全书》上记载,“它有自己的照明设备厂、暖气设备厂、发电厂、消防队、造纸厂、轮胎厂、铸造厂、冷热板轧钢厂、锻造厂、烧结厂、焦炉、模具车间、印刷厂、水泥厂、车身厂、平炉、盒子厂、鼓风炉、电报局、电话局、机械厂、油漆厂、人造皮革厂、货运和快递服务、医院、实验室，还有一个只供男孩上学的技术学校”。福特公司还拥有铁路、铁矿和煤矿，还在密歇根州、西弗吉尼亚州、肯塔基州拥有林地；在巴西有一个超过 9 300 平方公里的种植园；它还拥有运送零件到海外工厂进行组装的轮船。在垂直一体化的企业中，如此广泛的控制面是不寻常的。但是，产品生产的整个过程，从开始到商业化都在企业内部完成，这种做法在当时是很普遍的。

在大众消费市场的鼎盛时期，大型综合性生产设施里其他形式的工业配置也在发达国家中取得了很大成功。在日本，丰田公司、东丽公司、三菱公司、松下电器公司在某些方面很像美国的垂直一体化企业。但是，日本式的大企业机构不但把企业内部的功能都连在一起，还把同行业的企业都连结在一起，通过纵向、横向连接，把银行、供应商和相关企业都紧密地联系起来。这些日本企业和美国公司的不同之处还不止和资本市场、供应商的关系，它们的内部运作也不一样。企业的权力层次在日本要扁平一些；与工人的关系也更多基于信任和忠诚而不是劳动合同。这些公司最擅长在各级员工中搞好关系，通过这个方法来让员工不断自我完善、不断学习，减少库存和浪费。和这些日本大企业并存的还有运作效率很高的中小型企业工业区、企业群，这里的每一家企业都只专攻生产过程中的一两个步骤。工业区里企业间的协调靠的是长期合作、高度信任、接近客户和市场，以及当地的职业学校、工会、雇主协会等因素。美国的垂直一体化企业、日本公司、意大利的威尼托区、德国的中小型家族企业群之间存在着很大的差异，但是这些企业之间有一个关键的共同点，那就是生产制造是它们基本商业模式的一部分。

在过去 30 多年间，这些商业模式都受到了世界市场变化及科技发展的影响，其中美国垂直一体化企业受到的影响是最大、最深远的。更重要的是，在这个转变过程中，这些美国企业都放弃了生产制造。到了 2012 年，很少有企业还保留着垂直一体化的企业结构。像通用电气、宝洁这样在一个集团名下有多条产品线，从研究到生产制造都集中在企业内部的公司是例外。像惠普、IBM、李维·施特劳斯、苹果、波音、耐克那样给企业设立了新边界的公司更加普遍，它们把企业进行重组，只专注于少数几项“核心优势”，剥离、出售或者是关掉了那些非“核心”的部门。

现在，金融市场还在继续给企业施压，希望打破那些投资者认为还是太过一体化的企业结构。在 2013 年蒂姆肯公司的股东大会上，一个大型退休金公司和一个资产管理公司通过了一个非强制性决议，要求这个有 100 年历史的轴承、钢铁、电力输送设备公司把它的钢铁业务剥离开来，说是这样才能让股价上升。资产管理公司的领导者拉尔夫·惠特沃思（Ralph Whitworth）在大会上发表了演说:“股东们已经清楚地表明，他们想要蒂姆肯公司的商业价值正确地反映出来，公司现有的集团式企业架构让这个目标得不到实现，因此我们必须把它拆除了。”

在精简瘦身的过程中，企业最不想拥有和控制的就是生产制造，现在完成这个功能的都是各国的承包商。过去 30 年间成长起来的大公司都像戴尔、思科、高通一样，自己从来没有过什么大型的生产制造设施。第二次世界大战之后，美国拥有了强大的生产制造能力，为什么从 20 世纪 80 年代开始，这些垂直一体化的企业就开始了浩浩荡荡的分散、重组，走向这种“轻资产”的模式？此外，让这种商业策略得以实施的因素是什么？既然企业不再拥有生产能力，要多个公司共同参与才能把新产品推向市场，那么在这个过程中怎样才能使这么多的公司协调运作？以前很多活动都集中在一起进行，现在这些活动是如何分开进行的呢？它们又怎样才能把这些活动分散到全球各地、互不相干的供应商那里，并按时生产出高质量的产品呢？最后，这些分散式的企业架构对制造业有什么影响？

对美国企业架构大变身的最合理解释是，20 世纪 80 年代以来，金融市场和政府监管条例都发生了深刻的变化。这里我们引用了密歇根大学管理系教授杰拉尔德 · F. 戴维斯（Gerald F. Davis）的研究成果《由市场来管理：金融业如何改变了美国》（*Managed by the Markets: How Finance Re-shaped America*）。戴维斯教授在其中论述了在里根总统任期内，美国司法部实施了反垄断条例改革，这些改革使企业失去了同时开展多条业务线进行多种经营的动力。股票市场对表现不佳的业务部门本来给的估值就不高，反垄断条例的改革又放松了对企业的约束，这两个因素共同推动企业打破集团式经营模式，把剥离的部分重组成独立的公司，专门从事原来的业务。于是，美国迎来了一波收购、合并浪潮，浪潮过后，1/3 的美国大企业消失了。戴维斯的计算表明，到 1995 年，一个中等规模大型制造商的业务范围是一个大行业，但是 20 年以前，这样一个企业的业务范围是三个大行业。

在同一时期，“企业是为股东创造价值而存在的”这一观点占了主导地位。企业的各个参与者都应该得到相应的回报，日常事务应该按照这样的观点来安排，陈旧观点变得过时了。戴维斯通过法律辩论和经济学、管理学方面的学术文献来探寻，“企业的组成和规模的大小都是为了股东价值最大化服务的”这个观点是如何取得这样大的胜利的。创造股东价值变成了管理层的主要目标，为了让股市给留下来的“核心”部分更高的估值，企业都不断抛售其他“非核心”部分。这个过程导致大企业的组成部分及规模大大降低。戴维斯总结说：

> 大家都在股东价值第一这个方面取得了共识，这个共识大力推动了美国制造业经济的变革。金融方面的考量，也就是市场估值，又迫使企业在规模和策略方面做出选择。企业应该把精力集中在它们做得好的事情上，而这个事情又是什么？答案通常是股票市场。

金融市场在企业重组中扮演了重要的角色。经过这些重组后，企业的员工少了，功能范围缩小了，更专注于“核心”专长，最重要的是企业架构变成“轻资产”的模式了。在这样的企业架构里，生产设施被认为是拉低企业股票市场估值的不良资产。

使得这些企业策略变为现实的是，内部生产流程的替代品出现了：第一，数字化技术让企业把生产外包给承包商的同时，还可以对产品和质量有着高度控制；第二，在匈牙利、波兰、墨西哥、中国等低工资国家有大量的熟练和半熟练工人可供使用。最初是在20世纪90年代中期，在这个时期，数字化技术让工程师把完整的操作指令传送到承包商电脑里去，当时的电脑都是使用CAD-CAM软件驱动的。当然，外包和离岸承包早在互联网出现之前就有了，但在那个时候，如果企业把活拿到美国境外去干，它的美国经理就要经常出差到那里去对整个生产过程进行监管，这可是费钱又费时的事情。

数字化技术使得把产品创造和制造分离开来变得容易多了。这方面的科技进步日新月异。思科公司负责企业转型的副总裁安杰尔·门德斯（Angel Mendez）对我们说：

> 把研究开发和生产制造分离开来，这方面达到的高度在5年前不可想象。科学技术的进步使得在世界上任何一个角落工作的人都可以共同合作。他们不再需要身处一个优秀的组群或者是中心。不管我们的供应商在哪里，都可以感觉到那里正在发生的事情并进行监控。这一切都是建立在供应商那里安装的传感器、分散控制系统、新的中介软件和加密技术的基础上，而这个系统能够让我们通过开放式的互联网来完成这些任务，这个系统的安全、保密性能也很好。换而言之，不但可以观察、控制工厂里发生的一切，还可以深入供应链，观察控制工厂的前后端。

伟创力、捷普、台湾广达、富士康、宝成、台积电等巨型分包商公司雨后春笋般地涌现出来，也对把早期的开发研究、设计、原型机制造阶段与生产制造分开来的趋势起到了推波助澜的作用。这些专注于制造业的公司给品牌公司充当供应商，而这些品牌公司还继续把自己称为原始设备制造商（OEM），虽然它们早已不再从事生产活动了。

生产制造搬离原来的垂直一体化企业，来到承包商的工厂里，有些承包商的工厂还在美国，但是越来越多的工厂搬到低工资国家去了。这些帮助企业分散功能、把各种功能从主体拆开并进行合并的技术，现在又帮助企业把生产制造搬到世界的任何一个角落，只要那里的工人和车间工程师具备应有的技术就可以了。

低廉的劳动力有着无比的吸引力。随着经验的增长，企业开始意识到劳动力并不像工资表上看上去的那么便宜。发展中国家的生产力水平要低得多。而真正重要的是单位劳动力成本，即制造一个产品所需的小时数乘以每小时的工资。如果生产效率低下，低廉的劳动力也会变得非常昂贵。运费也是一笔大开支，就算是能源相对便宜的时候也不便宜；如果不能及时交货，成本就更高了。外汇风险是可以对冲掉的，但是这也是需要花钱的。就算大家都尽了最大的努力，质量也是时好时坏。

此外，知识产权的保护也是个大问题。当知识产权不能放到“黑箱”里时，也就是让使用它的人看不到它时，企业就只能失去它了。在一些发展中国家，对知识产权的执法意愿很低，工人跳槽频繁，在这种情况下，要保护商业秘密甚至是专利，基本上都是不可能的。最近一段时间，企业对劳动力成本的认识开始变得不那么一边倒了，企业家们认识到对大多数企业来说，劳动力成本只是总成本中很小的一部分。但是，时至今日，这些提供生产制造服务的海外承包商已经不同往昔，它们各方面的技能都已经成熟起来，能够拿出手的绝活多了，远不止低廉劳动力一项而已。

在垂直一体化企业进行重组以专注于核心优势的过程中，生产设施是第一个从企业内部消失的东西，不过当时发生翻天覆地变化的可不止生产部门。企业重组过程中的其他变化对美国制造业也有着重大的影响：重组后，研究开发在哪里进行？新产品的商业化过程，从原型机到市场这一阶段所需的资金从何而来？谁负责提供新的技术员工并为他们提供培训？杜邦公司、美国电话电报公司、通用电气公司、施乐公司这些大企业在第二次世界大战后变成了推动科学研究的巨大动力。即使在那个时候，关于下面这些问题的辩论也很热烈：企业到底是应该把资源投放到长期研究还是投放到更加应用型的短期研究中去？研究应该放在研究中心的实验室里还是产品部门中？不过，在垂直一体化企业的鼎盛时期，基础研究还是最后取得成功的策略。

MAKING 制造业案例
IN AMERICA

杜邦公司

20 世纪 20 年代以前，杜邦公司都是通过收购其他公司来获取新科技的。但是，后来它担心这个策略不能让它在现存的业务线中保持竞争优势，还担心会阻碍新产品开发。因此，杜邦公司开始聘请研究人员来开展和业务有关的基础研究，这些研究不一定要出什么具体的成果。

1927 年，执行委员会通过了化工部门一个主管的提议，同意“请人来做纯科学研究，即基础研究”，于是企业内部的科研开始向另一个方向前进。杜邦公司雇用的化学家和研究项目经理从 1922 年的 133 名增长到了 1940 年的 1 300 名，到 1942 年，这个数字变成了 1 500。接下来的一系列科学发现证明，这个策略取得了非同凡响的成功，氯丁合成橡胶、聚合物的发现带来了尼龙、晴纶、达可纶、防弹纤维等盈利能力非常高的产品。外部环境的变化也促使杜邦公司把基础研究转到公司内部来进行。在罗斯福当政期间，反垄断调查和相关的案件不断增加，这使得杜邦公司原来的以在相关领域收购企业来获得新技术的策略行不通了，在这种情况下，新业务线就只能从企业内部成长起来。而且，第二次世界大战也是科学技术力量的最佳展示，这让大家相信，在实验室的投资很快就会在实际应用中得到回报。

这样的实验室绝不是杜邦公司一家的专利，当时很多美国大企业都成立了这样的实验室。美国的工业实验室从1890年的4家增长到了1930年的1 030家。其中贝尔实验室是美国电话电报公司在1925年，也就是杜邦公司开始它的实验室计划前不久成立的，一开始就有2 000名核心科学家和技术员，它对美国经济的影响重大。和杜邦公司不同，美国电话电报公司没有面临什么竞争压力，也不用害怕有人说它触犯了反垄断法，起码短期内没有这两方面的顾虑，因为1921年通过的《威利斯–格雷厄姆法案》(*Willis-Graham Act*)给电话公司免除了反垄断条例的监管。但是，在其他很多方面，美国电话电报公司建立贝尔实验室的动机和杜邦公司在1927年采取行动的动机是一样的：它们都相信不要求特定结果的基础研究最终转化为宝贵的商业机会。在刚刚成立不久的那段时间，贝尔实验室在真空管技术方面取得了突破性的成果。1948年，他们将放大了的电流应用到锗上面，这个发现带来了晶体管的诞生。其他重大的发明创造接踵而来：光纤、激光、信息科技的突破、通信卫星、移动网络技术……像晶体管这样的发明是一个通用平台，会波及多个行业，并给它们带来翻天覆地的变化。贝尔实验室获得了11个诺贝尔奖，现代信息和通信技术的每一个领域在很大程度上都建立在贝尔实验室的研究发明成果之上。

这些在科学和工程学上取得的伟大成果对美国经济发展做出了巨大贡献，因为在过去30多年里成长起来的大公司很多就是直接建立在贝尔实验室的研究成果之上的。然而，美国电话电报公司和其他地方性电话公司从中获得了多少价值，这又是另外一个问题了。但是，在20世纪50年代中期，基础研究和商业利益状似合二为一了。《有组织的人》(*The Organization Man*)是一本广为传阅的著作，这本书对辉煌岁月中的美国企业进行了分析，它的作者威廉·H. 怀特(William H. Whyte)曾经说：

> 如果我们需要证明自由自在的科研好处多多的话，通用电气和贝尔实验室便给了我们充足的证据。下面三个事实就充分地说明了问题：第一，在所有的企业研究中心里，这两个实验室是最赚钱的；第二，在所有的企业研究中心里，这两个实验室一直能够吸引最有才华的研究人员。为什么呢？问题的答案就在

第三，在所有的企业研究中心里，这两个实验室最相信“只是为了满足好奇心，没有别的目的”这样的研究态度。

美国垂直一体化企业的研发实验室很明显各有不同，其中最关键的不同点在于是否能够实现这些科学突破的价值，并把它们开发成可以卖给客户的产品或者是流程。但是在把研发成果商业化的道路上，这些企业之间还是有大致相同之处的。它们都利用自己的财力来完成开发、展示、大规模生产每一个阶段的所有项目，从实验室到原型机的生产，再到大规模商业化，都不需要外来资金。就拿贝尔实验室来说，美国电话电报公司在行业中的垄断地位，还有各地电话公司源源不断的营业收入，都让它可以在科研上保持耐心，即便一个项目几年下来没有回报，公司也可以接受。

杜邦公司虽然没有垄断地位，但是企业储备金雄厚，它也能容忍科研到商业化阶段所经历的漫长时间。杜邦公司花了 10 年时间才把华莱士 · H. 卡罗瑟斯（Wallace H. Carothers）在 1930 年发现的长链条分子开发成大规模生产的尼龙产品，最早的一双尼龙长筒袜在 1940 年上市。把晴纶和涤纶开发成产品所需的时间更长、成本更高，因为公司先要每样生产 453.6 吨，让客户试用了，才把这些产品投入市场。之后，公司又再花了 15 年来研究如何把这些新纤维用于轮胎帘布。防弹纤维有很多卓越性能，《财富》杂志在 1980 年说它是一个“在寻找市场的奇迹”，但是，杜邦公司花了 15 年才把它开发成产品并找到顾客。令人吃惊的是，杜邦公司不断推进这些新纤维的研究开发，即使这些新纤维会毁了现存的人造棉、醋酸纤维业务也在所不惜。和普遍观念恰恰相反，作为最根深蒂固的市场龙头，杜邦公司却率先推出颠覆行业秩序的创新，即使牺牲了现有的产品和流程的投资也在所不惜。最后，当漫长的开发过程结束后，杜邦公司用自己的现金储备和以整个集团名义在股票市场上募集的资金，建立了用于生产制造的厂房，这样新产品才能源源不断地流向市场。现在以新科技为基础的创新企业在产品商业化过程中遇到的资金、设备难题，在垂直一体化企业中根本不是问题。

既然这些企业研发机构硕果累累，那么它们到底是在什么时候消失的呢？这些大企业又是在什么时候决定要削减长期研究的？没有人能够准确回答这些问题。发明了彩电、电子显微镜、液晶显示器等很多现代电子消费品的标准部件的 RCA 实验室就这么消失了。其他的，像施乐帕克研究中心现在还存在，但是已经不再进行多方面长期、无约束的研究，现在的研究项目都是针对某个商业目的进行的。就像托尔斯泰所说的，“不幸的家庭各有各的不幸”，这些机构步入没落的原因也都各不相同。但是，现在回过头来看，虽然每个企业都有自己的触发事件，真正的原因其实都是一样的：20 世纪 80 年代的监管条例和企业架构改革。20 世纪 70 年代，随着美国电话电报公司垄断地位的不断削弱，新成立的电信公司不断给政府施压，要求开放电话市场，于是美国政府针对贝尔实验室展开了积极的反垄断调查。转折点就是在 1982 年，美国电话电报公司在一场反垄断诉讼案中庭外和解了，作为和解的一部分，美国电话电报公司同意将地方电话公司剥离出来。地方公司从此自由了。

在这个转折点后，贝尔实验室的成功还持续了一段时间。但是，随着美国电话电报公司逐渐失去垄断地位和可靠的客户群，在新的竞争对手的猛烈攻击下，它也不断出错，实验室的资金来源也断了。有些研究人员转到了地方电话公司的实验室去工作，另外一些则去了更令人向往的地方，比如硅谷。到了 2008 年，只有 4 个研究基础物理的科学家还留在那里。我们听到的最新消息是，在 2012 年 5 月，从美国电话电报公司手里收购了贝尔实验室和其他资产的阿尔卡特朗讯公司（Alcatel-Lucent），终于得到了分区允许，可以把贝尔实验室在霍姆德尔的设施推倒，在这个深具历史意义的地方开发一个地产项目了。杜邦公司的转折点来得更早些，20 世纪 70 年代就到了。当时，好几个纤维项目没有达到预期的成功，石油危机也导致资金大量削减。现在，杜邦公司的研究部门还是很强的，但是运作方式和“尼龙时代”完全不同了。

美国垂直一体化企业的当前境况

今天，美国最大的企业都把大部分的生产制造功能外包了，很多还搬到海外去了，这样做的原因一方面是降低成本，另一方面则是为了能够靠近庞大的新市场，更好地服务那里的客户。我们采访的一位500强企业的总裁告诉我们：

> 垂直一体化是一个陷阱。我们从20世纪90年代末期开始去资产化，对我们所从事的生产活动进行分类：真正有价值的活动；开展大规模生产才会有价值的活动；如果不开展大规模生产，就将之转移到供应商那里去的活动；应该将普通产品转移到供应商那里去生产的活动。我们现在毫不怀疑这些决定的正确性。由于这样做，我们现在可以在研发方面加大投资，因为在固定资产方面的投资减少了。

同时，这家企业和其他全球性企业一样，很大程度上依赖源自美国本土的前期科研来开展进一步的创新活动，这些创新活动的成果形成新产品和服务，这样企业才能不断推陈革新。有些研究工作还是在企业内部进行的，当然，和过去相比少了很多。随着垂直一体化企业的重组，企业功能分散了，企业内部的科研能力也大大削弱了。

当我们和现在的企业领导者回顾20世纪五六十年代的研究中心时，他们认为，就算是最优秀的实验室，像贝尔实验室、施乐帕克研究中心那样的，对所属企业的利润贡献还是不够，所以现在面对这些科研中心的萎缩，他们也丝毫不觉得后悔。现在的世界充满了前景诱人的新创企业，找到这些企业，把它们收购过来就可以获得新技术，在这种情况下，很多大型企业认为把内部研究和收购新创企业、向专利持有者申请使用权结合起来是最有效的途径。他们认为这个策略降低了风险，还把前期开发成本转嫁到别人头上去了。

博斯管理咨询公司（Booz & Company）对跨国公司的一个研究发现：在研发上投资最多的80家美国企业把一多半的科研经费花在了美国国内。但是，这些数字并没有把收购创新企业的成本计算在内，这些其实应该归入科研经费里，因为这种收购活动已经成为推动企业内部创新的主要力量。罗伯特·霍尔（Robert Hall）和苏珊·伍德沃德（Susan Woodward）研究了从 1987 年到 2008 年间，由风险资本支持的 22 000 家新企业，发现其中 26% 的公司后来都被收购了。本书第 3 章关于新创企业如何走向市场的内容也指出，大企业通过收购来建立自己的新科技组合。我们倒是不能把这些收购都算成研发，因为收购要达到的目的是多种多样的。获得新科技当然是其中一个目的，但是有时候也是为了获得新的销售渠道、消除潜在的竞争对手、聘请具有专业技能的人才。另外还有一个灰色地带就是，我们根本不知道花在各国的研究开发经费里，不管是企业内部的研发还是收购来的研发成果，有多少是用于研究，又有多少是用于开发的，因为研究是前期的，它的成果可能具有扭转战局的力量，而开发则多是比较平淡无奇的地方性开支。通过研究各国专利的申请情况也回答不了这个问题，因为每个地方获得专利的比例、价值大不相同。我们在美国进行的研究把在大企业内部进行的研究和最终要被收购的新创企业那里进行的研究都算在内，在催化颠覆性新产品和流程诞生方面发挥的作用，远远超出了企业研发开支能够带来的贡献。

我们认为，过去 30 多年来，大企业经过了大规模的重组，但是它们在美国的前期研究投资还是很大的，表现在企业内部研究和收购新创企业两个方面。但是，我们所知不多的是，这些前期创新是怎样以及在哪里被推动到下一阶段，最后来到商业化阶段的，这个过程和过去相比又发生了哪些变化？我们请企业高管将重要的新产品从实验室到市场的过程一步一步地描述出来，这样就可以从多个角度来切入研究的关键：

◎ 很多企业未来的营业收入都依靠在美国取得的科研成果，那么它们需要把生产制造基地也设在美国吗？是不是只有这样，它们才能更好地完成从实验室到市场的过程？

◎ 在把实验室的想法变成原型机，再来到测试、演示、试生产、为早期客户生产阶段，再到大规模生产的各个阶段，企业都需要什么样的配套生产设施？

◎ 生产设施是否设在研究设施附近，这点重要吗？生产设施很接近研究设施会使整个开发过程进展更快吗？

◎ 大企业收购了新创企业后，它们之间的磨合顺利吗？被收购后，小公司的创新冲劲还在吗？

◎ 在市场化过程中使用海外生产设施的优势和劣势在哪里？

◎ 最后一个，也是最重要的一个问题：把生产设施设置在企业附近，是否有助于创新能力的维持？

PIE 委员会对这些问题的回答构成了本书第 3、4、5 章的内容，在这些章节中，我们研究了新创企业和一般制造商，还把美国企业与德国、中国企业做了比较。但是，在美国经济体内，最大的科研投资者还是美国的大企业。经过 30 多年的重组和全球经济的巨大变化，这些在 20 世纪 60 年代还是垂直一体化的庞然大物，现在瘦身了，变得精练多了。像思科这样在 20 世纪 80 年代创立的大企业，它们一开始就专注于“核心优势”，很少会在企业内部进行生产制造。现在，无论是瘦身了的垂直一体化企业，还是像思科、高通那样的企业都可以从供应商那里买到很多东西——从前期研究到螺丝钉，而在 60 年代，这样的大企业内部是包罗万象的。它们在创新商业化过程中要把制造业放在美国还是离岸外包？美国制造业的命运取决于这些决定。

既然这些决定这么重要，那么企业是如何做出这些决定的呢？为了回答这个问题，我们采访了 30 家总部设在美国的公司，其中 10 家还跻身于全球 100 强企业之列。我们挑选的企业都有很强的生产制造能力，这些生产设施可能在美国，可能在别的地方，也可能两者兼有。这并不是随机抽样的结果，但是这些企业代表的行业是多元化的：电子、发电设备、消费品、制药和生化、化工、汽车和汽车配件、金属制造、材料、航天技术、国防。很多采访都是通过麻省理工学院的关系才安排上的，通常是一个校友事先和高管沟通好了，告诉他们我们会问到的敏感问题，比如如何决定将哪些企业功能设在美国、哪些功能要移到海外。我们对所有接受采访的企业保证，如果没有企业的明确许可，我们绝对不会透漏采访对象是谁或者是哪个企业，在这里进行的采访也不例外。

高管们大多同意，如果创新的前期工作，也就是原型机制造、测试、展示、试生产，都在对外保密的情况下由企业内部起关键作用的科学家和工程师来做，效率是最高的。就像其中一位经理说的那样："失败总是发生在两个阶段之间的转折点上。"企业要想把这个阶段的运作牢牢掌握在手中，最容易掌握的当然是在自己屋顶下的东西，其次就是和关系深远、值得信任的供应商和客户的合作。生产设施就在研究设施附近，不但对监控和避免灾难的发生很有必要，还能加快产品投放市场的速度，而且大家还可以共同探讨，生产出多种款式和价位的新产品。

美国历史悠久的研发实验室通用电气公司的 GE 全球研发中心，位于纽约州的尼斯卡于纳（Niskayuna），迈克尔·艾德利奇克（Michael Idelchik）是这里负责先进科技研发的副总裁。在以美国为中心的大型企业中，通用电气公司一向是最多元化经营的企业之一，直到今天还保持着这个传统。这些年来，它也在美国以外的地区设立了生产和研发基地，但是还在企业内部保留着很强的生产制造能力。虽然通用电气公司保留的一体化企业架构比其他大企业要多得多，但它仍在连结创新和研究方面采取了很多新措施。艾德利奇克给 PIE 委员会的解释是，过去，工业研发按照一个清晰的顺序来进行，从产品设计到材料选择，再到生产制造和供应链计划。现在，他认为先进的工业研发是不按顺序、同时发生的多方互动，科学家、工程师、生产制造专家同时参与的，产品也在他们之间传来传去。现在，材料方面的创新也会带来新的产品设计。新引擎 GEnx 上的金属间涡轮叶片就是其中一个例子。这种新合金是在 1989 年取得专利的，由于它的复杂性能，直到1992年才被用来铸造成型。在铸造过程中，生产制造部门和研发部门之间的互动从未间断过。涡轮叶片也有专利，但是铸造过程和材料都是商业秘密，这也是他们把整个过程都保留在企业内部的原因。第一次引擎测试在1993年进行，这是设计师、研发部、制造部之间通力合作的成果。直到2009年，GEnx引擎才开始投放市场。

我们采访的30家企业都有海外运营中心，从这些中心的名字中可以看出有些是研发部门。但是，企业设在发达国家的研发部与它们设在发展中国家的研发部之间一直有一种不成文的劳动分工，那就是泰克公司（Tektronix）总裁阿米尔·阿格迪（Amir Aghdaei）所说的“保护—延伸—创造全新产品”。泰克公司总部位于俄勒冈州的比弗顿，员工4 000人。从24 000名员工到现在的4 000名员工，它经历了一段艰难的精简过程，但这个过程是必须的，因为员工人数在24 000人的时候，公司的年度营业收入和20世纪80年代时的一模一样。现在，这个年度营业收入高达10亿美元的公司是隶属丹纳赫集团（Danaher Corporation）的一家营运公司。

阿格迪认为，示波器这样有10年历史的传统产品有长尾效应，他们还可以从这样的产品中获得很多营业收入，因此对这种产品应该采取保护策略，通过不断改善产品、降低成本来保护公司原有的业务模式。这类产品的竞争对手都是亚洲企业，新客户也主要在亚洲。用于组装示波器和其他类似产品的零部件绝大多数是从亚洲供应商那里来的。泰克公司花钱把这些零部件从亚洲运到俄勒冈，再把制成品运回亚洲去。泰克公司现在已经把这种“保护和维持”型的产品生产和一部分的研发转移到了中国上海的浦东区。泰克公司在专用集成电路（ASICS）及其应用方面有很强的优势，并计划给这些传统优势赋予新的用途，让它们“延伸”出新产品来，这类产品的生产就必须留在美国，靠近它的民用、军用客户。而用于设计、生产验证的取样示波器属于高端产品，它的主要客户数量有限，这些客户本身也处于新技术的最前沿。有些客户，像IBM还是这个产品的共同开发商。全新产品所有的研发工作都在比弗顿进行；所有的射频产品也都在美国生产，因为有些美国供应商提供的零部件是原创的专属产品；生产过程复杂而且很难稳定下来的产品也都在比弗顿制造。但是，像示波器这样一个混合了多领域的新产品，虽然在比弗顿动用了50个研发工程师才研发出来，最后也可能会在浦东生产。

就像泰克公司的新示波器一样，大公司的很多新产品最后都会在远离原创地的地方进行生产。把大规模生产放到国外进行的原因是多种多样的。有时候是由于低成本，比如工人工资低、土地价格低、外国政府以各种形式给予补贴和税务优惠等。在各个发达国家之间，成本也大不一样。在过去10多年间，经济合作与发展组织中的很多国家的企业税率都降下来了，但是美国的税率没有变。在20世纪90年代末，麻省理工学院产业绩效中心也进行过一系列的采访调查，研究的结果表明，在决定哪个工业职能在哪里进行时，税收根本就不是一个决定性的因素。但是，在过去3年里进行的采访中，美国大型跨国企业的高管多次提到，美国企业税率过高是他们把生产安排在欧洲和亚洲的一个原因。一位跨国企业的高管很直接地说："过去，劳动力和劳动力成本是很重要的因素，而现在它们都无关紧要了，税务才是更加重要的因素。"

伊顿公司（Eaton）是一家生产电力输送设备以及提供电力输送方案的大企业，雇有103 000名员工，总裁亚历山大·卡特勒（Alexander Cutler）告诉我们：

> 要让美国保持竞争力，就必须接受竞争性的企业税收改革。不能明确知道最终要交多少税，这是我们面对的一个大难题。如果你把一个工作职位设在加拿大，你会知道相应的监管条例和税率是多少。但是在美国，各种政治理念在华盛顿斗得你死我活，游戏规则可能在一夜之间就全变了。在20世纪90年代，美国的企业税收还是很具竞争力的，但是从那以后，全球税收体系发生了很大变化。现在，美国企业法定税率是35%，这个很扎眼。最近，德国和日本都把

> 法定税率降下来了，我们的税率就成了全球最高的了。只有美国和几个小国家的企业税是以全球收入来征收的，在这个以区域性税收系统为主的全球经济中，美国是唯一一个使用全球税收系统的大国。美国必须把法定税率降低到25%，即经济合作与发展组织成员国的平均税率，采用区域性税收系统，这样把总部设在美国的企业才能在全球范围内开展竞争。

2012年1月17日，PIE委员会的研究人员在伊顿公司位于俄亥俄州克利夫兰的总部采访了卡特勒先生。2012年11月底，伊顿公司进行了2012年美国最大的并购活动，收购了发电设备生产商库柏工业集团（Cooper Industries）。这项并购活动催生了一个总部位于爱尔兰都柏林的伊顿公司。爱尔兰的企业税率是12.5%。

低成本亚洲国家的工资在上涨，美国也准备进行某种程度的企业税收改革，在这种情况下，美国以外的制造业环境优势可能会缩小。但是，对我们调查研究做出回应的人说，把生产制造搬到美国以外的最主要原因是为了进入一个巨大的新市场，而之前说到的变化对这个因素的影响并不会很大。有时候，进入一个市场，意味着必须在那里有个实体的存在。有些产品很重，运费很贵，就像宝洁公司生产的尿布、圣戈班公司（Saint Gobain）为水力压裂采油法生产的陶粒支撑剂，这些产品的生产设施必须靠近客户。这些产品很多都没有或很少有当地市场特色，因此生产设施的建设就可以像英特尔公司的新厂房那样，完全“复制”已经运作的最先进厂房模式。在决定生产活动是否和原创地分开时，在哪里可以采购到原材料及运费高低等因素也很重要。

但是在决定生产基地的位置时，任何成本因素都比不上庞大的新市场这个因素起的作用大。企业在印度、巴西、中国设立运营中心，是因为那些地方的需求正在爆发式地增长。中国把46%的GDP投入到基础建设中，很多跨国企业就必须跟着它们的长期客户和供应商一起来到中国，开发中国的新客户。供应商和客户越来越集中在亚洲，把亚洲零部件运到美国，在美国组装后再把制成品运回亚洲，这样的来回折腾真是费钱又费时。而且，新客户会要求在生产过程中加入当地特色，有时候是因为客户自己或者是所在地的政府想要获得技术转让许可，有时候是因为当地情况确实需要产品做出因地制宜的改变。

最后，企业把新产品的商业化放到美国以外的国家去完成，是因为它们发现这些合作伙伴具备在美国找不到的生产能力，或者在美国目前的工业生态环境下，这些生产能力得不到应有的支持，不再存在了。PIE 委员会的研究人员对中美合作、在中国进行创新产品的企业进行了研究，在美国和中国采访了很多企业。在这个基础上，我们发现，所谓生产能力，远不止低成本那么简单，它还包括别出心裁的设计、才华横溢的工程师，以及能够把多个生产商集中在一起、在一个资源密集的生态环境中共同努力、加快产品面世的能力等。

为了降低成本、争取新客户，美国大企业把一些生产制造活动转移到了国外，这个话题在媒体以及关于全球化的研究中争论已久，我们在采访中也没听到什么新奇的东西。不过，有些企业认为把生产过程保留在美国是有价值的，这一点倒是很有趣。在采访他们之前，我们就想到了让企业把生产过程留在美国的多个理由。国防承包商按规定一定要在美国进行生产，尖端科技的出口限制也使得制造商不能进行离岸外包，即使制造商的主要客户不是美国国防部也不行。我们事先也想到了，企业会把在生产过程中使用到珍贵独家研究成果的活动保留在美国的企业内部，这些成果可以是享有专利保护的，还可以只是行业秘密；当企业管理者解释哪些活动保留在美国，哪些活动离岸外包时，他们经常提到这一点。如果产品很重、体积很大，或批量生产时每批的产量很小，且每批都需要按照客户要求做不同的修改的话，这类产品的生产就会留在美国。

我们没有想到的是，在生产过程中隐藏着那么多创新活动，这些创新活动让企业有了新的利润点，这个发现让我们改变了原先的想法。最能体现这点的例子是生化企业百健艾迪公司。

MAKING IN AMERICA 制造业案例

百健艾迪公司

约翰·G. 科克斯（John G. Cox）是百健艾迪公司制药和科技部的执行副总裁，他给我们解释了他们为什么把生产制造过程中的创新活动看作是核心竞争优势之一，比如细胞培养技术、蛋白质纯化技术、分析技术（代谢组学）。

用生物工程来大规模复制实验室的研究成果，是一个极端复杂的生产过程。当生产过程中牵涉到生命有机体时，每一批产品都是独一无二的。能否改善滴定指示剂性能、提高产出率、提高产量，顺利地把产品从 2 000 升的罐里移到 15 000 升的罐里，对利润率有很大的影响。百健艾迪公司现在有三处商业化规模的生产基地：马萨诸塞州的坎布里奇、北卡罗来纳州洛利杜罕都会区的研究三角公园以及丹麦。那他珠单抗（Tysabri）是一种治疗多发性硬化症的药品，对有些病人来说，这是唯一一种可以预防复发的药物。虽然百健艾迪公司已经在北卡罗来纳州生产这种药品了，但是在丹麦兴建生产设施还是困难重重，为了保证万无一失，百健艾迪公司储存了足够卖两年的药物。生物科技是一个监管很严的行业，生产过程中的任何变化都要获得美国食品和药物管理局（FDA）的批准。当一小部分病人因为服用这种药物而出现了危险甚至致命的并发症时，百健艾迪公司能够和 FDA 共同努力，让那他珠单抗重返市场，同时也共同决定对病人进行跟踪的方法，这样需要这种药物的病人就可以继续得到治疗。有些生产过程很难稳定下来，企业要对监管机构的行动、需求变化做出迅速的反应，这些都是让生产留在企业内部的推动因素，即使现在已经有了平台式的科学技术让制药公司也可以使用承包商来进行药品生产也一样。

在采访一些高管的过程中，他们把一些大规模生产廉价商品的生产过程也留在企业内部，这最让我们觉得不可思议。宝洁公司是一家积极寻求企业外部资源来发展潜能、开拓创新机会的跨国企业。比如，为了能够在生物技术、绿色化学和卫生保健行业有所发展，它和其他几家风险投资基金一起投资了几家新创企业。宝洁还和梯瓦制药公司（Teva Pharmaceuticals）组建了一家合资企业，来销售非专利、非处方药品。但是，它最出名的吉列剃刀片、帮宝适尿布等廉价产品大多数还是在企业内部生产。宝洁公司意识到，在生产过程中有着宝贵的原创专属知识，它不想失去这些知识。

宝洁公司的首席技术官布鲁斯·布朗（Bruce Brown）说，宝洁公司创新能力的一个关键组成部分是能够低成本、高速度、高质量地生产每一件产品的能力。以尿布为例，尿布一般在由 13 到 15 个连接在一起的运作单位组成的运作板块中完成。把每一个板块的效率最大化是关键，因为整个系统的效率是各个板块效率相乘的结果。尿布研发的第一步是利用一个全球性的婴儿数据库进行模拟和模型制造。宝洁和洛斯·阿拉莫斯国家实验室（Los Alamos National Laboratory）合作，共同开发工艺开发工具。如果模拟阶段得出来的结果说这个产品可以的话，他们就进入试生产阶段，这个过程通常在研发实验室进行。全面生产测试通常在美国内部主要生产设施里进行，要对生产尿布的每一个板块进行单独测试。生产设施有 10% 的时间是专门用来做研发的。

我们拜访了 3M、宝洁等公司，这些企业有的把生产设施设在美国境内靠近研发部的地方，有的把生产制造过程安排在世界各地靠近市场的地方，但是绝大多数还是靠近研发部的，起码我们抽样的结果是这样的。企业对生产制造过程采取的是一体化、外包还是离岸外包策略，和使用的生产设备从何而来也有关系。几乎没有什么企业还自己造机器了，大多数都是从同几家供应商那里购买的，买回来之后再做一些修改，让机器更适合自己的生产目的。宝洁公司在欧洲也有很多竞争对手，其中一家的高管告诉我们："生产制造的整个过程对我们来说是很宝贵的，要让产品不断发展，就必须对产品有认识，我们只有通过生产制造过程才能掌握这些知识。为了保持竞争力，我们需要规模化专业技能。"这位高管的同事还很怀念那些"真男人造自己的机器"的日子，但是今时今日要这么做的成本太高了。现在的问题是，如果供应商把一台新机器首先提供给竞争对手，麻烦就大了。于是这家欧洲公司两年前就和一家机器供应商达成合作，希望可以提早得到新机器，在市场上领先一步。

垂直一体化企业可能已经是明日黄花，但在从创新到市场的路上，企业的各种功能一体化还是很关键的。我们在调研中发现，大家都还在进行各种试验，试图找出最佳路径。但是，到目前为止，还没有人掌握最佳路径。

MAKING

From Innovation to Market

IN AMERICA

3

生态与生产

新创企业市场化的资源难题

美国的创新生态环境，从企业融资、不断拓展的市场需求和发掘客户的角度来看都不够理想，在大规模生产方面更是能力不足，这一切使得新创企业在产品商业化的关键时刻都转向海外，以谋求更大的发展。

想当年，新产品和新流程源源不断地从杜邦公司和贝尔实验室等工业研究中心流入美国经济。如何把创新推动到大规模生产，所需的技术人员、资金、设施又是从何而来，这类问题那时候都在这些大企业内部解决了。资金大多来自企业自身的现金储备。庞大的员工队伍中往往就有所需的技术人才，即使现有员工没有完全掌握新技术需要的新技能，通过企业内部培训也就解决了。员工在这些大企业的职业生涯都很长，有些甚至是终身都为一家企业服务的，因此在员工为企业服务的过程中，企业就可以收回给员工技术升级换代所做的投资。在一个中小型企业密集分布的工业社区里，大企业都能找到具有为新产品、新流程生产零部件的承包商，因此并没有供应商不足的问题。

垂直一体化企业在创新市场化过程中遇到的往往不是内部资源问题，而是不能把各种资源整合、有效调动起来的问题。把 20 世纪 80 年代末的美国企业和日本企业进行比较就会发现，美国企业相形见绌，往往是因为研发部门和设计工程师、负责产品生产的生产工程师沟通和协调不到位。大家都抱怨说，研发部的人把设计扔过来，就要生产工程师低成本、高速度地把这些产品生产出来。这样做导致的结果往往是创新不能按时推向市场。为了解决这些问题，企业进行精简重组，提高效率，成立跨部门团队，大家开始为生产而设计。比如说，IBM 的工程师在为生产而设计的理念指导下，设计出来的打印机只有 60 个零部件，而不像爱普生的打印机有 120 个零部件。

创新的新途径

现在，企业在同一道路上遇到的困难和 20 世纪 80 年代的大不相同，因为今天的创新往往源自规模和业务范围都小得多的公司。现在，在美国内外出售的新产品都源自小公司的创新，这些小公司自己没有足够的内部资源来把创新商业化。美国经济的三大变化使得创新的来源从大企业的研究中心转向了规模小得多的公司。

第一，在过去 20 多年间，企业结构大变身，使得企业的业务范围变窄了，更多地集中在核心优势项目上，削减了其他非核心优势项目的开支，这些都是本书第 2 章重点讨论的内容。企业重组削减了前期研究工作，核心活动成了正在进行的商业活动以及那些有希望在短期内在商业方面取得成功的的活动。弗雷德·布洛克（Fred Block）、马修·凯勒（Mathew Keller）找到了一个衡量大企业在创新方面日落西山的方法。他们对 1971 年到 2006 年间，在研发 100 竞赛（R&D 100）中获奖的新产品、新流程进行了分析，看有多少是来自《财富》500 强企业的。在 20 世纪 70 年代，大公司的参赛项目占了绝大多数。但到了 20 世纪 90 年代，获奖的多出自小公司或者是大学、美国政府实验室。

第二，由于第一个原因，大企业内部创新的源泉干枯了，它们只能到企业外部去通过获得专利使用许可、企业并购等方法来购买新的创新。在寻找外部创新的过程中，它们发现选择比以前多了。此外，美国政府改变了对科研的支持，专利政策也变了，这些政策倾斜让大学里的科研人员更加乐于进行有商业潜能的科学研究。1980 年关于专利和商标修改的《拜杜法案》(*Bayh-Dole Patent and Trademark Amendment Act*) 在这方面起了很大的推动作用，因为虽然研究工作是由美国政府资助的，但是从事科研的大学和个人还是可以从专利中获利的。

在差不多同一时期，风险投资为新企业提供了很多资金，这样，实验室的研究成果就可以找到愿意承担高风险的前期资本来帮助成立新创企业（见图 3-1）。在 20 世纪 70 年代，风险投资的数额还很小，然而到了 2000 年，风险投资的总资产已有 1 000 亿美元，分别投资在 6 420 家企业里面。哈佛商学院的乔希·勒纳（Josh Lerner）教授也是一名风险投资专家，他指出，这些年来，风险投资高度集中在信息技术、电脑、远程通信方面，因为在这些行业里，把创新带到市场的时间相对短一些，就在 3 到 5 年之内。在新材料、新能源这些需要很长时间才能开发出可以进行商业化的产品和流程的行业中，风险投资就没有那么多，最近风险资本家还有削减这方面投资的势头。

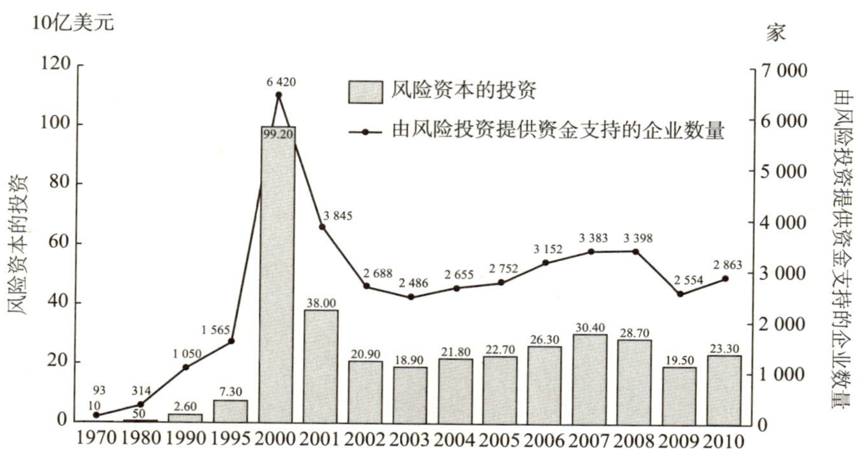

图 3-1 风险投资在美国的发展状况（1970—2010 年）

新一代的创新型新创企业百花齐放，于是大企业有机会找到有前途的收购对象，把它们买下来，再把它们的创新商业化。杜邦公司在纤维素乙醇方面的早期研究吸取了位于科罗拉多州的美国可再生能源实验室的研究成果。实验室自 2003 年起，又得到了美国能源部在玉米综合性生物炼制工程方面的拨款，总计 2 000 万美元，分 4 年发放。杜邦公司在这个项目上的投资比这笔拨款要多得多。2010 年，在田纳西州政府的资助下，杜邦公司和一家从田纳西大学剥离出来的创新企业杰纳勒尔能源（Genera Energy）进行了技术合作，在田纳西州的劳登市开展了演示规模的生产。2012 年 12 月，杜邦公司在艾奥瓦州的内华达市，兴建了第一个商业规模的生产设施。

为了得到有机发光二极管的技术，杜邦公司收购了尤尼亚斯公司（Uniax），这是一个从加利福尼亚大学圣塔巴巴拉分校的教授艾伦·希格（Alan Heeger）的实验室分离出去的新创企业。收购完成后，杜邦公司继续在圣塔芭芭拉和特拉华州开发该项技术。2011 年，杜邦公司通过使用权许可的方式让一个大型显示器制造商进行规模生产，这是这项技术的第一个商业化项目。杜邦公司还收购了创新光公司（Innovalight），这家硅谷新创企业发明了一套能够打印出太阳能电池的硅胶油墨印刷系统，美国能源部给他们提供了 650 万美元的资助，还登上了《研发》杂志（*R&D Magazine*）2011 年创新百强榜单。被杜邦公司收购时，创新光公司已经有了晶澳太阳能、英利绿色能源等中国企业大客户，这些客户对他们的产品发展做出了很大贡献。

过去 10 多年间，企业也在“开放式创新”和众筹等方面进行试验，努力寻找不需要在企业内部从头开始的新科技。在这方面，大家经常提到的成功例子有 Linux 操作系统和维基百科，在这些例子里，由发明家和历史悠久的企业组成的网络社群向这些平台贡献知识，免费提供给所有人使用。但是，这些平台在开发专属产品和服务方面的效率仍是个问题。

第三，从 20 世纪 90 年代开始，数字化技术就使传统工业制造过程发生了翻天覆地的变化，这项新技术也推动了创新从大企业转向很小的公司。这些小公司通常来自大学或者是政府实验室，或者是由脱离了原先工作的大企业而出来创业的创业者创立的。数字化技术让没有整套生产设备的小企业和世界各地的承包商及供应商进行合作，把自己构想和设计的产品生产出来，就算小企业本身并没有将产品商业化所需的基础设施、资本和技术人才也没有关系。总体来说，这种形式大幅增加了创新机会，使得发达国家可以做的创新活动在发展中国家也一样可以做，因为新创企业和成熟的大企业在这些新技术面前是平等的。

在过去 20 多年里，在新兴产业创新中起主导作用的是这些小公司，它们面临的挑战和美国电话电报公司、杜邦公司及其他垂直一体化企业当年面临的困难完全不同。对于这些大企业来说，把创新推向市场所需的资本、人才以及实体厂房都是公司内部资源就能解决的问题，但对现在的小公司来说，如何找到这些资源是一项艰巨的任务。

在过去 20 多年里，软件公司和信息科技公司经历了爆炸式增长，证明了风险投资这个新模式对某些行业来说还是可行的。这些风险投资公司对创新型新创企业进行投资，等几年后这些公司上市了，风险投资公司就把手里的股票卖掉，收回投资和利润。这样一来，小企业获得了前期发展所需的高风险投资；风险投资公司为每个项目筹集的资本也不是很高，因为这些主要依赖数字化技术的小企业不需要实体基础建设方面的大投资，投资公司几年后退出的潜在回报是很高的。

问题的关键在于，这个模式是否适用于整个经济体的每一个行业呢？对于那些产品开发周期更长、需要更多的投资来建设生产设施的创新企业，这个模式还行得通吗？还有清洁能源企业，它们产品的购买者是电力公司那样在行业中根深蒂固的大企业，不是软件企业。

新创企业能否得到这些资源，什么时候得到这些资源，它为这些资源付出了什么代价，以及是从公司附近、硅谷还是从中国得到这些资源，都对企业前途有着重大影响。在 PIE 委员会的研究项目中，我们发现企业如何拿到创新商业化过程中所需的资源，决定了企业未来生产发展的轨迹，对未来持续创新也有影响。企业是通过上市、并购还是通过寻找亚洲合作伙伴来发展，每一个选择都会给未来的创新带来不同的实现途径。这些不同的途径会在不同的地点产生不同的就业机会和营业收入来源。企业从创新到全面生产所走的路线不同，取得的长期和短期的成绩也就不同。这就是为什么我们认为，真正理解和掌握创新商业化这个过程对美国的经济发展至关重要。

这是一个很复杂的研究课题。我们任何时候都可以大概计算出供应链中每一环的利润占比、岗位占比以及工资占比，格雷格·林登（Greg Linden）、肯尼斯·克雷默（Kenneth Kraemer）、詹森·德崔克（Jason Dedrick）就对 iPod、iPhone、iPad 做过这方面的研究，我们也可以沿用这套方法进行估算。但是没有一个方法能够计算出新技术的每个参与方在这个过程中掌握到的知识对未来的创新和执行力有多大贡献。这里所说的贡献指的是能够开发出别人难以复制的、能够带来更高利润以及更高工资职位的生产能力和产品。如果我们想要给企业和社会带来更好的就业机会、投资和创新，就必须深入了解创新企业把创新产品带到市场过程中所走的多条途径。

PIE 委员会对于新创制造业企业的研究

为了有条不紊地研究新创企业如何以及在哪里找到把新产品带到市场所需的资源，PIE 委员会的研究人员把注意力集中到 1997 年到 2008 年间，通过麻省理工学院专利使用权许可获得新科技而创立的企业。麻省理工学院技术许可办公室的任务就是把麻省理工学院众多实验室取得的科研成果授权给有实力将其变成具体产品和服务的企业。在把学术界的科研成果推向私营企业方面，技术许可办公室是最成功的中介。比如，2011 年，技术许可办公室注册公开了 694 项发明，申请了 305 项专利、持有了 199 项美国专利，还使用麻省理工学院的专利和许可权帮助创立了 16 家企业，这些企业中获得的最初投资最少的一家也有 50 万美元。当然，每一年在技术许可办公室的帮助下成立的公司数量也不一样，所以我们的研究对象是这 10 年间成立的公司，这 10 年也是高科技企业大起大落的 10 年。

在这段时间里，利用麻省理工学院专利技术成立的企业有 189 家。研究人员剔除了纯软件公司，把注意力集中到剩下的 150 家有一定生产制造功能的企业。和软件公司相比，这些企业通向市场所需的时间和资本要多得多，面临的挑战也大得多。我们之所以选择把重点放在生产制造型的新创企业上，是想仔细观察需要复杂生产制造过程的新创企业如何把产品推向市场，期间又需要什么资源来推动企业发展。

我们在这里研究的这些麻省理工学院新创企业有着优越的先天条件，因为它们来自研究水平一流的实验室，发家之地是一个蓬勃发展、互补资源密集的创新区域中心，比美国其他地区的新创企业更容易拿到风险投资。这些案例很重要，因为它们具备了成功需要的所有条件。在把产品推向市场、送到客户手里的过程中，就算是这些集万千宠爱于一身的企业也会在某些关键点上遇到严重的困难，找不到需要的资源，那其他一般的创新企业就更加容易遇到麻烦了。当然，企业找不到所需资源的原因也数不胜数，有市场原因，也有竞争环境的原因，产品本身、企业内部运作和策略也都有可能导致企业拿不到所需资源。但我们在这里要说明的是，这些麻省理工学院的新创企业，一开始开的就是顺风车。

大波士顿地区被普遍认为是当前美国经济最活跃的地区之一。位于马萨诸塞州坎布里奇的麻省理工学院在科技商业化方面取得了巨大的成功，有着悠久的历史。爱德华·罗伯茨（Edward Roberts）和查尔斯·埃斯利（Charles Eesley）发表的研究估计，麻省理工学院校友创立的企业雇用了330万员工，全球年营业收入总和是2万亿美元，相当于全球第11大经济体的GDP。波士顿地区不断被评为美国最优秀的创新中心之一。既然麻省理工学院和波士顿地区在创新市场化方面有着这样悠久的成功史，我们研究的这组企业就应该最具备成功优势，是最有可能取得成功的。以此类推，如果这组企业在大规模生产之前遇到了很大困难，就可以预见到，处于经济没有这么活跃的地区，又和这样一所名校没有关系的新创企业遇到的困难会更大。

我们选择对1997年到2008年这段时间里成立的企业进行研究，这就能够研究成立了5到15年的公司。在有些行业，比如社交媒体，创新的周期特别短，企业可以只用5年甚至更短的时间就使其产品从实验室走向市场，但生产制造是其中一个重要组成部分的企业就需要10年或者是更长的时间来把产品带到市场，生物制药和半导体都是这样的行业。5到15年时间，在一个新创企业的生命周期中是从实验室到生产的阶段，在这个阶段中，有些企业还在制造原型机，有些企业已经建立了试生产的设施，还在努力寻找新技术的早期使用者。成立时间更久一些的企业，则已经进入了大规模生产阶段，产品已经进行商业化生产并投放市场了。

我们的研究覆盖面很广，包含各种行业、科学技术、企业以及不同发展阶段的企业。这样就可以对创新企业的成长动态有一个全面的认识。对这些企业的成长过程进行顺藤摸瓜，还可以密切观察到创新和生产制造之间的关系，我们通常只是想当然地认为两者之间存在着一定的关系，但并没有把这些关系记录下来。通过这些案例，我们对生产过程中获得的创新进行了研究，看看这种创新在新产品开发中扮演着什么角色，生产中的创新和新产品的诞生又有什么关系。这些案例还让我们看到，在市场化后期，企业发展的路径是多元化的，它们可以上市，可以被并购，还可以寻找战略合作伙伴。最后，我们的研究还关注到，在地区或者是全美范围内，对侧重于生产制造的企业来说，现有的美国及区域工业生态环境是否有利于它们的发展。

从表 3-1 中我们可以看到，在 150 家生产型企业中，59% 现在还保持着独立的身份，积极地开展业务，21% 被并购了，20% 关门大吉了。罗伯特·霍尔和苏珊·伍德沃德最近在全美范围内对风险投资支持的新创企业进行了研究，麻省理工学院这些企业的存活率是他们研究对象的 1.5 倍。生物制药和医疗器械行业的企业占抽样的 60%，半导体和电子企业占了 17%。37% 的企业在成长初期接受了小企业创新研究项目（SBIR）的资助，55% 的企业接受了风险投资。从地理分布来看，63% 的企业总部在马萨诸塞州，15% 在加利福尼亚州，其余的分布在美国各地，只有 3% 是在海外。

表 3-1　　麻省理工学院技术许可办公室新创企业（1997—2008 年）

行业	数量	在整体中占比（%）	接受小企业创新研究项目的资助（%）	接受风险投资（%）	存活（%）	失败（%）	并购（%）
先进材料及能源	15	10	40	33	73	27	0
生物制药	58	39	36	59	55	26	19
医学仪器	31	21	39	52	65	3	32
机器人	5	3	60	0	60	20	20
半导体及电子	26	17	31	85	62	19	19
其他	15	10	33	33	47	27	27
整体	150	100	37	55	57	20	21

注：由于四舍五入的原因，存货、失败、并购各项百分比相加不一定等于 1。
资料来源：VentureXpert。

但是，我们也观察到，随着企业慢慢成熟，它们的资金来源和活动转到了海外。2012 年，52 家独立的企业中，经过 10 年耕耘，只有 13 家企业的年营业收入超过了 1 000 万美元。企业发展到了这个阶段，营业收入还这么低，这倒不是特别令人吃惊，特别令人吃惊的是开发周期长的行业尤为如此。

新创企业市场化的融资渠道

由于大多数企业的营业收入都不高，早期融资对这些企业的成功便极为重要，我们对现有的融资数据进行了分析，以便更好地了解企业是如何寻求技术发展和商业化所需资金的。根据风险专家公司（VentureXpert）数据库提供的数据，在这 150 家生产型新创企业中，82 家接受过高风险投资，有些来自风险资本家，有些来自大企业。这 82 家公司总共融资 47 亿美元，其中 71% 来自风险资本家，12% 来自大企业投资者。有些公司融到的资金还很多，在这 82 家公司中，33 家拿到了超过 5 000 万美元的投资，18 家拿到了超过 1 亿美元的投资，这说明资本市场对他们正在开发的技术深信不疑。

在这些抽样公司中，57% 成立 5 年后还在融资，39% 成立 7 年后还在融资，17% 成立 10 年后还可以拿到风险投资。虽然这些投资者都是长线投资，目光放得很远，但我们发现几乎没有企业能够到达大规模商业化生产阶段。这些公司虽然没有什么营业收入，却能够长期融到大量的风险投资，说明这些名牌大学出身的新创企业潜力无穷。我们一向认为，风险投资者的投资年期只有 5~7 年，一定要在这段时间内退出，但现在看来这个投资年期也不是固定的，在某些情况下也可以变通。

最近在企业发展潮流的推动下，获得风险投资的企业中，差不多有一半企业在接受风险投资的同时，也接受了至少一个大企业投资者的投资。在生物制药行业中，来自大企业战略投资者的投资只占总融资量 17 亿美元的 8%，这类投资占了总融资量为 11 亿美元的半导体行业的 21%，差不多是生物制药行业的 3 倍。在商品市场化的过程中，引入战略投资者是获取大量融资的一条途径，另一条途径是通过首次公开募股（IPO）向社会集资。在这 82 家企业中，只有

9 家上市了，占比 11%。在这 9 家中，其中 8 家是生物制药或者是医疗器械企业，唯一的例外是一家电池制造企业，这可能是这个行业为什么没有接受那么多大企业战略投资者的原因，因为它们可以通过上市融资。很明显，这些企业在获取大量融资方面根本没有困难。

PIE 委员会的采访对象

如上所述，在把新技术推向市场的道路上，企业可以选择的战略有几种，为了更好理解这些企业是如何做出这些选择的，我们采访了 17 家企业的高管。企业必须向潜在投资者表明，虽然还没有很多营业收入，但它们是在不断发展的，我们认为能够拿到超过 5 000 万美元风投资本的企业就代表着资本市场对它的技术潜力是有信心的，这些企业就是我们采访的对象。采访一般持续 1~3 个小时。这些新创企业主要位于高水平技术人才密集、科技领先的地区，这也是意料之中的事情。对这些公司的采访都在它们的总部进行，这 17 家公司中，7 家总部在波士顿地区，9 家在旧金山的硅谷地区，还有一家在德国柏林。

这些案例表明，在新技术市场化较晚的阶段，企业选择的道路是多种多样的，它们可以上市，可以引入战略投资者，还可以被收购。最后，通过对这些案例的分析，我们还看到了全国性、地区性工业生态环境在培养创新型企业方面的优点和缺点。

以下篇幅的内容概括了我们在两个主要方面的研究结果：企业需要在所处生态环境中得到什么资源，以及它们在新产品市场化早期是如何融资的。

人才和技术

能够很快地找到各种所需人才对新创企业来说至关重要，在成长早期尤为如此。这时候，实验室和生产流程之间的往来多了，困难也开始出现。现在企业对新技术的了解加深了，知道了新技术能做什么、不能做什么，这也会推动企业在战略上走向一个不同的方向。一个半导体公司高管告诉我，在这个阶段，“高智慧”的人才特别重要，公司 70% 的预算都用在了这些人才身上。企业都设在能够找到各种各样专业人才的地区，这些人才通常都要具备跨学科的专业知识，比如说同时具备材料科学、机械工程学和生物学知识的人才。能够很快招到所需人才非常重要。某企业一夜之间就招到了一个拥有 25 人的微电子机械设备团队，包括器械工程师、流程工程师、设备工程师。

这些企业需要多方面的技能人才，主要是工程学的专业技能人才，而且要很快招到所需人才。有些教育机构有着培养高质量工程师的优良传统，有些地区储备有很多工程师人才，这些公司往往喜欢把办公室设在这些地方。这种情况在我们采访的半导体企业中特别明显，不管企业是在东海岸还是在西海岸都表现出了这个特点。我们采访的生物制药公司也一样，这些企业有着 30 年不断创新的历史，招聘的人才往往是跨学科的，要精通化学工程学、生物学、化学等。

我们采访的企业大多认为，到了企业计划进行商业化生产的商业化晚期时，人才招聘才会成为问题。虽然这些企业在商业化刚刚起步阶段能够找到合适的人才，但当企业飞速发展，需要大量人才时，人才数量就不够了。“在某些行业，我们缺了整整一代工程师。”一家纳米技术公司的总裁这样告诉我们。它们在美国还有很多小型制造工厂，同时也有一些战略合作伙伴，在这些地方工作的美国员工，平均年龄都在 50 岁左右。下一代工程师会从哪里来，这是一个让他们忧虑的问题。

网络的节点

大量文献证明，把新创企业和资本、人力资源、潜在的战略伙伴、早期使用者以及客户联系起来是非常重要的。在我们研究的小型新创企业中，每一个企业至少有一个关键性人物，他在企业的初创时期发挥了关键作用，在以后的运作中，他还负责把企业和各种资源、人才及合作伙伴联系起来。这种有丰富行业经验和知识、在当地人脉很广的人在企业发展的三个阶段都非常重要。

- ◎ **企业形成期：**在好几个案例中，有的风险资本家或者是"技术专家"看到了某个科学技术的潜力，就会把相关的知识产权从好几个大学收集过来。接着，他组建了一个团队，以这些技术为基础创立了一个公司。
- ◎ **企业成立后：**这时候，关键节点会是一个和某一行业（比如说半导体、生物技术等）关系紧密的人，这个人会给企业引进出资人或者是合伙人。
- ◎ **市场化前期：**这时候，企业正在决定以何种方式与现存的系统进行整合，现在的关键节点是对现行工业生产结构有深入了解的企业高管，这些经验丰富的高管知道怎样把新技术融入这个产业结构中，以及在这个过程中使用什么设施最适合。

在第一阶段，这个人是一个愿景家，他了解这项技术的潜力，也收集了相关的知识产权，还组建了一个团队，准备成立一家公司。医疗器械公司就是一个很好的例子，他们要从 5 所不同的大学里收集知识产权，成立一个团队，最后建成一家 10 亿美元的企业。每一个行业中都有几个大家都在找的人，这些人在这个行业中浸淫已久，经历过好几个公司的建立和发展过程，在同行中享有盛誉。这些人能引导企业进行市场接受度测试，还帮它们寻找最合适的投资者。比如某个关键人物就把一个潜在的客户从亚洲带到麻省理工学院去看做好了的原型机。

基于这个潜在客户对产品的热情反应，这个团队就向前迈进了一步，创立了公司，开始招聘团队、募集资金。这个阶段的关键人物是退休了的企业高管，退休前，他们负责这家企业的生产制造，因此他们知道哪个工厂有合适的管理和技术能力能将这项技术整合起来。他们还可以在需要的情况下引入有经验的生产工程师，以保证这项技术可以顺利插入现有的大型生产线中，且不会对现有生产造成破坏，不会像以前进行的项目中曾经出现的那样，让新技术项目功败垂成。

这些被我们抽样的企业能够通过某些关键人物进入各种资源网，这在它们成功的过程中是必不可少的。虽然这些资源网不受地域限制，但这些网络通常是在某个区域中发生作用，这样企业也会集中到它们所在行业资源网络密集的地方。

供应商的深度和广度

这些企业需要各种专业人才，也需要各种各样的供应商，为企业提供产品、服务和技术。这些企业从事的工程设计和制造是非常复杂的。其中一家医疗器械企业将某个器械成功市场化了，这个产品有 10 000 个零部件，由 300 家供应商提供，其中 65% 是本地供应商。刚开始时，企业最看重的是速度和质量，成本倒是其次的。正因为这样，靠近一个能够把所需零部件很快生产出来的供应商基地是至关重要的。

最初的原型机通常是在大学实验室里做出来的，由于很粗糙而需要反复琢磨，琢磨过程可以在实验室进行，也可以和供应商合作进行。这个过程很费时，需要很多劳动力，同时对速度和质量要求也很高。因此，企业喜欢它们的供应商在身边随叫随到。有一家位于美国东海岸的半导体企业，在和美国一家第三方制造商合作的过程中，失去了对整个过程的控制，被迫建立了自己的生产加工设施。这家企业没有考虑离岸外包这个可能性，因为要把人和技术都转移到海外既费钱又耗时，而且设立新的生产线需要 18 个月的时间。这家企业花了整整两年的时间才把原型机变成一个功能完善的产品，但这是在靠近人才和供应商的条件下才做到的。

另一家位于美国西海岸的半导体设备生产商在4个月内建好了原型机，之后不断进行改进，每6个月做一台新的原型机，3年之后，才把第一批产品发给潜在客户。这种做法和其他位于硅谷的半导体企业大致相同。半导体行业在硅谷有着强大的供应链。其中一家公司给我们描述，他们是怎样和8个机械厂同时开足马力，忙了两周便完成了一个“系统”的生产，把它发给了一个潜在客户的。

但是，有时候只靠附近的供应商还是不够的。一家在硅谷的先进材料新创企业在俄亥俄州找到了一家在涂膜方面很有建树的供应商，它们共同努力开发出原型机，进行了试生产。这家公司认为供应商反应很快，但是还不具备大规模生产这个产品的资格。现在，这家企业已经在韩国大规模生产这个产品。

我们在采访马萨诸塞州的创业者时，不断强调找到合适的供应商至关重要。新创企业必须找到合适的供应商，这个话题在我们的采访过程中不断出现。在很多个案例里，企业还为了能够更靠近供应商而搬迁。基瓦系统公司（Kiva Systems）就是其中一个例子。

基瓦系统公司

基瓦系统公司结合软硬件进行自动订单处理，在打包站使用库存分离舱、移动机器人来驱动单元、控制软件和操作人员。就像创始人米克·芒茨（Mick Mountz）描述的那样，这项技术创新把仓库里的订单处理变成了软件和计算程序问题，在移动机器人的帮助下完成货物的进库和出库。订单处理通常就是“选择、包装、运送”，基瓦系统把这些运作步骤自动化，让货物围着工人转，而不是让工人在仓库里走来走去翻找货物，这加快了订单处理的过程，减少了单位劳动力成本。基瓦系统公司是在 2003 年成立的，发展非常迅速。2012 年 3 月，这家公司被亚马逊以 17 500 万美元的价格收购了。

芒茨在描述公司刚起步时的情形时说道，公司面临的第一个挑战是，在 12 个月内用 160 万美元的天使投资做出一个能够证明他的构想可以变成现实的概念系统，这个系统必须可以实际运作。为了招聘到需要的工程师，他在 2004 年把公司从旧金山搬到了波士顿，因为东海岸的风险资本家比西海岸的更乐于支持硬件开发。同样重要的是，他还在新英格兰地区找到了可以给生产变速箱、马达、塑料以及机器人提供所需的所有零部件的供应商。他的自动驾驶机器人需要一个很复杂的千斤顶，于是他到处寻找能够制造这个千斤顶的供应商。千斤顶有内外两套，里面装着一个经过精密加工处理的滚珠轴承环，用来接住一套尼龙滚珠轴承。这个千斤顶是基瓦系统把分离舱从地上旋转搬起来的关键。基瓦系统公司的硬件团队在康涅狄格州的东哈特福德找到了德姆斯制造公司（Demusz Manufacturing），这家有 40 年历史的家族式精密机械加工厂是生产这些零部件的不二之选。

就像我们研究过的很多制造承包商一样，德姆斯制造公司的生产设备和技术都是一流的，多年来为航天、航空工业和国防工业量身定制精密仪器零部件。

市场化晚期的融资及所需技能

如上所述，这些新创企业在很长时间内都可以募集到大量资金。但是，随着产品进入试生产和演示阶段，它们要把新技术加以整理，形成条文，并把产品带入大规模商业生产，这时便需要注入大笔资金。传统意义上的风险投资是对更早阶段进行投资，到了这个阶段，投资者不再参与，而且每一个项目的投资量也没有这么大，大概在 1 500 万美元到 4 000 万美元之间，因此这些企业必须寻找别的投资者。我们发现，这些“转折段”投资通常来自大型跨国企业或者是发展中国家的国家财富基金。我们把这段时间叫作“转折段”而不是“转折点”，是因为企业在这段时间内要对产品反复琢磨，并让产品进入大规模生产阶段，这段时间通常要好几年。这段时期，企业对资本和生产能力的需求促使它积极寻找这个商业化关键期的合作伙伴。下面几个例子说明了这个阶段的企业面临的挑战。

一家创立了 12 年的新材料企业撤回了上市申请，接受了一家亚洲跨国企业 3 000 万美元的投资。在这个阶段，企业的风险资本家寻求的是确定性，而且他们愿意放弃向上发展的潜力来换取确定性。在上一轮融资中，这些风险投资者就用手里的股份换取了这家亚洲跨国企业的投资，所以他们明白自己有被外国企业收购的风险。

另一个例子是一家先进材料企业的总裁告诉我们的，他说：“风险投资这个模式对制造业企业不适用。风险投资在年期最少 10 年、数目最少 1 亿美元的投资上赚不了钱。新技术风险很高，烧钱的速度也很快。投资者更乐于给只花 2 000 万美元的软件公司投资。如果是制造业企业正处在给大规模生产做最后准备的最关键时刻，投资者却要退出，那么最终的结果是，大家因为找不到合适的投资者，就再不成立这样的公司了。”最后，这家企业从一个发展中国家的国家财富基金那里筹到了 4 000 万美元，条件是它必须把部分研发和生产活动安排在这个国家。

一些上市了的企业走的又是另外一条路。一家综合性外科医疗器械制造商告诉我们，他们用掉了从风险投资者那里拿到的 12 500 万美元，虽然通过上市募集到的资金就能让它们继续进行长时间的技术开发。董事会都倾向于把企业卖掉。接受我们采访的高管说："在硅谷，98% 的对话都是围绕着并购展开的，通过 IPO 上市的真的很少。"这家外科医疗器械公司现在还是独立的，没有被大企业收购，这可能是因为其中一个产品既可以说是诊断设备又可以说是介入治疗设备，此外，管理层也坚决抵制董事会要把公司卖掉的决定。

生命科学这个行业的大部分企业好像都会通过上市这个途径来退出投资。在麻省理工学院技术许可办公室的 9 个生命科学企业中，有 8 个上市了。上市对这些企业来说是有利的，通过上市募集到的资金能给漫长的研发过程提供资金。对这些企业来说，市场化前几个阶段特别复杂，还需要和研发团队保持密切的联系，在这种情况下，它们一般都把这些阶段的工作留在企业内部，到后期进行临床生产时才会和生产承包商合作。

制造业企业如何把新产品市场化

下面 4 个案例重点描述了先进制造业企业是如何把新产品市场化的。这些企业有几个共同点：复杂的新技术、5 年以上的研发期，大量的投资需求。这些案例给我们提供了一个观察美国创新生态环境的窗口，让我们看到环境的长处和不足在哪里。

A 公司

A 公司是一家在 2007 年成立的半导体设备公司。这家公司后来搬到了硅谷，这样就可以和大型的半导体企业扎堆在一起。这个决定很正确。搬家后，企业既靠近科研能力很强的大学，又靠近能够快速生产原型机的供应商网络。

A 公司在商业化的道路上突飞猛进，5 年内募集到了 7 500 万美元。A 公司一开始就认识到它的产品非常复杂，要有这么多资本支持，也需要最少 5 至 7 年才能完成产品开发。因此，他们极力寻找能够明白这个过程的投资者，因为只有这样的投资者才能和企业坚守阵地这么多年。战略投资伙伴在资金方面倒是没有扮演很重要的角色，但是在技术开发、评估以及商业化过程中的出谋划策方面发挥了很重要的作用。

A 公司制造的产品在全球只有 10 个客户，其中最重要的 5 个都在亚洲。这些边际利润高的产品量都不大，商业化生产规模也就是一年 100 台。要把产品从原型机阶段推动到试生产阶段需要的规模很大，成本很高，创建试生产设施需要 3 000 万美元，建成商业化生产设施则要 15 000 万美元。在这个阶段企业还要接近客户，和客户一起互动才能把产品推向下一步，因此 A 公司和愿意付费来当早期使用者的客户合作，让其参与到产品的展示阶段中来，共同对这些技术进行开发和评估。第一批机器为了完善生产过程，也为了靠近研发部门，就在加利福尼亚生产了，A 公司打算把试生产设备建在靠近客户的地方，那里的成本也低一些。大规模生产的设施也很可能建在亚洲，而且客户也会要求它把生产设施建在那里。哪里都可以生产出需要的零部件，外包制造商也到处都可以找到，所以商业化生产设备的选址并不需要做特别的技术人才考虑。A 公司也可以在加利福尼亚州生产，在靠近客户的地方进行最后的组装和测试，但是这样做的可能性不大。

A 公司想保持独立，但最后仍然上市了，因为它的产品利润非常丰厚。

B 公司

B 公司是纳米技术新材料企业。一个梦想家找到了这方面的研究人员，把研究成果通过授权合约集中在一起，于 2000 年在波士顿创立了这家公司，公司成立不久就搬到了硅谷。这家公司拥有 100 个专利，现有员工 100 人，其中 1/3 的员工有研究生学位。

和生命科学不同，纳米技术没有什么惊天动地的大发现。和生命科学相比，纳米技术的市场要小一些，应用也局限于某个领域，到目前为止还没有什么巨头出现。多年来，B 公司都在探索这项技术能赚钱的实际应用，同时靠美国国防部和一些私营企业的资助度日。B 公司有多个战略合作伙伴，它和其中一个共同开发了很多新产品，而且还在继续开发产品。B 公司最早一批产品的原型机和试生产都是在美国中西部租用的一个机械厂完成的。到了商业生产阶段，B 公司把生产制造搬到了韩国，因为那里大规模生产的技能很强。而且，最早一批产品的客户也都在亚洲。

在融资和未来的方向方面，B 公司在成立 4 年后曾经试过要上市，但是当时市场对这个新技术的实用性信心不足，市场对公司股票接受度不高，于是 B 公司不得不取消这次融资计划。之后的 12 年里，这家企业募集了 1 亿美元资金，其中 1/3 来自美国和亚洲的战略合作伙伴。B 公司认为它最后会被一个战略合作伙伴收购，不管这个战略合作伙伴来自美国还是亚洲，都是他们最好的出路。近年来，通过 IPO 上市对纳米技术公司来说不是特别成功，就算上了市，股价也在走低，并购则给了投资者一个确定性。如果公司被一家大的跨国企业收购了，那么规模的问题也就解决了。其中一名高管说：“保持独立没有什么好处。”

C 公司

C 公司是于 2001 年在波士顿成立的一家生物制药公司，它为非专利药物公司、生物仿制制药公司、新生物技术制药公司开发药品。和很多生物技术新创企业不同，C 公司很早就出了一个成功的产品，这对它以后的发展起到了很大的作用。这使得C公司成立不久就成功上市了，上市后募集的资金又进一步推动了新药开发。

和很多小型生物技术公司一样，C公司的试生产是在实验室进行的，需要美国食品和药物管理局批准才能进行的前期完善生产流程也是在实验室完成的，当然，这些生产流程都是在C公司的亲自监督下进行的。C公司主要设计和管理生物制造流程，实际生产则外包给一个制造承包机构。C公司还和跨国企业建立了合作关系，共同利用这些跨国企业的市场和销售渠道，通过其中一个合作伙伴的供应链，C公司还从中国拿到了原材料，在欧洲将这些材料净化，在美国的一个制造承包机构那里进行生产，在芝加哥一个整理加工中心进行包装，之后就可以发售了。C公司还建立了一个很具规模的生产团队，但现在这个团队却没有进行生产，这个170人的团队中有80人在忙其他新药的试生产。虽然把药品生产外包了，但C公司还在企业内部保留了生产能力，这就说明了这个药品的复杂程度。

生物制造过程是新药开发不可缺少的一环，在药物试生产和临床生产这一阶段尤为如此。在这一阶段，研发团队和生物处理团队需要紧密合作、频繁往来。由于产品的复杂性和对公司的重要性，生物制药公司总是要对整个流程的关键部分有所掌控，在药物开发早期对设计、质量和控制进行监督。因为建立一个完善的生产流程对一家小型新创企业来说太过昂贵，所以大多数小型生物制药公司在临床试生产阶段都使用制造承包机构。如果这个药物一举成功，C公司可能会考虑在企业内部建立起相应的生产能力，以便降低外包带来的高成本，更好地控制整个生产流程，加快生产速度。如果一个药品非常成功，风行一时，公司就会把药品的商业化规模生产搬到一个有税务优势的离岸地点去进行。

C公司的总裁认为，随着灵活、低价的一次性技术等先进生物制造过程的发展，很多小公司都能负担得起生物制造过程的成本，这样更多公司就会把生产过程留在企业内部，以便更好地控制整个过程。我们采访的其他生物制药新创公司也证实了，这可能是行业将来发展的方向。C 公司现在就打算在企业内部建立生产能力。

D 公司

D 公司是一家生物制药设备公司，它的技术基础是先进材料和生物技术。这家公司成立于 1999 年，位于旧金山，有差不多 200 名员工。它的产品是消费品，因此必须高产量、低成本地生产。

D 公司开发了一项在生物技术和医药研究中使用的平台技术。它在技术商业化的道路上曾经遇到过很多困难，花了好几年时间来展示这项技术可以实现的事情，寻找合适的实际用途。技术开发进入第 4 年的时候，D 公司的原型机还是不能运作，因为生产出来的产品达不到规定的要求。D 公司在创立早期把精力都放在把产品商业化以及产品的生产制造上，因为 D 公司认为企业要保持独立，生产制造才是核心优势。D 公司的总裁说："如果你要建一家独立的企业，就要考虑如何做到规模生产；但如果你建一家企业是为了将来被收购，那么就可能不需要考虑生产制造的问题，因为这是收购你的那家公司的问题。"

D 公司在旧金山有一个实验室。由于要发展生产能力，公司来到了亚洲，找到了需要的技术人才，这些人才都是在半导体工业中培训出来的。D 公司亚洲所在地的当地政府为了让 D 公司把生产设施建在那里提供了各种奖励计划，其中包括好几千万美元的建厂资金。公司也想把生产制造设在旧金山湾区，但是那里成本太高了。比如一个需要经过高端模塑工艺生产出来的塑料零件，在美国生产的成本是三四十美元，投资回报率只有 10%。而在亚洲，同样一个零件的成本是三四美元，投资回报率是 75%。美国高度专业化的技术工人只会做一样东西；而技能全面的又太贵了。在 D 公司所处的领域，和亚洲相比，美国高级技术人员的成本要高 30%，技术员的工资要高两三倍。

最初给 D 公司融资的是天使投资和风险资本家。D 公司没有吸引到战略投资者，因为当时它的技术还没有一个明确的应用，战略投资者觉得风险太高了。好几个大公司多次想把该企业收购，但是管理层都拒绝了，他们想专心把企业做强做大。D 公司想在 2008 年秋上市，但是当时金融危机正盛，管理层不得不取消了这个计划，几年后重新再试。D 公司管理层从一开始就想建立一个独立的企业。像很多美国企业一样，它的研发团队在美国旧金山，生产设施则在亚洲。

我们采访的企业中，只有少数几家进入了商业化生产阶段，但是当谈到进入大规模生产的愿景时，除了少数几家以外，大多数企业都认为生产会在美国以外进行。到了商业化生产阶段还把生产过程留在美国的，最有可能是生命科学企业，如生物技术和医疗器械企业。对这些企业来说，产品的复杂性、监管方面的考虑、技术变化、个人化医疗和缝隙市场的兴起，使得它们不只是想把商业化生产留在美国而已，而是必须这么做。

这些案例给我们展示了一些从事先进生产制造过程的创新企业。因为产品的复杂性，这些企业需要很多年时间，投入比想象中还大的资本才能把产品带到市场中去，很多情况下，这些投入都是在公司没有任何营业收入的情况下进行的。这些企业都在美国完成了产品的初步开发，进入原型机和试生产阶段，但是几乎无一例外的是，市场化后期，在成本和技术人才等因素的推动下，企业都去了海外。这些具体的推动因素包括潜在客户和战略投资者、其他国家给予的拨款和投资，还有美国以外现存的技术人才和供应链。

关于新创企业的研究结论

以上研究结果表明，在新创企业发展早期，美国的区域性生态环境非常强壮。这些新创企业可以在区域内找到各方面的先进技术人才和供应商，在他们的帮助下，企业对原型机反复琢磨，使它趋于完美；区域内还存在着一个能够把企业和早期投资、潜在客户连在一起的网络；支持企业早期发展的当地资本也很充足。这些生态环境对技术的早期孕育起到了积极的作用，让企业把精力集中在产品质量和向市场进军的速度上。

但是，这些小公司在没有合作方的情况下是不能把产品推动到大规模生产阶段的。我们采访的企业中，只有一家很早就上了市，而且一直都很成功，其他企业则因为种种原因都有跨国企业作为合作方，考虑因素有资金、大规模生产能力、主要客户或主要供应商等。过去的垂直一体化企业把所有活动都放在企业内部进行，而现在新出现的高科技新创企业在推动新技术市场化的同时还要打进全球市场，于是它们建立了一套寻找多个合作方的新的创新模式。

美国的创新生态环境，从企业融资情况、不断拓展的市场需求和发掘客户的角度来看都不够理想，在大规模生产方面更是能力不足，这一切都使得企业在产品商业化的关键时刻转向海外谋求更大的发展。发展中国家为了能让先进科技在自己的家园落户，积极行动，促进这样的企业行为。当然，现在身处全球市场，不能指望整个供应链的每一部分、每一样投资都在美国进行。但是，这些企业在发展的关键时刻走了，就会让人担心重要的技能是否也会随之流失。

这时候，企业所掌握的知识都还藏在研究人员的脑海里，就算是有文字的东西也只是零零散散的。在我们的研究对象中，在这个阶段的企业一方面要展示它的产品的可行性，另一方面还想把它推向大规模生产。这两个活动是不可分的，它被称为“双过程”，因为“生产过程本身就是一个产品”。把技术从试生产推向规模生产的过程中，企业得到了一边制造一边学习的机会。因此，当这种学习过程发生在美国以外时，一个新的、更好的创新环境就会在那里诞生了。这样的结果也是很明显的，越来越多关键性的生产能力在其他国家建立了，越来越多的知识也在其他国家孕育出来了，其他国家的上游科研能力也越来越强了。

卡内基梅隆大学的艾丽卡·富克斯（Erica Fuchs）和她的同事对美国的光电子学企业进行了研究，发现把生产制造功能搬到海外的企业和留在美国的企业在研发上走的路不同；我们也可以像他们那样对这个问题进行进一步的研究。在几年的时间内，那些留在美国或者是被美国企业并购了的公司在科技发展上走的路，与那些把组装线或者是制造和组装都搬到国外去的公司，就大不一样了。那种把所有功能都集中到一块晶片上的新光电子技术只在留在美国的公司中盛行，而那些搬到海外去的企业还在继续优化标准的独立晶片技术。

有些人会说，只要创新构想和前期研发部分继续由美国做主导，产品的制造学习就不是很关键，我们认为这个观点是错误的。这些先进知识是经过多年努力得来的，把它们转移到美国以外，或者是和别人分享，就有可能使美国失去这些知识带来的竞争优势，这表现在三个方面。第一，失去了边做边学的机会，这就让美国的创新生态系统少了一个新的学习机会，减少了能够积累的知识，最终会减少将来的创新。整个工业生态系统因此变得贫乏了。第二，就像我们在其他行业中看到的那样，由于不能边做边学，企业就会把新、旧行业的中心都转移到国外，这会影响到将来的工业发展。第三，这种做法减少了美国从下游活动中得到的经济发展，从而失去了企业大规模生产带来的投资和就业机会。

这些企业中有很多都得到了美国研发计划的支持，比如研究经费、共用的生产设施或者是税收优惠。美国是否应该制定相应的政策，来保证这些投资会得到长远的回报？

MAKING

From Innovation to Market

IN AMERICA

4

真正的资本

一般企业如何在工厂中创新

一般企业真正的竞争优势在于他们从来不让外人看到的行业秘密，这些从每天的操作中得来的知识，大家都心照不宣，也没有文字记录，这才是它们真正的资本。

当思考研究创新给美国带来了什么时，人们通常会立刻想到硅谷、西雅图、马萨诸塞州的坎布里奇、北卡罗来纳州的科研三角洲还有得克萨斯州的奥斯丁。这些都是高科技创新的圣地，是微软公司、苹果公司、百健艾迪公司、谷歌公司和亚马逊公司的发源地。美国这些新工业就像天上的繁星在闪烁，而在这些最亮的星星旁边，是其他创新企业。这些星星的光亮是如何照遍美国大地的呢？加州大学伯克利分校的经济学家恩里科·莫雷蒂（Enrico Moretti）在一份研究报告中指出，高科技群体的创新创造了发展、富有、繁荣的新地带。莫雷蒂和其他持相同观点的人观察到，美国其他以中等科技制造业为主导的地区，经济停滞不前，职位都是低工资的职位，失业率也很高。他把这种地理现象称为三个美国：一个像西雅图那样的科技人才集中的美国；一个像底特律、弗林特、克利夫兰这种曾经在物质商品生产中占据龙头地位，现在却腐朽、没落的美国；第三个就是在前两个美国之间的所有地方。本章我们主要研究第三个美国，看一下位于这些地区的普通美国制造商的创新潜力在哪里。

莫雷蒂把专利来源地标在地图上，发现绝大多数专利持有人都集中在西雅图、圣地亚哥、旧金山和波士顿这样的海边城市，还有一部分集中在得克萨斯州的奥斯丁等中部地区城市，他把这些地区叫作创新中心。“我们可以看到一群非常活跃的创新活动地带被一个几乎没有创新活动的海洋包围着。有最多专利的地区是加利福尼亚州、纽约、得克萨斯州、华盛顿，其中加利福尼亚州的数量最多，纽约第二，但是数量比加利福尼亚州少了很多”。这些地区吸引的大学毕业生也比其他州要多得多。这么多有专业技能的创造性人才集中在一个地方，就创造了一个新创企业遍地开花的局面。同一个城市的技术人才越多，职位和人才就越相配，这种水乳交融就能带来更多的创造性和生产力。这些城市的人拿到的工资，比美国其他地区要高得多，根据社会标准，这些地区也是很好的居住地，它们的学校教育要好很多，犯罪率要低很多，离婚率也低很多。创新带来的良性循环还有溢出效应，让创新中心城市里没有受过多少教育的工人也受惠了，因为他们的服务得到了更好的利用，所以回报也增加了。

莫雷蒂的研究还表明，这些伟大的创新中心都不是在个别人深思熟虑之后决定成立的，也不是在什么政策指导下成立的。虽然这些城市最后都有更多受过高等教育的人、更多文化机构、更舒适的环境，但是简单地把这些东西都堆在一个城市里，并不能创造出大家都想要的创新中心。莫雷蒂经常讲关于微软公司和西雅图的故事，他用这个故事来说明微软公司落户西雅图纯属巧合，但因为这个巧合，西雅图起飞了。比尔·盖茨和保罗·艾伦在新墨西哥州的阿尔布开克创立了微软公司。虽然公司在那里发展得也很好，但盖茨和艾伦都是西雅图人，他们决定把公司带回老家。1979 年，他们把公司搬回西雅图时，西雅图和阿尔布开克的人口和经济状况几乎完全一样。当时，西雅图受过大学教育的人在总人口中的占比只比阿尔布开克多了 5%；而今天，西雅图受过大学教育的人口占比比阿尔布开克多了 45%，而且无论从其他哪个角度来看，西雅图都比阿尔布开克强得多。

一般企业的创新来源

莫雷蒂的研究让我们不得不思考，美国其他地区应该采取什么样的措施来促进创新，才能推动经济发展，创造出好的就业机会。在这些高科技人才密集区以外的地方，创新的潜力在哪里？这个问题很重要，其原因有两点。

第一，只有很少一部分美国人住在繁华的城市，如果顺着莫雷蒂的分析进行推理，就不得不承认我们并不知道怎样创造更多“西雅图”。如果想要保持并提高大多数美国人的生活水准，就不能只看着波士顿、西雅图这样的城市，而要把目光投向这些城市以外的地区。

第二，如果想要提高美国经济的发展速度，我们的眼光也要放到这些研发活动密集的高科技制造业以外的行业，因为高科技行业和其他非高科技制造业相比，产品和流程的创新水平要高得多，发展速度也要快得多（见表 4-1），但是高科技行业只占了美国制造业的 21%。如果能够提高其他制造业的创新潜力及发展速度，美国经济将会得到很大的推动。

美国高科技制造业的出产量在全世界的占比还是最高的，2010 年美国高科技产业增值总量是 3 900 亿美元，但是全球占比呈下行趋势，从 1998 年的 34% 降到了 2010 年的 28%，而中国等其他国家则在这个市场中不断前进。不过，令人感到意外的是，美国的中低科技制造业如橡胶、塑料、和金属等，在 2010 年的全球增值量是 3 万亿美元，在 1995 年到 2010 年这段时间，这些行业的全球占比几乎不变，只是下降了 1%，全球占比为 18%。

表 4-1　　研发密集型企业和制造业总产量增长之间的关系

行业（根据北美产业分类系统代码）	平均研发密度（1999—2007 年）（%）	真实产出量的百分比变化（2000—2007 年）（%）	真实产出量的百分比变化（2000—2009 年）（%）
研发密度高			
制药（3254）	10.5	17.9	4.9
半导体（3344）	10.1	17.0	1.1
医药设备（3391）	7.5	34.6	39.5
电脑（3341）	6.1	109.9	147.0
通信设备（3342）	13.0	–40	–59.7
平均	9.4	27.9	26.6
研发密度低			
基础化工（3251）	2.2	25.6	–7.8
机械设备（333）	3.8	2.3	–22.4
电力设备（335）	2.5	–13.4	–33.4
塑料和橡胶（326）	2.3	–5.2	–28.0
金属制品（332）	1.4	2.6	–23.6
平均	2.4	2.4	–23.0

资料来源：格里高利·特希给 PIE 委员会做的演讲，2012 年 9 月 12 日，计算所用数据来自美国国家科学基金会《科学和工程指标》（*Science and Engineering Indicator*）。

高科技制造业企业就像大教堂那高耸入云的尖塔，中低科技制造业则像经济体中承重的地基。因此，美国不仅要把更多的制造业变成高科技制造业，还要提高各种科技程度的制造业的生产力。这就是要提高各种创新水平的原因，美国要在这些普通企业里提高产品、流程、再利用、业务模式的创新水平，无论这种创新是渐进式的还是激进式的，并保证这些企业能够拿到创新市场化所需的所有资源，包括技术工人、资本和供应商。我们刚刚开始这个研究项目时，就意识到自己对高科技以外的行业所从事的创新活动的知识匮乏，这就意味着我们对大多数制造业的创新活动是毫不知情的，更无法知道这些制造商是如何将新产品、新流程商业化的。

寻找创新时，我们通常会像莫雷蒂那样寻找受专利保护的知识产权。专利可能是创新的最高标准，但如果我们把专利当成唯一标准的话，就有可能看不到中小型企业为美国经济变化和成长所做的贡献。在最具代表性的美国中小型制造商里，专利不是一个常见的东西。申请并得到专利是一个昂贵的过程，在法庭上维权对小企业来说更是不可承受。在采访中我们了解到，有些根基稳固的中小型企业也有专利，但专利并不是它们战略中的关键因素。好几个企业的负责人甚至告诉我们，专利可能变得很危险，因为它让竞争对手知道了企业的底牌。他们说，真正的竞争优势在于他们从来不让外人看到的行业秘密，那些大家心照不宣、没有文字记录的、从每天的操作中得来的知识，才是真正的资本。

在采访小型高科技企业时，负责人也告诉我们专利是一把双刃剑，尽管这些企业还是依靠专利建立起来的。专利不但暴露了企业的秘密，而且如果任何人对新产品的来源有丝毫怀疑，都可以将公司告上法庭。一个创业者说，他再也不读他那个专业的专利申请文献，就是为了预防将来有人告他故意侵占了别人的研究成果。我们还真听说过有些小企业在专利侵权案中把官司打赢了。麦地那公司（Medinol）是一家以色列医疗器械新创企业，创始人都是麻省理工学院的研究生，这家公司就把波士顿科技（Boston Scientific）告倒了，法庭判波士顿科技赔他们 7.5 亿美元，这笔钱给麦地那公司提供了必要的研究经费，得以继续心脏支架的研究。这场官司打了 5 年。这是一个牧羊人大卫打败了巨人哥利亚的动人故事，[①]但是我们想知道的是，有多少小企业主有麦地那公司创始人的冲劲和决心，这个前以色列皇牌空军飞行员可是冒着失去一切的风险来打这场旷日持久的官司的。

---

① 这是一个经典的以弱胜强的故事。非利士与以色列两军对垒，双方各派一人决斗。非利士派了巨人哥利亚，以色列派了牧羊人大卫，大卫掀起一些石头走向角斗场，主动出击，用弹弓将石头射向巨人头部，巨人失去平衡倒地，大卫便迅速上前去割下巨人的头颅。——编者注

说到研发活动，经济合作与发展组织出版的《弗拉斯卡蒂手册》将研发活动定义为：

> 有组织、有系统地展开的创造性活动，致力于提高知识的积累，这包括关于人类的知识、关于文化和社会的知识，然后利用这种知识来设计出新的应用程序。

这些稳定发展的中小型制造商创新活动不断，但是这些新奇有趣的活动基本上不能和这些定义对上号。很多制造商甚至在采访一开始时就告诉我们，他们很愿意回答我们的问题，对自己的生产设施也感到很自豪，很乐意带我们去看一下，但是他们做的事情与我们要研究的创新和生产课题没有什么关系。当我们问到企业是如何把创新的构想变成产品并推向市场的时候，一名总裁回答说："不、不、不，我们不做研发，我们只是一个机械厂，只做金属锻造。"MAGNET 项目是俄亥俄州支持制造业企业的一个政府项目，负责人丹尼尔·贝里（Daniel Berry）告诉我们，在他的服务对象中，很多人都认为创新是有钱人才玩的东西，花很多钱在实验室里做的事情，所以 MAGNET 现在把创新的定义换成了"制造一个独一无二的产品"。如果只有与这些定义相符的活动才能称之为创新，也就是要通过申请专利，把钱花在清楚标明的研发活动上才是创新，那么很多成功的中小型企业就生存在美国创新体系之外了。2012 年，先进制造业合作委员会（AMP）在研究了 30 万家美国制造业企业之后，也得出了同样的结论。

但是，我们的研究结论并不是这样的。我们深入了解普通制造业企业的过往历史，找出利用这些企业生产的零部件和服务的另一些企业，再研究它们之间的关系，这样便发现了一番完全不同的景象。这些制造业企业很多都是美国创新体系中不可缺少的一部分，只是它们参与创新的方式缺乏系统性，而且也不会表现在专利申请上。

研发活动和专利之所以宝贵，是因为它们创造了独一无二的产品和流程，而且很难被别人复制。只有当别人不能很快地复制时，这些产品和流程才会成为价值和利润的来源。专利使别人很难复制创新成果，因为有了法律的保护，冲破这道令人望而却步的障碍去复制别人的创新，就要难得多。专利是一个可以界定的、可以在市场上进行买卖的价值源泉，却不是阻挡别人从新构想中获取价值、利润或更高工资的唯一障碍。经济学家越来越清晰地认识到，创新是一个多阶段的漫长过程，其中用到的很多资源不会被归于研发活动，即使它们对新产品和新流程的诞生做出了贡献。

新产品和新流程或者是改良了的旧产品和旧流程都是创新，保护创新并从中获利的能力不仅仅建立在这个创新的内在价值如专利价值上，还建立在充分掌握开发创新的能力上。在开发能力方面，企业因为掌握了这种开发能力取得了更高利润，技术工人因为参与了开发而获得更高的工资。我们观察到，在内部有一定生产能力的企业里，新产品在设计师和生产工程师之间来回辗转，这就是开发能力的创造过程。

MAKING 制造业案例 IN AMERICA

费斯托公司

费斯托（Festo）是一家德国公司，为自动化系统生产零部件，也把量身定制的硬件和软件打包为企业实现自动化的解决方案，我们在这家公司内观察到，一家企业是如何实现创新并将创新市场化的。

费斯托每年营业收入有 21 亿欧元，在全球各地雇有 15 500 名员工。最具特色的项目是一台安装太阳能电池的机器人，在测试了太阳能电池的纯度之后把它拿起来，放置到一个模块中；另一个典型项目是专为制药公司研制的机器人，能把药物装到小玻璃瓶里。

我们参观了费斯托实验性的“加大工厂”，工人们在厂房中间组装新产品。质量和测试工程师环绕这些工人而坐。当工人在组装新产品过程中遇到困难时，就走到质量和测试工程师那里去，和他们一起解决问题。如果这些工程师不能解决这个问题，就把负责这个项目的设计工程师从旁边的大楼叫过来。这个生产基地有 1 000 名设计工程师，还有 400 名分布在世界各地的费斯托工厂里。设计工程师对他负责的项目负全责，一直要负责到新产品能够正常运作为止。

这个“加大”阶段不只是所谓的原型机阶段，它包括了原型机、试生产和大规模生产阶段。通过这样的反复琢磨，把生产过程中的小问题都解决了之后，这个产品就可以转移到费斯托的一个常规生产设施里去生产了，这种常规的生产设施不在这个基地，很可能也不在德国国内。

我们从很多采访中发现，像费斯托这种独立完成创新商业化的企业会从开发能力中获得价值，而合作开发新产品的参与方也会从共同解决问题、各方反复互动、共同琢磨产品的过程中获得开发能力，并从中获取价值。当几家企业把自己的能力合并起来，共同开发几代产品时，会更有效地产出新产品。这些企业也更有能力抵挡竞争对手的进攻，因为竞争对手无法很快介入这些长期形成的合作关系中，也很难复制这些关系。这种长期合作形成的关系就变成了竞争对手的入门障碍，可能比专利还有效。企业为了得到互补资源，必须与别的企业合作，这种关系甚至不需要有事先成文的安排，若能提前共同策划，则对事情的顺利进展会更有帮助。

如果两家企业的办公室相隔不远，那么两者之间的合作就更容易开始，也容易长时间保持。意大利的工业区分为陶器区、包装机械区、服装区、纺织品区以及眼镜区，这种情况就代表了这种现象的高度发达状态。工业区是一个地方性的劳动力市场，这里的制造业就业率比同一行业的全国平均水平高。根据这个定义，在 20 世纪 90 年代，意大利全国有 240 个这样的工业区。意大利银行的研究表明，在其他条件均相同的情况下，一家位于工业区的企业比另一家不在工业区内的同行业企业，生产效率和利润率都要高。

这些企业的优良表现应该来自于它们的群居环境。如果一个发明家遇到了一个自己不能解决的问题，而这个问题又需要依赖特别技能、不熟悉的设备或不同的经验才能解决，如果此时附近就有一家机械厂可以制造相关零部件，那么这位发明家就可以获益了。企业家和供应商之间互相经常串门，共同研究图纸、模型和早期原型机，他们一起看着成品从生产线上下来，在这个过程中，深藏在各自脑海里的知识就得到了交流，大家的能力也就都因此得到了提高。在很多采访中，企业的创始人都跟我们说，在把构想变成原型机再到试生产的阶段中，靠近供应商特别关键，如果供应商就在街对面，或者是开一会儿车就到了，那就最好了。

把同一行业的工业活动聚集在一个地方到底会带来什么影响？美国内外的工业区和企业聚居点的研究并没有给出确定的回答。最近一个对聚居点数据进行的大型分析结果表明，这样的聚居点对生产力、利润率、就业机会、新企业的形成和创新都有正面作用。2012 年 7 月，美国国家经济研究局发布了一份工作报告，默西迪丝·德尔加多（Mercedes Delgado）、迈克尔·波特（Michael Porter）和斯科特·斯特恩（Scott Stern）根据各种绩效指标，对在美国生产商品和提供服务的聚居点绩效指标进行了系统的研究。他们的研究表明，把同一专业的生产商和供应商集中在一起自然会产生溢出效应，但是把具有互补性质的不同行业放在一起组成的区域性圈子也能带来很多好处。这些研究人员通过比较北卡罗来纳州的洛利杜罕都会区和格林维尔地区来说明他们的观点。两个地方的专长都是制药业。洛利杜罕都会区还有医疗器械等相关产业，以及多个开设了相关研究和教育项目的大学和社区学院。因此，洛利杜罕都会区的岗位增长速度远快于格林维尔的。

德尔加多、波特、斯特恩合作进行的研究表明，互补性活动之间的互相依赖性比单一专业的聚居点能够带来更高的增长率，创造更多的职位。他们的研究覆盖了很多行业，不仅仅是高科技制造业。我们在采访中发现，过去一个地区固有的互补资源对现在的创新者来说派上了完全不同的用场。比如说，在马萨诸塞州北岸，有一个很活跃的半导体仪器行业，但是如果没有原来受雇于联合鞋业设备公司（United Shoe Machinery Company）的精密机器制造工人，这个行业也很难在这里兴起。联合鞋业设备公司原来位于马萨诸塞州的比弗利，曾经一度雇有 4 000 名工人。这家公司就像我们在前文中描述的垂直一体化企业一样，把所有的企业功能都纳入自己的屋檐下，有专门生产和收购原材料的部门把机器租给鞋子生产商，还有专门对这些机器进行维修和保养的部门。该公司还有一家专门为它培养机械工人的职业学校。20 世纪 50 年代以来制鞋业就不断衰退，于是该公司转向生产别的设备，比如生产塑料、电子产品的机器设备。公司后来被收购了，到了 20 世纪 80 年代，整个公司都消失了。但是，曾经在那里工作的工人到别的公司工作了，有些还开了自己的机械厂。这些公司现在就是给瓦里安（Varian）、布鲁克斯（Brooks）、埃斯利（Axcellis）等新企业生产零部件的公司。

这个地区已经没有什么制鞋企业了，但是这个行业当年创造的人力和物质资源现在却支持着新的工业活动。相反，如果一个地区原有的资源消失了或者是转移了，新的行业就很难在这里成长起来。消费电子品制造移到海外后，美国的电池商就没有动力提升技能去生产新电池了。时至今日，新创企业在开发一种全新的电池，却找不到合适的供应商和合作伙伴来共同开发新业务。我们发现了传统工业在新行业产生过程中的重要性，但这并不是说要保护和保留旧工业，希望有朝一日，新的行业会在那里抽枝发芽。这说明的是，公共政策应该把重点放在提升和扩大一个区域的现有资源上，而不是把重点放在从无到有地建立新的聚居点上。

过去十几年，外包和离岸外包风行一时，在这种情况下，在把创新商业化的过程中，距离远近在合作中扮演的角色是不是不那么重要了？美国本土的工业生态环境已经变得很贫瘠，很多生产能力也消失了，很多企业管理者在开发新产品时不得不把目光投向海外，去寻找互补资源。在下一章中，我们会描述美国能源工业的发明家和中国供应商之间的新关系，说明他们是如何紧密合作把美国的创新推向市场的。土耳其机器人公司（Mechanical Turk）找到了帮手，把工程师派到国外去和供应商一起寻求最佳解决方案。在分析这些新的合作关系时，我们问了工业区研究中同样的问题：

◎ 通过合作把合作各方的能力合并起来，会不会提高每个制造商实现价值的能力？

◎ 大家是否同在一个地方，这重要吗？

◎ 大家相隔万里也可以进行同样的合作吗？

◎ 大家同在一个地方让竞争者更难模仿，这样就能击退竞争对手吗？

以上问题都是我们在采访别的研究对象时问过的，在这个基础上又增加了几个新的问题，包括：大家都相隔千里，发明家、供应商和制造商之间的关系随着时间的推移又会怎样变化呢？当发明家需要的资源很多都在国外的时候，创新的回报率还像以前那么高吗？创新活动也会跟随商业化的能力搬到海外去吗？在讨论合作方式之前，我们还是先研究一下参与到创新市场化这个过程中的各方吧。

一般企业如何实现创新市场化

我们拜访的一些中小型企业显然是很有实力的发明家，它们不断推出新产品、新流程和新服务来卖给各行各业的客户，这也在很多企业中形成了一股潮流。另外一些企业的主要创新活动则是用途革新：为某个行业的产品和流程赋予新的用途。以色列医疗器械制造商麦地那公司就是一个很好的例子，创始人看到用于硅片刻印的平板印刷流程，就想到这个流程也可用于心脏支架的制造，于是先在平坦的金属片上打印心脏支架，再把金属片卷成管状。在这个例子里，这种用途革新还带来了新的专利。虽然其他很多用途革新没有得到专利，但是它们也同样宝贵。

很多时候，有了这些普通制造商，创新才有可能实现，因为它们提供的原型机制造、生产制造、服务都是创新过程中必不可少的，无论是羽翼未丰的新创企业、大企业还是创新者都离不开它们，因为这些客户可能不知道怎么做或是没有足够的财力来做这些事情，也可能因为进行了机构精减的大企业内部已经不再有这种技能了。普通制造商提供的服务和产品通常是制造商与客户双方的工程师、技术员和工人反复交流、多次设计后才开发出来的，他们有时聚在客户的办公室，有时又在供应商的厂房里会合，这样一来，进行创新的人员和制造商之间的相隔距离还是很重要的。

我们认为，制造业创新活动包括：

◎ 在自己工厂里生产出新产品，推出新流程和新服务。

◎ 用途革新。

◎ 把制造和服务融为一体。

◎ 帮助创新者把创新变成现实。

这些创新活动都没有公开的官方数据，为了充分了解这些活动，我们找到了一组制造商，登门拜访，询问一些关于创新的问题。我们选择的企业（这些企业可能各自拥有一两个工厂）在2004年到2008年间营业收入必须翻了一番，同时用工人数也要有所增长，而这正是企业研究委员会（CRB）的斯宾塞·L. 特雷西（Spencer L. Tracy）对“高影响力企业”的鉴别和定义，这是他为小企业管理局（SBA）做的合约研究的一部分。这些企业的名字和地址是从各行各业35万家美国企业中抽出来的。特雷西从这个企业名单中找出了属于制造业的企业，也就是根据北美产业分类系统分为制造业的企业，这些企业还必须符合在2004年到2008年间实现营业收入最少翻番、岗位数量也要有所增长的条件。

从特雷西给的名单中，我们抽取了3 596家制造商，这些制造商各自都有一到两家工厂，营业收入每年都有500万美元，员工都超过20人。根据特雷西的计算，在2004年到2008年间，它们的营收和员工人数都翻了一番。由于这些都是私营企业，很多还是家族式企业，我们就没有可靠的办法来验证特雷西提供的数据是否精确。我们在采访中也想和这些公司的总裁们核对一下这些数据，但是提到企业财务的时候，他们都闪烁其词。这可能是因为私营企业都不愿意让外人知道他们的财务状况。不过我们发现，在很多情况下，他们自己也不知道详情。在采访另一个阶段时，这种情况就变得更加明显了，当我们要他们解释怎样决定新产品和新服务的成本以及向客户收取的价格时，他们最常给出的回答是市场能够承受多少，就定价多少。

这些都不是大企业，因为大公司一般都不会在4年内就实现营收翻番；它们也不是新创企业，因为上我们这个名单的企业已经在企业资信管理公司邓白氏公司（D&B）的名单上很久了，而公司成立超过一段时间就不能称为新创企业了，按照这种时间的定义，这些企业一定不是新创企业。和同行业的企业相比，它们每个雇员带来的平均营收都要更高。它们成功地度过了2008年到2010年的经济危机，这一点就比很多企业强。在采访中我们了解到，在2009年，它们中的很多都有过“接近死亡”的经历。2008 年以来，它们中的 39 个消失了，100 个状况不明。

特雷西认为这些企业算是成功的。为了达到研究项目的目的，我们不要求这些企业有多成功，只是需要它们能够清楚表明它们是能够继续生存下去的，而不是奄奄一息的。我们想要研究那些有足够活力来寻求新机会的企业，于是一个州一个州地采访名单上的企业，现在已经走了 4 个州：马萨诸塞州、俄亥俄州、亚利桑那州和佐治亚州，我们在这些地方采访企业主及企业管理者，在他们的带领下参观了设施。我们的名单上有 3 596 家中小型制造业企业，我们采访了其中的 53 家（见表 4-2）。我们拜访的企业在“能够活下去”的制造商中，还是比较有代表性的。

表 4-2　　数据集中的企业和采访企业

制造业行业（根据北美产业分类系统划分）	采访的企业（%）	数据集中的企业（%）
化工产品	7.4	5.9
电脑和电子产品	11.1	9.1
电力设备	5.6	4.7
金属制品	31.5	17.5
家具	1.9	3.0
医疗器械和用品	5.6	2.2
非金属矿物制品	1.9	2.8
塑料和橡胶制品	16.7	5.1
机械	18.5	12.0

注：由于四舍五入的原因，各项百分比相加之和不一定等于 1。

在特雷西给我们的名单之上，我们又另外加了 43 家企业，它们都是前沿创新者的供应商，我们还是称之为“普通企业”。采访结束时，我们向它们提出了同样的要求，问了同样的问题：

◎ 举两三个发生在过去5年内的例子，比如你们推出了新产品、新流程，或者是对旧产品进行了改造，并把它们推向了市场。

◎ 在从构想到市场的过程中，你们都采取了什么具体措施？在这个过程中，你们在哪里找到了所需的技术人才、资本、供应商和技术专长？你们都遇到了什么困难？怎样才能提高开发新产品的能力？你们的生产设施在哪里，为什么设在那里？

美国科学促进会（AAAS）的数据表明，在2006年到2008年间，22%的美国制造商报告说，“它们推出了新产品、流程和服务，或者是对原有产品、流程和服务进行了重大改造”。但是大多数都是没有专利的，我们不知道这些创新活动到底是什么，以及它们又是怎么进行这些创新活动的。我们希望，通过对这些21世纪的普通公司的调研，能够对美国制造业创新活动这个“黑箱”一窥究竟。

创新是在制造过程中不断加深的

刚开始对这些在2004年到2008年间营收翻番的企业进行考察时，我们根本不知道它们有没有可以申请专利的创新成果。和这种情况截然不同的是，在本书第2章关于创新市场化那部分的研究中，我们的研究对象都是依靠专利建立起来的。但是，在这类普通企业中，我们还是找到了以新知识和专利为基础建立起来的企业。

MAKING 制造业案例
IN AMERICA

QD Vision 公司

QD Vision 公司位于马萨诸塞州列克星敦，就在PIE委员会其中一个研究员爱德华·斯坦菲尔德（Edward Steinfeld）家附近。斯坦菲尔德采访 QD Vision 公司总裁詹森·卡尔森（Jason Carlson），卡尔森告诉他，这家公司就是建立在两位麻省理工学院教授的研究成果之上的，这两位教授是弗拉迪米尔·布洛维克（Vladimir Bulovic）和芒吉·鲍文迪（Moungi Bawendi），他们是量子点技术的先驱人物。QD Vision 公司生产的纳米材料有特别的发光性能。它的生产过程有点像制药公司在批量生产时使用的化学合成法。我们可以把这些量子点嵌入玻璃底层，和发光二极管一起使用时，它会把光的颜色进行降频转换，让颜色更加鲜明。作为平面显示器的一个零部件，它能够大大提升颜色亮度和清晰度。QD Vision 公司一共有 9 项专利，还有 120 项正在申请中尚未被批复，它还拿到了 5 500 万美元的风险投资。这家企业员工人数是 74 人，超过一半以上的员工有硕士或者博士学位。

卡尔森说，QD Vision 公司要继续发展，就要给客户提供一个与众不同的必要零件，这个零件还必须在大市场里处于领先地位。它的目标就是在 LG、三星和索尼等大电子公司中创造“内部其实像英特尔公司”那种消费者意识。卡尔森觉得电子行业的企业很难在拥有自己的生产设施和综合性生产体系之间取得平衡，前者需要非常高的资本投入，后者则意味着放弃所有的生产能力，完全依赖外包，依赖像台积电公司这样的企业。对很多企业来说，它们都不是台积电公司的大客户，这就意味着，生意好的时候，它们总是排在其他客户后面。在某种程度上，QD Vision 公司产品的特性让它们不必做这种选择，因为产品的数量很小，体积不大，运费也不贵，使用的批量生产方法也很容易扩大生产，而产量提高了，资金成本和劳动力成本自然会下降。公司真正的挑战在于如何在现有的基础产品上不断创新，并控制知识产权。

QD Vision 公司在发展早期曾经遇到一个亟待解决的难题：找到有生产能力的供应商。它需要化学制品和玻璃供应商，还需要在马萨诸塞州的生物技术行业工作过的专家。公司的化学家首先要解决如何在实验室里批量生产出量子点溶液的问题，然后进行量子点溶液的大批量生产，而从小批量到大批量生产需要进行很复杂的研究，还要用到有知识产权保护的知识。公司在这些方面都取得了很大成功，位于马萨诸塞州的供应商也是功不可没。这些供应商就在附近，这也很重要，因为这样合作起来会更快一些。

QD Vision 公司投入大规模生产时，和供应商面对面的交流也和以往一般重要，但是，现在它要迈进国际舞台了。进入大规模商业化生产后，在马萨诸塞州的供应商规模就不够大，成本也不够低了。它已经和中国台湾的一家承包商进行了合作，这家承包商能够把在列克星敦生产的量子点材料混入玻璃纤维里。在美国没有具备这种经验的承包制造商，因为这里没有高产量的显示器行业。它也已经在向下一代量子点产品进军，随着这项工作的不断推进，越来越多的企业活动会转移到亚洲，因为 QD Vision 公司很可能和那里的一家平面显示器龙头老大结成战略合作伙伴。但是，不管 QD Vision 公司将来怎样发展，我们从它的成长史中学到的就是，在实验室到市场这个漫长的过程中，同处一地的供应商对产品开发的早期很有帮助。

我们拜访的另一家前途无量的新创企业也很可能要搬到海外去，它要搬走不是因为美国没有潜在客户，而是因为美国的零售渠道都被根深蒂固的大企业堵住了。

MAKING 制造业案例
IN AMERICA

MicroBlend 公司

MicroBlend 是我们在亚利桑那州的抽样公司，它的故事是一个发明家的故事，这个发明家名叫丹尼·麦克莱恩（Danny McClain），他的同事都说他是个“真正的天才”。MicroBlend 公司位于亚利桑那州的吉尔伯特，公司的创始人就是本地人，但是除了这一点，我们看不到任何能体现当地渊源的东西。1998 年，麦克莱恩发明了一套简捷的油漆制造系统，这套系统可以生产出 10 种不同的油漆，客户需要多少就生产多少；一般五金店，还有家得宝、沃尔玛或者是洛斯等大型超市都有很长的乳胶漆货架，这套系统占地比一个这样的货架小多了。

MicroBlend 公司的这套系统和 6 大罐建筑材质“造漆材料”连在一起，当客户从菜单上选择了颜色和油漆质量后，这些材料就混合起来。这个客户在触屏电脑上一点，把桶放在自动喷嘴下，就拿到自己想要的油漆了。公司总裁梅尔·尚德（Mel Sauder）告诉我们，保持“造漆材料”均匀就是他们的“神奇力量”。他们想推广的商业模式是，把设备放在零售店里，继续拥有这些设备。感应器会监控罐里产品的余量，当罐里的产品少于某个容量值时，微混合就去把产品添上。这可是一个要给油漆行业带来一场大革命的产品。

MicroBlend 公司很明显的优势是它占的空间很小，它在零售店里只占地 9 平方米，相比之下，一个家得宝商店里的水溶乳胶漆占地将近 280 平方米。它的运费也低很多，因为要运的只是造漆材料，而不需要运那些又大、又占地方的油漆桶。客户不但产品的选择多了，还可以根据需要选择买多少，而不像一般的乳胶漆，最少也要买一桶。零售商还可以减少库存，因为 MicroBlend 公司在做库存监控，造漆材料罐里的感应器会告诉桶里的油漆已经降到什么水平了，当达到要补充的水平时，感应器还会给 MicroBlend 公司发出信号。

MicroBlend 公司在这个流程上有 14 项专利，这些硬件设备和公司业务模式都有专利保护。负责人告诉我们，除了专利上的说明，要让这套系统正常运作，还有很多专利上没有注明的东西，MicroBlend 公司曾经为了保护专利而不惜代价地和别人对簿公堂，很多关键的流程都是商业秘密。第一台原型机是由一个旧冰箱改装而来的，之后的版本是在供应商的资助下完成的。MicroBlend 公司已经脱离了“为了创新而创新”的阶段了，它开始进入商品化阶段，为此公司专门招聘了一个首席营运官，这位先生曾经任职于富士胶片公司，负责在沃尔玛和其他大型零售商店里推广富士公司的数字印刷中心。虽然亚利桑那州的吉尔伯特没有什么风险投资资本家，也远离东西海岸的风险投资群落，但 MicroBlend 公司还是募集到了超过 4 000 万美元的风险投资，这样，产品开发就得到了进一步推动。

尚德告诉我们，MicroBlend 公司在大卖场的试运行很成功，这些大卖场也真有可能把这套系统引进店里。但是，它在美国遇到的大问题是，那些历史悠久的油漆公司对这套系统非常抵触，很多时候甚至会威胁零售商，表示如果零售商敢把这套东西放到店里，它们就把自己的标志和产品都从店里撤了。这对零售商来说风险太大了，因为 MicroBlend 公司毕竟还只是一个没有什么名气的小公司。尚德告诉我们，就这样，MicroBlend

公司的产品在美国就卖不出去了。现在，MicroBlend 公司和一个拉丁美洲的大型零售商展开了合作，把企业的前途押在这个合作关系上。现在的计划是，MicroBlend 公司把造漆材料在亚利桑那州做好，再运到拉丁美洲去；如果这个合作成功了的话，下一步很自然地就是把生产设施设在那里了。在我们研究的普通企业中，只有少数几个是要把产品卖给消费者，而不是卖给企业，MicroBlend 公司就是其中一个。现有的大品牌在抵制颠覆性创新方面有很强的力量，这就是为什么大多数成功的制造业新创企业都是那些把产品卖给企业，因为它们没有和大品牌在大卖场里争夺货架面积的能力。

我们拜访的大多数普通制造商生产基地还是稳稳地设在美国境内的，和 QD Vision 公司、微混合公司不同，它们的主要客户还是美国人。美国 Endoscopy 公司就是一个很好的例子。

MAKING 制造业案例
IN AMERICA

美国 Endoscopy 公司

美国 Endoscopy 公司位于俄亥俄州的门托市，雇有 380 名员工。公司创始人是一名草根工程师，在创新方面很有天赋，但是没有受过什么工程学的正规训练。最早的产品来自一名医生的建议，医生说他想找到一个能抓住被外科导管切掉的组织的工具，这两个毫无外科器械经验的人，在一个仓库里放了一张桌子就开始了产品研制。这个创始人现在已经把业务交给一个专业管理人来管理，公司成立初期的临时拼凑产品也交给了有条有理的产品开发部，这里的设计和流程工程师都是从俄亥俄州立大学招来的。公司靠近克利夫兰的大医院，很容易接触到外科医生，这也是它的优势。美国 Endoscopy 公司对俄亥俄州本地的供应商网络赞不绝口，说它们在公司成立初期发挥了很大的作用。当时公司的能力还没有现在强，但又不想把设计外包给设计公司，也不想把生产制造也外包给制造商。于是决心把生产制造保留在内部，靠近设计部，这样才能得到最好的新构想，把新产品尽快推向市场。公司总裁告诉我们："美国 Endoscopy 公司是'一台新产品开发机器'，如果客户对我们的产品价格很敏感，生产外包省下来的钱就足以影响到他们的购买决定，但那样的话，我们就入错行了，我们生产的是保时捷，想省钱的客户是不会来买我们的产品的。"

2012 年，这家企业将自己卖给了同在俄亥俄州、距离不远的美国思泰瑞公司（Steris），这是一家拥有 5 000 名员工的医疗用品服务公司。

用途革新型的创新活动

我们采访的企业中有很多都是围绕着专利建立起来的，同时也有很多中小型企业的创新活动集中在把现有的产品、流程派在和原来完全不同的用途上，并投入到一套全新的活动中去，甚至把一个行业的技术用到一个完全不同的行业中去，我们在本章开头说到的麦地那公司就是一个很好的例子。通过采访，我们发现，德国很多全新的业务线是通过用途革新建立起来的。在德国，研发人才很接近生产设施，这种在制造业普遍流行的做法极大地刺激了这样的革新活动，形成了培植用途革新的肥沃土壤。

MAKING 制造业案例
IN AMERICA

阿尔弗雷德·H.舒特公司

阿尔弗雷德·H.舒特公司（Alfred H. Schuette）创建于1880年，这家位于德国科隆的机床公司到现在还是由创始人家族管理的。公司有两大产品线，一条是生产高容量圆车削的多轴自动装置，世界上80%的火花塞都是用这种圆车削生产出来的；另一条产品线是五轴磨床。公司总裁卡尔·马丁·威尔克（Carl Martin Wilk）告诉我们："我们制造最复杂的机器，如果这些机器不是那么复杂，我们就把它们拿到中国台湾去制造了。"公司对多轴自动装置进行用途革新，把它变成了一台生产医疗设备的新机器，而医疗设备是公司在这之前完全没有涉足的行业。这个主意是公司一名员工想到的，这名员工去参加一个商业展销会，会上看到了一台制造人造膝盖的机器，他就想，这台机器太大了，也太贵了。有人把他叫过去，好好看一下这台机器，当时他就认定他们可以用公司现有的机器来做这种人造膝盖，这样生产出来的人造膝盖成本应该比现在这台机器生产出来的低得多。而自己公司的机器生产出来的膝盖也会好得多，因为铣削、打磨、抛光、清洁是它最擅长的工序。第一个下订单的是一个英国客户，客户收货后，舒特公司还做了很多修改，派好几组工程师过去，排除了很多故障，其中有些故障是万万没有想到的。比如说抛光会出粉尘，粉尘会把过滤器给堵上。这个项目进行了6年，才成了一条赚钱的业务线。

德国一家太阳能电池业务供应商也有过这样的用途革新经历。这家供应商在20世纪90年代初是给半导体工业制造机器的。湿式化学制程是它的强项。它的一个老客户从半导体转行到光伏技术去了，叫供应商的工程师去帮他修一下机器。那时候，太阳能电池行业的人都用干式化学制程。供应商的工程师在帮客户修机器的过程中意识到，可以用湿式化学机器来生产太阳能电池，而且这样做的成本低、速度快、生产出来的产品质量还更好。另外一家德国公司告诉我们，它生产的风电塔变速箱比别家生产的噪音要小得多，这是因为它是一家在19世纪中期成立的金属铸件公司，用了150年的时间来完善特种钢材的制造流程，用这些技术做出来的变速箱当然就比别家的要好。

我们在德国看到了一个又一个用途革新的成功案例，但最有实力的普通美国制造商中也有这样的成功故事。

某金属制造厂

我们的研究人员拜访了一家成立于1940年的金属制造厂。这家位于俄亥俄州的企业雇有220名员工，一直为同一个家族所有，现在已经在这个家族中传到第三代了。现在的主人预计公司的员工每年会增长30到40个，尽管现在很多工序都自动化了，有些地方甚至用上了机器人和激光剪裁机器，这些都在减少每道工序所需的人手。

20世纪40年代，这家公司制造锅炉和压力舱。到了20世纪70年代，公司主要为建设工地做金属铸造。第二次海湾战争开始时，它向美国部队供应用来巩固军队车辆的金属板，因为这些车辆很容易受到路边的简易炸弹的袭击。借此机会，这家公司迅速地发展起来。这些军事防御业务给公司带来了前所未有的繁荣，但是天下没有不散的宴席。这些业务停下来了，但是能够铸造重达二三十吨的零配件不是很多公司能够做到的事情，这个能力没有随着军队业务的枯竭而消失，于是公司内部开始探讨如何给这种生产能力派上新用途。制造这些零配件的钢材未来是专门为建筑行业开发的，它要更轻、更坚固，现在公司想用这样的钢材来制造新一代航空母舰的零部件。轻一些的钢材会大大降低航母的用电量，但是这家公司必须做大量的产品开发和测试才能向它的造船厂客户证明，这些新材料和要替换下来的结构用钢材一样坚韧。美国海军让这家公司试一下激光复合焊接法，这样焊出来的接口就会更薄、更轻，也不容易变形。这家公司把特种钢材和激光复合焊接法相结合，把新技术推进到了原型机阶段，现在正在和客户、供应商一起进行试生产，要把产品推向市场。

这家企业的领导者这样描述企业的创新能力："我们把一项别人发明的技术拿过来，想办法把它融入现有的产品线，或者是用它开发一条新的产品线，把这些产品线开发到可以进行大规模生产的阶段，在不同的市场卖给不同的客户。我们的创新就是把新材料引入到不同行业中去，给客户做测试。"他还说："新技术可能不是我们发明的，但是我们把它商业化了。"这个企业的领导者还指出，他现在采用的战略和他祖父、父亲一辈是不同的，老一辈主要和做同一类生意的人来往，他们之间的交往也不多，这些竞争对手只在行业协会和展销会上见见面，碰头的时候也没有信息分享，不用担心商业秘密外泄、客户被抢。今天，这家企业的领导者致力于在有潜在客户的行业里建立人脉。但他不知道，当人们对他的这家公司的能力了解越多时，吸引的是客户，还是来分一杯羹的竞争对手。

把生产制造和服务结合起来

我们看到，普通企业做得最多的一件事就是在简单直接的生产制造活动中加入服务。在我们拜访的新创企业中，生产制造和服务之间的界线变得越来越模糊，把两者结合起来的能力变成了新卖点。在某种程度上，一家很传统的机械厂也可以提供服务，当它为某个客户量身定制一个零部件的时候，或是和客户一起在原有的图样和规格上进行改良的时候，它就在提供服务了。制造业企业一直都在提供服务，派技术员到客户那里把把零件安装好，或者把使用方法教给客户，这些都是在提供服务。在俄亥俄州的一家企业就是一个很好的例子，这家公司生产修理漏油输油管的管套，通常会把技术员派到海上采油平台上去，这些技术员站在平台上教潜水员怎么安装零件。这家企业雇用了差不多100 名员工，有 1 000 万美元的未交货订单，70% 的产品都是出口到国外的。

制造业企业提供的另一个服务项目就是维修。美国制造业企业的营业收入中有多大一部分是来自维修服务？我们没有这方面的数据，但是进行的采访显示这是很大的一个部分。新英格兰一家为生物技术企业生产箱罐和管道的企业总裁告诉我们，他们企业 25% 的营业收入来自器械维修，占利润的一半。但该企业不单单修理自己出品的器械，客户把所有品牌的设备都交给它维修。器械维修能力是在零件生产过程中形成的。它生产的零件要通过技术认证才能用于敏感的生物技术制造业，这些技术认证也证明它具有维修这些机器的技术能力。为什么维修服务比生产新零件利润率要高呢？这个道理其实很简单，总裁解释说："需要维修服务的客户对维修服务的需求十万火急，对成本也就不那么计较了；而买新零件的客户会拿到不同供应商的报价，可以坐等这场竞标战结束才做决定。"这些和生产制造息息相关的服务，是很传统的制造业服务项目，因为制造商在提供服务项目方面有着独一无二的资质。

但是，我们在这里也看到了一些新现象，这些供应商不只是对客户的图纸做一两个地方的修改，还把越来越多的设计功能从客户那里转移过来，而设计工作过去只在客户企业内部进行。大型原始设备制造商和跨国企业在选择供应商时，能够提供设计服务是被选中的重要原因，因为这些大“航母”要把越来越多的工程设计交给供应商按照指定规格设计生产。一家俄亥俄州机械厂的员工人数从 57 人增长到 86 人，它的总裁一点都不拐弯抹角地说：“我们的客户根本没有机械加工经验。他们没有这方面的知识，根本不知道怎样才能达到他们所需的精密度。”现代工业公司（Modern Industries）拥有员工 500 名，是一家位于亚利桑那州的普通企业，为半导体工业生产设备，同时还“按图制造”。“按图制造”意味着什么呢？它的总裁安迪·亚洛斯（Andy Alois）告诉我们，很多客户都把大多数生产工程师辞退了，把原来在企业内部进行的功能转移到合同承包商那里。在这个过程中，这些客户降低了进行周密的工程设计的能力。很多新建的亚洲合同承包商也没有这方面的经验，如果客户把周密的工程设计方案交给这些承包商，承包商自然会做得很好，但是承包商并没有能力进行这样的设计，如果这批零件和上一批的模型完全不同，承包商们就不知所措了。这位总裁认为这对他的公司来说，是很好的机会：

> 零部件生产和设计分开进行，设计方对产品是如何制造出来的潜在认识就减少了。大企业进行精减以后，它们的内部流程也简化了。因此，当一个颠覆行业的新设计出现时，第三世界国家的制造商就没有相应的潜在知识可以利用，就不能进行这方面的生产。这时候，美国和欧洲企业就可以展示竞争优势，就有很多客户需要我们的服务了。因为这些客户要我们在生产制造商的同时，对设计也有积极的贡献。原始设备制造商内部很少有人看得懂蓝图了。有时候，客户给我们一个蓝图，有时候只给我们一个实体模型，我们再参照模型进行详细设计。整个设计过程中，画出的蓝图在我们和客户之间传来传去。目前，我们很缺乏明白每一个零部件的详细生产过程的人；没有在工厂当工程师的经验，你就学不会看图纸，不能理解其中的每一个细节，也无法按照图纸制成产品。

我们观察到这家企业和其他很多企业在设计方面也面临着一些挑战，它们不知道是应该倾其所有来培养设计能力，还是为了和亚洲供应商竞争，只把成本降下来就可以了。给客户专门开发和改良零部件是一件既很费钱又很费时的事情，和其他企业一样，这家企业都不能在报税时用这些活动来申请研发税收优惠，于是所有的开发成本都要从利润里扣除。这家企业就处于这样的两难境地。虽然管理层意识到设计能力可以带来新客户，但是基本生存意味着要在价格上有竞争力。因此，管理层在考虑是否要把一些生产设施搬到墨西哥去，因为那里的劳动力便宜得多，而且雇用工人和辞退工人都比在美国容易。

客户对供应商的要求普遍提高了，但是这个过程并不是均衡发展的。有些龙头企业还有自己的设计和制造工程师团队，团队的能力也有一定的深度和广度，因此这些企业在选择供应商时就只挑选有一定质量保证但报价便宜的供应商，就这样把生产制造外包到海外了。有些龙头企业更加集中在“核心优势”上，把生产制造和详细设计能力都去掉了，于是就越来越需要供应商来提供这些功能。因此，能够提供设计服务、新产品、新流程或改良产品、改良流程的供应商就可以要价高些，但是在这方面进行的投资对供应商来说还是很有风险的。原因一方面是得和有最低成本的对手进行竞争，另一方面是必须推动产品、流程创新，这两方面的博弈无时无刻不在供应商的脑海里，挥之不去，哪一个选择都带有很大的不确定性。

有一位总裁是这么说的：“商场如战场，竞争是无情的。低成本地区本来已经占了上风，但是现在风向又变了。那些精减了的原始设备制造商对我们这些供应商的要求变高了。”对这些普通制造业企业进行的近距离观察告诉我们，这些供应商在低价竞争和通过创新来发展经济这两个选择之间纠结。公共政策的挑战就是给广大美国企业创造一个向创新倾斜的环境，在两者的斗争中加大创新获胜的可能性。

供应商的重要性

在采访中经常提到的话题是要寻找具备所需能力的供应商，在供应商的帮助下把创新从实验室带到市场，走过创新商品化的各个阶段。这些新创企业在发展的不同阶段对供应商的要求也不同。在它建好了原型机，向试生产迈进的这个阶段，是否能够及时地找到合适的本地供应商，对于它是否能够达到投资者要求，以最快的速度来推进市场化至关重要。我们顺着一家电池生产商阿姆布里公司（Ambri）的成长道路追本溯源，发现一路上它用了很多供应商，还有一些现在没用上但将来会用上的供应商。

阿姆布里公司

阿姆布里公司的其中一个共同创始人是唐纳德·萨多维（Donald Sadoway），他是麻省理工学院材料工程系的教授，在工作中经常和铝及其他金属打交道。他在金属熔炼的过程中观察到，其中一些流程可以用来为电网储存电力，而且用这种液状的金属电池来储存电力成本很低。这种电池有三层液体，它们都起着电子元件的作用，一层金属液体是阳电极，中间一层是溶盐电解液，再一层金属液体就是阴电极。电池密封成一个个组件，这些组件一个一个地叠放在一个卡车大小的容器里。每个组件可以发半兆瓦的电，足以满足 200 个家庭的用电需求。萨多维把这个创新成果从实验室搬到他的新创企业中去。比尔·盖茨通过麻省理工学院的在线公开课程找到了他，他在线教的课题是固体化学简介。然后，萨多维从比尔·盖茨那里拿到了风险投资，法国石油公司道达尔公司也对他的新创企业进行了风险投资，他和道达尔公司负责人是在麻省理工学院主办的一个国际活动中认识的；美国能源部的高级研究计划署（ARPA-E）也对其进行了投资。在进行第二轮融资的时候，柯斯拉创投（Khosla Ventures）做了 B 轮融资的牵头人。在这之后，公司把原来的名字“液体金属电池公司”改成了“阿姆布里”，算是对公司的发源地坎布里奇表达敬意，现在公司办公室还在那里，离麻省理工学院只有几个街区的距离。

可是阿姆布里公司需要的不只是资金。为了能够快速、高效地生产组件和容器，它需要所在的工业生态系统提供各种各样的资源。首先它要打通和供应商、监管机构、大型电力公司的关系，因为电力公司是它的最终客户。阿姆布里公司得到的第一个本地资源是它的总裁菲尔·朱迪切（Phil Giudice），他当时任职马萨诸塞州的能源部副部长，除了曾经在州政府身居要职外，他还在一个很成功的能源管理新创企业 EnerNoc 那里工作过一段时间，在此之前他为能源企业做了 20 年的管理咨询工作。在这些重要的工作岗位上积累下来的经验让朱迪切对能源生态系统的每一个参与者都了如指掌。朱迪切认识能够和阿姆布里公司一起把组件和容器开发出来的本地供应商。每个人都知道，虽然麻省理工学院说它培养出来的学生动手能力很强，但是一个拿着焊枪的博士是不能将创新成功地商品化的。于是，阿姆布里公司就开始和波士顿地区的金属制件供应商一起合作开发原型机。它和前文提到的基瓦系统公司一样，都认为公司的选址周围有合适的供应商特别重要，因为这些供应商具备公司所需的专业技能，这样双方才能够紧密合作，推动产品开发。

既然供应商这么重要，我们就想了解这些供应商是怎样开发技能、获得所需资源的，设备、厂房和技术专长又都从何而来，毕竟据我们了解，企业最初都只能靠内部产生的资源，而且创新活动不能为这些企业提供申请税收减免的资格。本地银行不断被总部设在州外的全国性银行并购，银行对发展本地经济的热情也消减了。在还有本地银行的地方，银行工作人员也认为给制造业的供应商贷款是件风险很高的事情。我们采访的很多人都说，他们能够得到外部资源的唯一机会就是当他们手里拿着一张国防合同的时候，这时他们就可以购买新设备了，而这些新机器不仅能用在这些国防合同项目上，还可以有其他用途。他们的计划就是完成这个项目后，把设备用于生产民用产品的新项目中。采访中，鉴于那么多人提到这一点，我们不禁想到，一直以来国防采购价格高企，也算是对民用经济技术升级的一种间接补贴。搭乘军需合同的顺风车，未必是对普通制造商的供应商进行政府资助的最有效途径，但却是目前为数不多的几条途径之一。因此，削减国防开支也会波及民间经济，砍断中小型制造商技术更新换代的资金来源，这样的资金来源本来就很少，风险资本家又很少对这些行业进行投资。

采访中也提到其他资金筹备的方式。风险投资在高科技新创企业中发挥了重要作用，也有企业从政府刺激经济的开支、私营股本基金及中小企业创新资源拨款中获得所需资金。我们在前文中已经对这些获得外部资源的方法进行了详细的讨论。但是在采访中，很少有普通制造业企业说到这些资金的来源，甚至对贷款也持保守态度，“一定不要借钱”的经验之谈也从创业的第一代传到家族企业中的年轻一代。在经济衰退期间，一家位于俄亥俄州的企业抵押了家族所有的农场来购买新设备，经济衰退过后，又决定把公司一半股权卖给一个日本零件供应商，这样家族利益就可以和企业分离开来，将来企业有困难时也不会拖累到家族了。通常，这些普通企业是用上一年的利润来进行开发和升级的。大多数中小型企业都是非纳税的小型企业，税收是在企业主个人层面征收的，因此他们对购买新设备非常谨慎，如果项目期限超过一年，他们也要仔细考虑之后才开始行动。

为什么一般企业很少开展创新活动

如果这些成功的中小型企业真像我们前文说的那样，对创新的贡献那么突出，那么这些企业为什么不能发展成大企业、发展得更快一些，或者是创造出更多利润呢？我们在马萨诸塞州、佐治亚州、亚利桑那州和俄亥俄州拜访的这些企业在最近一段时间内是最优秀的一批企业，它们在 2004 年到 2008 年间的营收翻了一番，员工人数也有很大增长。如果普通企业中还有能够快速发展的，那就一定是它们了。但是，我们在这些企业中看到的新产品、新流程或改良的产品、流程数量都不多。只有一半的企业打算扩大厂房等设施，而且没有几个公司敢于想象一个和现状大不一样的将来。这些公司都在 2008 年到 2010 年的金融危机中大受打击。在我们的采访中，大家一次又一次地说到“和死亡擦身而过”的经历，都说 2009 年是真正恐怖的一年，这一年的订单量下降了 50%~70%。2011—2012 年我们采访这些公司时，很多都回到了或者是超过了金融危机前的业绩水平。

我们对普通制造业企业的合理期望值是什么呢？一个生产机床的工厂不可能获得像微软公司和 Facebook 公司那样的爆炸式增长，但是我们可以把它们和德国同类企业相比较，这些德国公司和它们一样，也是把资本货物卖给其他企业，但它们的发展就快得多。在下一章，我们会更详细地讨论德国的制造业，但是在这里我们要指出一个非常重要的差别：美国企业是孤军奋战的，而德国企业可以利用品种繁多的、丰富的外部资源，这些企业也要为这些资源的创造做贡献，但是它们不用独自创造这些资源。它们聘请的员工在技术学校和大学里接受教育，都拥有动手能力，这些经验还会得到企业的认证。德国创新体系里也没有开发研究的税务减免，但是参加开发研究公会的企业会得到一些政府资助，每一家企业在实际运用研究成果时都会得到一些资助。此外，德国家族企业在和银行打交道时，见的都是了解他们所在地区的本地银行雇员，他们全心全意地支持本地经济发展。德国企业如果需要专家意见，或者需要使用昂贵的设备时，只需要承担一个完全能够负担得起的价格，就可以使用像弗劳恩霍夫研究所这样的半公立机构。很多德国制造业企业都是设立在供应商和竞争对手密集的区域性网络之中的，信息在这些地方很快就散布开来。英国经济学家阿尔弗雷德·马歇尔（Alfred Marshall）是这么描述这些工业区的：

> 在这里，行业的神秘感消失到空气中去了，这个地区的空气中都弥漫着这个行业的气息。在美国硅谷这样的行业聚居点，行业知识是随着人员的流动而传播开来的，因为员工经常从这家公司跳槽到另一家公司，而德国人则很少跳槽。在这里，知识和技术技能的更新换代是在每家企业都参与的行业协会、交易会、行业出资成立的实用研究机构以及雇主联合理事会等机构的持续推动下进行的。

我们在马萨诸塞州、俄亥俄州、佐治亚州和亚利桑那州拜访的那些企业处于一种非常不同的境地。这些普通企业都是利用自己的内部资源来发展的。在周围环境中，可利用的互补资源是很少的。即使是在 50 多年前制造业鼎盛的时期，和其他国家相比，美国企业也是孤军奋战的居多。在 20 世纪 80 年代末，麻省理工学院进行当时的“美国制造”研究项目时就发现，和德国、日本相比，美国的共同资源水平低得惊人。比如，大企业和政府在工人技能教育上的投资低得多。他们在如何对工人进行培训这个问题上的回答通常是：“我们叫他跟着乔，他现在正在干那个活。”最强大的行业组织是那些能够争取到贸易保护的。几乎没有什么整个行业共同进行创新的机构，即使有些机构也想给某个行业提供大家都能使用的技术研究，它们也都很难募集到所需的资金。企业更加关心的是如何把自己最新的活动保护好，不让竞争对手抄袭，所以都不愿意参与行业协会开展的新技术研究项目。

在俄亥俄州进行的采访中，家族企业新一代的领导者告诉我们，他们的父辈、祖父辈从来没有拜访过同一行业的其他任何一家企业，也没有同行拜访过他们。这种忧虑一直持续，直到今天他们还是会担心竞争对手在他们那里学到有用的东西，或者如果别人知道他们的业绩很好，工会组织就会来组织工会了。在过去，就算是龙头企业和供应商之间的交流也不多。虽然日本企业一直都和供应商紧密合作，就像丰田公司和日本电装公司（Denso）那样，但美国大企业的生产计划一直是高度保密的，同时逼着它们的供应商不断互相竞争，价格最低的那家才能赢得他们的业务。

虽然美国近年没有过工业合作的黄金时代，但是20多年前，把企业联系起来的网络比现在稠密，企业分布也密集得多，那些垂直一体化大企业在日常活动中还不断创造公共资源。其中一个公共资源就是，在它们的倡导下，针对行业共同关心的问题成立了各种行业协会，它们还给这些协会提供日常运作所需的资金。

MAKING IN AMERICA 制造业案例

美利肯公司

美利肯公司（Milliken）是位于南卡罗来纳州斯帕坦堡（Spartanburg）的私营纺织公司，在20世纪90年代的年营业额就有25亿美元，它在纺织品技术学院的创立中起到了关键性的作用，这个学院就是这个行业共享的实用技术研究设施。它还在专门对国会就贸易、税收政策进行游说的行业机构——美国纺织制造商学院里扮演着重要的角色。它还和美国能源部进行合作，把在国家级实验室工作的研究人员召集起来为纺织工业开发新技术。美利肯公司还给当地的大学和技术学校提供了大力支持。

摩托罗拉也是一家大型的垂直一体化电子企业，它开设了各种课程来传播日本制造业流行的六西格玛等精益生产方法，摩托罗拉的很多供应商都派员工和管理层去参加课程并受训。

如第 2 章所述，垂直一体化企业变成了核心竞争优势企业，在这个过程中，它们还把生产制造职能转移到海外去，企业扩张也多在海外进行，这种业务模式的改变给本地工业生态系统带来了严重的影响。第一，原来在本地供应商那里下的订单有一部分转移到海外了，这种负面影响会波及整个地区经济。第二，它们不再为参与本地经济的各方提供公共资源。其中一个例子就是它们不再培养技术人才。新的企业结构使得员工终身服务于一个雇主的雇用关系式微，在这种情况下企业培训员工的动力也小了，因为几年之后，这些员工都会跳槽到别的公司去。同时，大企业也在向海外扩张，于是更没有理由把那么多财力、物力放到国内员工培训上了。一部分大企业的学徒计划和职业培训计划培养出来的技术人才会流入本地劳动力市场，而现在大企业削减了内部培训，因此这个地区的小企业就不像以前那样可以从这个人才库里雇用人才了。第三，我们采访的大小企业都表示担心“遗留技术”的失传，这些技术是新员工从旧雇主那里带来的，但是没有在他现在工作的企业中传播开来。一家专门生产模拟芯片和手提电话芯片的半导体企业工厂经理对我们说，这里的工程师都四五十岁了，很多技术都是 20 年前在国防合同承包商那里学来的。这代工程师退休后，他们还真不知道到哪里去找替代的人才。

银行业管制放宽及 1999 年《格拉斯 - 斯蒂格尔法案》被废除后，企业重组还从另一个角度影响着本地生态环境。大批地方性银行被全国性甚至是国际性的银行收购了，这些大银行根本就不了解每一个区域的地方特色，也没有兴趣去了解。在亚利桑那州，一个关系网很硬的受访者说到当年那些好日子时不禁一脸哀伤，他告诉我们说，那时候本地的银行家、商人和政客都聚集在一个烟雾缭绕的房间里，为亚利桑那州的未来出谋献策。他说，这些聚会让亚利桑那州的灌溉工程变成了现实，索诺拉沙漠因此才能柑桔飘香、棉花盛开。这些聚会促进了帕洛弗迪核电站、州际高速公路、优秀的公立学校的建设，企业也蓬勃发展，兴旺发达。现在这些关系网都散了。美国银行和摩根大通把地方性银行都收购了；现在城里最大的企业是英特尔和美国雷神公司，它们的总部都不在亚利桑那州。在这样的新环境里，唯一能够让大家统一意见的事就是降低税收。

PIE 委员会没有亚利桑那州人，不能确定这个州的情况是不是像这个受访者说的那样起了这么大的变化。但是，我们在到访过的州中收集到的证据都表明，美国的工业生态系统已经变得越来越薄弱，全球化和企业重组把旧机构掏空了，现在的工业生态系统因此变得千疮百孔。

MAKING

From Innovation to Market

IN AMERICA

5

创新的审视

德国和中国的制造业经验

各个国家如何利用不同的政策和机构来获取创新带来的效益？在德国和中国，我们都找到了创新制造业的雄辩的例子，它们把创新推向市场的过程，也让我们重新审视关于制造业创新的很多观点。

制造业的神话很难被破除。其中两个即使已被大量证据证实是不对的，但仍在到处流传，即便没有明确宣之于口，这些神话也在左右着人们对美国制造业未来的期望，因此更加令人对美国制造业的前途感到担忧。第一个神话是，在发达的高工资国家，制造业只能是一个夕阳产业，因为大规模生产的商品在低成本、低工资的国家生产才最赚钱。第二个神话是，在今天的全球化经济里，新兴国家的真正优势只是它们有大量的低成本劳动力。当看到成功的企业在发展中国家开展复杂的高科技生产时，大家就会说这些企业一定是得到了当地政府的补贴和保护，或者拿到了一些在更开放的经济体中拿不到的好处。

这两个神话也不是一点都不靠谱。但是，就和所有神话一样，里面那一丁点的实情也被无限放大，变得完全脱离了现实，然而它们的影响却是真实的。这两个神话蒙蔽了我们的双眼，令人看不到别的国家如何把创新推向市场。于是，大家很难理解别的国家是怎样利用不同的政策和机构来取得创新带来的全部利益的，也失去了学习别人长处的能力。简而言之，为了更好地向外国学习，我们要重新思考关于全球化的两个根深蒂固的观念：一是发达国家是否还能够拥有一个具备一定规模且欣欣向荣的制造业；二是发展中国家是否已经具备了真正的科学技能。

本书姐妹篇《重塑制造业（实践篇）》也强调，探讨这两个问题的最佳办法是把美国的研究团队派到德国和中国。在很多方面，这两个国家的差异巨大：德国是全球最富裕、最先进的工业国家之一；中国虽然取得了惊人的进步，但还是中等收入国家，生产效率相对较低，很少有中国企业能够凭借独一无二的产品和流程在世界市场中竞争。但是，这两个国家都有善于把创新推向市场的企业。在德国和中国，我们找到了很多有力证据，也重新审视了很多关于美国制造业的观点，比如说，对于为什么很多美国新创企业都还没有达到一定规模和产能，还没有积攒很多客户就失败了这类问题，固有的解释未必正确。我们也采访了这两个国家的企业高管，对产品的构想、雏形、测试、展示、试生产及大规模商业化生产阶段进行了追溯。哪些创新成功投放市场了？哪些没有？原因都是什么？我们问了美国、德国和中国的企业同样的问题，选择的行业也都是相同或相似的。

在这三个国家，大多数创新在市场化之前便宣告失败，这可能是因为这些构想并没有当初认为得那么好。有时候这些新产品就是没有市场，或被另一个企业捷足先登了。马萨诸塞州的高级电子束公司（Advanced Electron Beams）本来是一个很有前途的新创企业，生产用于消毒的低能源电子束，拿到了5 000万美元的风险投资，却在2012年破产了。一名投资者对它的评论是这样的："事实证明这项技术太难商业化了。"

从全局的角度看，我们自然可以说，如果一个新产品、新流程前景够好的话，总能够找到投资者来把它商业化，而没能将成果商业化的原因是自身不够好。这个论点可能在很多时候是正确的，但是我们在研究过程中，就这个问题对很多新创企业的成长路线进行了追溯、分析，也和很多企业家进行了讨论，发现这个论点过于简单且陷入了循环论证的泥沼。正如本书第 3 章中提到的那样，美国在商业化的道路上有很多障碍，当创新不能成功商业化时，我们不能用简单的一句"如果这个产品过硬的话，就一定能够成功"就对这个创新盖棺定论了。30 多年前，创新大多来自大企业的研究和产品开发部，这些企业也有足够的现金来把它们商业化，但即使是在那个时候，我们也通常更善于创新而不是商业化。比如说，日本电子工业的突飞猛进，靠的就是数码相机、有源矩阵液晶显示器（AMLCD）这些产品，而这些产品都是在美国发明的，却没有在美国获得商业上的成功。

今天，高科技的创新大多来自新创小型企业，它们在行业内并无根基，进一步的发展在很大程度上依赖风险投资和大企业投资，在这种情况下，创新通往市场的道路就变得更加充满挑战了。正如第 3 章中所述，在商业化过程中有几个关键的转折点，其中最困难的转折点出现在这一阶段：企业已经展示了这个新产品或新流程的可行性及价值，也依靠自己的能力为有限的几个客户生产了一些产品，现在正要向大规模商业化阶段迈进，一旦成功，生产出来的产品便将以市场能够接受的价格出售给数量众多的客户，产生的营业收入就可以维持企业生存、促进企业发展。不久前，通过 IPO 上市是在这个阶段引入新投资、推动企业发展的一条途径。但在过去 10 多年间，通过 IPO 上市的企业数量大幅减少。2012 年 4 月 5 日，美国启动了《快速启动创投事业法案》(*JOBS Act*)，放宽了成立新公司及新公司上市的法律要求，不过目前我们还不知道法案是否能够发挥应有的作用，带来新一波 IPO。一般来说，法律门槛的降低会吸引大批企业上市，但即使是在今天，面对竞争激烈的上市"独木桥"，小企业也只能选择与大企业合并或被收购。

我们对进入大规模商业生产的企业进行了研究，发现了对未来创新感到忧虑的背后原因。虽然没有精确的数据衡量，但小企业的创新潜力确实是在被大企业兼并收购后就被切断了。我们在采访的过程中，发现创新者们常常为创新成果进入官僚机构后的坎坷命运哀叹。一家航空配件公司被大集团收购，公司创始人这样描述："他们买走了我的公司的灵魂，接着就将其摧毁了，就像吃豆人游戏里那样，他们把所有东西都划分到各个部门里去，就这样把我们的创新活动截断了。"当然，这些企业创始人很可能对创新的价值估计过高，对收购之后没有把该项技术的潜力发挥出来感到失望。但是，出乎意料的是，作为收购方的大多数大企业也向我们表达了同样的观点。在采访大企业时，很多经理人懊悔地说，在对被收购的小公司进行整合的过程中，他们也许太过热情了，而他们的热情之火经常把这些小公司给烧死了。

我们拜访的普通制造业企业和依靠麻省理工学院研究成果成立的新创企业不同，它们没有什么翻天覆地的创新，进行的创新活动通常是渐进式的改良，或者是把为某些客户开发的特定技术进行用途革新。这些企业在这方面需要的资金和新创企业技术商业化需要的资金不可同日而语。但是我们发现，很多企业的创新项目都没有进行到底就半途而废了。这个现象让我们大惑不解，而解开这个谜题，就可能理解为什么绩效很好的企业也没有更快、更大规模地推出新产品。我们的抽样更集中于比较成功的中小型企业，这些企业在 2004 年到 2008 年间营收和员工人数都翻了一番。本书第 4 章的结论是，创新活动不能在这些企业更加流畅地进行，主要是因为发展所需的所有资源都只能从企业内部获取，而企业外部并没有什么支持它们的互补资源。它们在孤军奋战。

美国人一向看重自强、自立，但是今天美国制造业孤立无援的境地却是一个新现象。20 世纪 80 年代开始的企业架构重组大大减少了垂直一体化企业在美国制造业心脏地带的活动范围（见本书第 2 章）。随着企业架构的改变，这些大企业创造的公共资源大大减少了，也不再在工业生态系统中发挥连接作用。区域性的技术人才储备、稠密的供应商网络、职业学校、地方银行、工会、行业协会等公共资源都萎缩枯竭了。30 多年来，在大企业架构重组及低工资国家竞争的情况下，美国本就千疮百孔的工业生态系统已达到了危险的境地。我们在采访中一次又一次地听到幸存下来企业的担忧，当工业生态系统变得越来越单薄、脆弱时，如果现在这代供应商去世了或者是退休了，它们还能找到接替这代供应商的人吗？

这就是美国企业目前面临的困境。为了解决这些困境，我们带着研究团队来到德国和中国，去考察这些国家的企业是如何成功地把新产品、新流程带到市场中去的。

德国的制造业经济

德国的制造业在提供高工资职位、高度就业安全感、强劲的出口业绩这些方面，堪称发达国家的楷模。2010 年，德国制造业对 GDP 的增值贡献占比是 21%，且 22% 的就业人口受雇于制造业。同阶段相比，美国制造业对 GDP 的增值贡献占比是 13%，仅有不到 11% 的就业人口受雇于制造业。在美国和德国，制造业职位都在不断减少，但是在今天的德国，制造业就业人口在总就业人口中占比已接近 20%。德国制造业如此兴旺发达，并不是因为工资低，德国制造业工人的平均时薪比美国制造业工人高 66%。美国的制造业产品贸易逆差很大，2012 年 8 月至 10 月的逆差高达 417 亿美元，而德国在这方面的贸易是顺差的，2012 年 10 月的贸易顺差为 158 亿欧元。

德国制造业如此强劲自然有多方面的原因，专家们对此意见不一。对制造业在发达国家前途持怀疑态度的人，对德国的繁荣昌盛并不照单全收，他们说，德国表现那么好是因为作为欧元区的成员国之一，它的货币被低估了，而欧元区的其他成员国，比如希腊、西班牙、葡萄牙的出口能力就很弱，如果这些国家的货币独立且可以自由贬值的话，它们的货币估值要比欧元低得多。如果德国退出欧元区，或者欧元体系分崩离析了，新的独立的德国货币马克就会升值，这样德国出口商品的价格也会随之上涨。当我们讨论欧元是否为德国的出口起到了推波助澜的作用时，不要忘了，瑞典虽不是欧元区成员，但它的制造业出口也很强劲。

麦肯锡全球研究院于2012年出版了一份报告，对德国和美国制造业的差别进行了详细的分析。他们的研究包括了行业专长、国际收支余额、消费和储蓄行为、企业外判模式等。这份报告从不同的角度给这两个经济体做出了评价，但是，它没有告诉我们德国制造业是如何扛下了一个接一个的猛烈冲击的：20世纪90年代的两德统一、来自亚洲的竞争、2008年到2010年的金融危机，德国制造业都能够一次又一次地卷土重来。现在德国不但是一个出口大国，它的风能、太阳能等创新产业也朝气蓬勃、充满活力。但是，10多年前，德国的前途也不是很光明。20世纪90年代末，全球化让流动的资本和贸易冲开了各国的大门，德国面临着发展缓慢的困境，人口不再增长，过于慷慨的福利系统、提前退休的退休金以及可靠的工作安全系统也都让企业的成本居高不下。在这个竞争越来越激烈的全球经济下，德国制造业的前景黯淡。

2003年，著名的德国经济学家汉斯－维尔纳·辛恩（Hans-Werner Sinn）出版了《德国还有救吗？》（*Can Germany Be Saved?*）一书，他在书中预言，即使政治家们有足够的勇气来展开对经济、文化的深层改革，这些改革也要很多年才能出结果，而政治家们具备这种勇气的可能性是很小的。很多人都和辛恩一样悲观。但是，和这种负面的预测正好相反，德国政府展开了影响深远的劳动力市场改革。从2003年开始的改革给雇用合同增加了灵活性，并收紧了接受失业救济的条件。

这些改革的缺点是，新的劳动法加快了劳动力市场的两极分化，虽然“长期合同”享有岗位安全保障，但在新的劳动法下，企业随时可以引进固定期限合同工，这些工人的工资要低得多，也享受不到“长期合同”工人特有的岗位安全保障。2010 年，15% 的德国工人是固定期限合同工，他们主要是年轻工人、妇女和外国人。接受我们采访的德国制造业企业管理人告诉我们，在金融危机期间，这些“临时工”是最早被裁掉的，直到 2011 年才被重新聘请回来。

这些改革对经济的好处，在 2008 年到 2010 年的金融危机中充分地表现了出来了。当时用工单位和工人达成了协议，通过减少工人的工作时间来让工人继续工作，而不是把他们辞退。这些工人都是用工单位通过大量投资培养出来的，他们掌握着这家企业特别需要的宝贵技能，这样的安排让用工单位可以继续拥有这些工人。而对工人来说，这样的安排给了他们宝贵的工作安全感。接受安排的工人，还可以得到失业福利的补助作为工资以外的收入。在 2009 年的金融危机最高峰，大概有 150 万工人减少了工作时间。在 2008 年到 2010 年金融危机期间，其他西方国家的失业率急剧上升，而德国的就业率保持稳定，在 2008 年到 2009 年间，失业率只上升了 0.2%。

德国工程联合会对 500 家成员企业进行了调查，这些企业汇报说，在 2008 年到 2009 年间虽然订单量下降了 25%，但因为有了减少工作时间的安排，整体劳动力人口只减少了 5%。在调查中，回应的企业还指出了创新的重要性，认为企业应该以创新为中心，具体表现是，近年来工程学毕业的员工比例从原来的 9% 提高到了 17%。劳动市场改革带来的灵活性在金融危机以外的地方也体现出来了：在企业正常运作的过程中，需求有的时候高，有的时候低，而新的劳动法让企业可以根据需求来安排劳动力。在灵活的时间制度下，员工把在高峰期额外工作的时间积攒起来，在不忙的时候就可以把这些攒下来的时间用来休假。

劳动力市场改革在德国制造业限制成本上升方面起到了明显的作用，也缓解了金融危机对就业的冲击。劳动力市场改革让德国制造业企业可以向高附加值的产品线转移，为了争取新客户而向海外扩张，以及同时在德国保持高工资和高就业率，这都是非常重要的。不可否认的是，这些改革把德国制造业从原来的萎靡状态中拉了出来，但是却不能解释为什么德国和美国制造业的长期表现有如此大的区别，因为就算是改革了，德国的工资、社会福利、工作保障还是比美国的好得多。我们要在德国制造业结构中找到更深层的原因，来解释为什么不同行业的大小企业都能够在国际竞争中站稳脚跟，并不断在高质量、高附加值的产品和流程上创新。

我们把拜访过的德国和美国制造业企业进行比较，发现差别主要表现在三大方面：产权关系、创新的途径和所处的工业生态环境。

德国的商业模式

德国与美国制造业企业第一大差别表现在产权关系的不同。在德国，不管企业规模大小如何、在哪个行业，家族型企业的比例都要比美国高得多。即使是德国最大的 100 家企业，家族控制权也还是很重要的，这些企业在全球市场里运作，在国内外都有生产基地。过去几十年间，大家族集中控股的大企业比例稳定，都在 20% 左右。克里斯蒂娜·卢宾斯基（Christina Lubinski）对 310 家员工超过 250 人的企业进行了调查，发现一半是由家族控制的，其中 2/3 已经经过了至少一代人的传承。在小型企业中，家族控股则比比皆是。

家族控股在很多方面都很重要。我们在采访的过程中，德国的经理人再三强调，当家族决心把公司作为一个传承给后代的事业来管理，而且以公司所在地区为主要业务范围时，这种决心就可以让他们在进行研发项目时把眼光放远，计算一个项目的回报率时也可以用较长的年期来计算。我们看到很多这样的例子，其中一个就是 STIHL 公司，它生产的电锯和户外重型动力工具在世界上处于领先地位。公司总部和生产基地位于斯图加特附近的小镇魏布林根（Waiblingen），我们在那里采访了他们的总裁和工程主管。STIHL 公司在 2010

年的销售额是 23.6 亿欧元，89% 的产品销售到国外，但是约 1/3 的员工还在德国（11 310 名员工中，有 3 874 名在德国）。我们问他们为什么要做这样的安排，总裁回答说 STIHL 公司扎根在这个地区很久了，做一个好的企业公民、保护家族的盛誉对他们来说很重要。

STIHL 公司和德国很多其他家族企业一样，有着很强的文化准则和传统以及特色的商业模式，这种商业模式对财务和生产都有着不同于美国的安排，在这些多方面因素的共同作用下，德国制造业才能在剧烈的全球竞争中独善其身，蓬勃发展。德国企业更倾向于用自己的资金来进行发展，而美国公司一般很早就通过 IPO 上市了，它们的资金大多来自于股本和银行贷款。股票分析师看重的是每季度盈利，它在很大程度上左右着股价，因此德国企业由于不靠股市融资，故而不用过度看重每季度盈利这样的短期绩效指标。此外，政府政策也支持家族企业，比如德国遗产税对企业传承给予特权地位，让他们享受低一些的税率优惠。

家族控股对企业架构和策略的影响是非常大的。STIHL 公司的管理者告诉我们，公司发展的资金来自净利润而非银行贷款，这让他们能够把更多精力放在公司的长远发展上，在生产制造上对高质量的产品采用纵向整合的策略。公司的现金储备在市场表现不好的时候也能起到缓冲作用。当研究人员问他们，公司在 2008 年到 2010 年金融危机期间有没有受到来自银行的压力（我们在采访美国企业时经常听到这种抱怨），STIHL 公司的高管摇头说，公司不但可以抵抗经济冲击，也可以扛得住外部投资者对短期回报的要求。我们在采访其他德国企业时也听说过，当企业陷入低潮时，和本地银行关系是否密切就变得很重要。这种地方银行和当地企业之间的关系在美国就很少见，美国的地方银行多数被全国性的大银行并购了，这些大银行缺乏对社区的认识，也没有支持哪个社区发展的承诺，企业在这些银行里也找不到对他们的业务有所了解的业务代表。

STIHL 家族控股和财务自由更重要的表现是在对垂直一体化的支持上。STIHL 公司生产高质量的电锯和手提式户外电力工具，这些工具是给专业人士和自己动手型客户专用的。他们的产品比其他同类产品贵很多，但是因为这些工具非常可靠，销售服务也很好，客户愿意支付这样的价格。公司管理者说："如果你在深山老林里伐木时电锯坏了，你要开车把它送去修理点修好，这就意味着几天的功夫没有了。" STIHL 公司的客户愿意多付钱，是因为知道这个牌子的工具很少坏，即使坏了，公司也能保证卖这个工具的零售商就可以把它修好，而不用把工具送回工厂来修。这时 STIHL 公司在两个重要方面进行了垂直一体化：第一，它把高端专业工具的研发和生产整合在一起了；第二，它把零售也整合到企业内部了。

STIHL 公司的第一项整合是在研发方面，它把营业收入的很大一部分花在研发上。高管们说，要高效率地开展研发就要把研发活动集中到魏布林根，和他们最先进的专业工具生产设施放在一起。一把高性能的电锯有 130 到 200 个零部件，开发一把新电锯需要的时间和开发一辆汽车所用的时间一样长。STIHL 公司可能要花 2 到 4 年时间才能把一个新产品推向市场：一开始是产品构思，接下来是产品规格、草图设计、深化设计，然后是产品模拟、模具、测试，最后才到生产和市场投放。为了快速造好原型机，他们使用多种技术和科技手段来加快流程。在产品开发的早期和原型机制造期间，他们就不断地接受从生产制造部门发回来的反馈，以保证设计和生产是兼容的。开发过程中的各个步骤不但按照先后次序进行，很多步骤还会同时进行，这样以产品为中心的设计工程师就会和以生产制造为中心的生产工程师更多地进行交流。研发和生产部门互动反馈回来的信息还可以帮助他们改进模拟软件，不断调整模型。把研发部门设在生产部门旁边，才能不断地把创新产品引入市场。

STIHL 公司的第二项整合是在零售方面，这和它的竞争对手形成了鲜明的对比。STIHL 公司的产品只在经过自身认证的、能够提供维修服务的独立代理商那里出售，而不在大卖场销售。STIHL 公司认为只有通过这个代理商网络，才能给客户提供选择产品的建议、教客户使用、提供售后服务，而这一切都是工具销售不可缺少的一部分。我们在 STIHL 公司总部的墙上看到一张海报，上面写着："这台手提式鼓风机太强了，不适合在劳氏和家得宝销售。它为什么这么强呢？"这个问题的答案也写在上面了，那就是"产品背后有着独特的代理商服务"。STIHL 公司还把这些代理商当作整套产品的专卖店，把所有的产品都陈列在那里。为了满足客户对户外工具的要求，产品线必须是完整的，中间的缝隙再小也要堵上。STIHL 公司的负责人说，他们专门为收获橄榄生产了振动采果机，还生产了为做软木塞的树除去树皮的机器，这两个产品的市场都很小，但是却很重要。就这样，完整的产品线和优良的服务捆绑在每一件工具中，一起销售给客户。

和 STIHL 公司的垂直一体化商业模式并存的是它的全球化分销生产系统。STIHL 公司在德国、美国、中国、巴西、奥地利和瑞士都有生产设施。在 20 世纪 70 年代，设立这些生产设施主要是为了绕过进口壁垒和关税，而今天公司直接在外国投资的原因是，要利用当地的成本优势来使市场最大化。例如美国占 STIHL 公司全球市场的很大一部分，在美国出售的产品大多来自它在弗吉尼亚州弗吉尼亚比奇市的工程。"美国制造"对美国客户来说很重要，把厂房设在美国对于避免美元和欧元之间的货币风险也有帮助。STIHL 公司在美国的工厂员工总数超过了 1 900 人。

在我们拜访的很多德国企业里，管理者都说到他们把研发和生产制造集中在自己的工厂里，而竞争对手把这些功能分散在不同的地方进行，这两者的确有很大区别。

MAKING 制造业案例
IN AMERICA

克拉斯公司

克拉斯公司（Claas）是一个有 100 余年历史的家族控股型农用机械生产商，是欧洲生产联合收割机的龙头老大，我们拜访了西奥·弗莱伊（Theo Freye）博士，他是该公司高管委员会发言人，同时也是市场和策略负责人。

克拉斯公司在 2012 年的销售总额为 34 亿欧元，员工有 9 077 人。和 STIHL 公司一样，克拉斯公司在主要市场都有生产设施：美国奥马哈市、俄罗斯、印度和欧洲各国。最大的业务单元，包括谷物收割机生产、最先进的生产制造设施及主要的研发中心都在北莱因 – 威斯特伐利亚的哈瑟温克尔市。

弗莱伊博士告诉我们，他们一直致力于提高农用机械效率，将来在这方面贡献最大的会是电子控制系统和软件。说到创新这个话题，我们问道为什么克拉斯公司要把研发部设在靠近机械生产设施的地方。弗莱伊博士也同意产品周期和技术周期的关联性越来越小了，他也看到行业潮流是板块化式地把研发和生产设施分离开来。但是，克拉斯公司认为还是应该把这些部门放在一起。对此，弗莱伊博士的评论是：“如果你不再学习如何制造一个产品，你就放弃了学习从整个价值链中获取价值的机会。我们提供的产品数量很多，有一定的复杂性，需要和整个供应链一起管理，才能提高灵活性、保持竞争力。我们在匈牙利设了一家工厂，但是这家工厂的其他设施是紧密相连的，我们在那里也有研发部门。弹琴就要把键盘上的每个键都要弹到，这样我们才能掌握整条价值链。”他还给我们描述了公司里设计农用机械硬件的工程师和电子工程师解决问题的方法是多么不同。硬件的开发周期是 6 到 8 年，电子内容的开发周期则要短得多。这两类工程师的心态也不同，因为他们的成长背景不同，设计机器的工程师一般都是在农场长大的，从小就围着农机转。把这两类不同的人放在一起，让他们午餐也在一起吃，就能强迫他们调整自己的节奏。

德国的创新途径

工业研究经常指出，德国制造业的创新通常是对现有产品和流程的渐进式改进，而不是创造出全新的产品和业务线，这一点美国做得更好。苹果公司的 iPod、Facebook、针对个人基因组量身定制的药物等都不可能出自德国，但是新一代的高端固定设备、宝马和奔驰那样精心设计的豪华轿车、高性能纺织品就更可能由德国工厂来制造。这些差别和两种工业的专长有关，因为卖给企业的产品和服务开发周期要长些，卖给消费者的产品和服务开发周期要短些。这些差别也反映了商业模式的不同，支持德国企业的资本对短期回报的要求没有那么高，因此企业的管理层才能投资开发周期长的项目。

渐进式的创新需要用到员工队伍中长期积累起来的复杂技能，因为很多对产品改进的想法都是通过在实际操作过程中对生产过程的直接观察得来的。就拿专门生产自动化设备的德国帝目公司（Teamtechnik）来说，在大量生产光伏纤维的机器之前，头几台机器花了好几周的时间才组装好。参加组装的工人都有“技术工人”的认证，他们对设计是否和生产制造相容、如何提高材料的使用效率等方面能给予有效的反馈，改进后只要一天就可以生产一台机器了。德国工人从实际生产操作中学习的能力很强，一方面是因为他们刚开始工作时有较长时间的员工培训期和学徒期，另一方面是因为企业大量投资在提高工人的技能上。这些年来，上大学的人多了，但是毕业生对学徒培训的需求保持稳定。过去 20 多年来，完成学徒期的时间一直在增加，现在一般要三年才能完成。这种工人培训方式和美国截然不同。20 世纪 80 年代,《美国制造》一书的调查研究就表明，那时美国企业对工人培训的投入就比德国企业的少。之后，垂直一体化的企业架构被打破了，终身雇用的职业阶梯也消失了，本来就少得可怜的员工培训也被削减了。现在，美国企业在需要新技术、新技能时，通常是到劳动力市场去引进新员工，而不是对在岗工人进行再培训。

美国制造业善于推出突破性的创新，德国制造业善于推出渐进式的创新，这种比较虽然由来已久，却突显了两国之间在很多重要方面存在的差异。但是，当我们说到德国优势是渐进式的创新时，却没有看到德国企业如何运用这种渐进式的创新能力来创造全新的产业。研究人员在德国看到的是，一家又一家的企业把重要的技术进行用途革新，来开发出全新的产品和服务。

一家德国企业起初只是半导体工业的仪器供应商，专门生产湿式化学过程的机器。他们的一个老客户从生产半导体转行到生产太阳能电池，在生产过程中遇到了困难，向他们求助。在帮助客户的过程中，他们意识到，不加改变就可以把湿式化学技术这个核心优势转用到生产太阳能电池机器上来，用这种方法生产出来机器的质量比现有标准要求的要高很多。一开始，这只是把原有的技术从一个领域转移到另一个领域，看起来是很简单的一件事情。但是，随着太阳能电池迎来了突飞猛进的发展，这家公司需要要把产量提高 10 倍，于是又需要创造一个全新的生产流程。由于组装过程过于复杂，为了多、快、好、省地生产，他们要控制整条价值链，从设计到生产一手抓。他们先把标准机器造好，客户可以根据需要在这个基础上再加选项。他们把机器搬到客户的车间，在那里进行调试、优化，这往往要花上几个月的功夫；与此同时，设计工程师在旁边观察机器的表现，随时进行修改。他们把这些渐进式的改进集中起来，每年推出一个进行了改进的新系列；每三年，他们会推出一整套重新设计的新产品线，而这套产品的大规模生产又会带来一整套新的挑战。

VEM 公司是德国第二大发电机生产商，专门生产旋转式发电机，在 20 世纪 90 年代，公司决定放弃造船业务。它凭借着原来的技术力量开展了风电涡轮机生产的新业务，现在这个位于德累斯顿（Dresden）的公司有一半的营业收入来自风电设备。艾柯夫公司（Eickhoff）制造风能变速箱。这家公司在 19 世纪中期成立时是一个金属铸造商，现在生产中还用到它专有的铸造技术，这是它的竞争优势。有一家生产机器人的企业，是从汽车工业起家的，专门生产制造汽车玻璃涂料的机床，现在它把原有的技术进行用途革新，跨入了太阳能光伏行业。这家公司刚开始时就掌握了原有行业的核心技术，再把这种技术革新了，移植到一个崭新的行业里。太阳能模板的客户对产品线的结构和尺寸要求都不一样，于是这家机器制造商最终生产的几乎都是量身定制的产品。这也是一家内部高度整合的企业，生产制造都在企业内部进行。这家企业研发部紧挨着生产车间。机器还在生产过程中，客户就来检查。工程师带着机器一起来到客户的工厂，把机器安装好，在这个过程中，还要保证机器和客户的生产设施是相容的，如果不是，还要随时修改。今天，这家企业的营业收入一半来自原来的汽车工业，一半来自太阳能产业。

我们还拜访了其他原来做汽车配件的企业，这些企业也革新了技术，进入了再生能源行业。

帝目公司

帝目公司原来专门制造实施弹性生产计划所需的自动化系统。企业在 1976 年创立，主要客户都是汽车制造商。斯蒂芬·洛斯考夫（Stefan Rosskopf）是公司的第二代主管，他觉得公司应该进行多元化生产，减少对汽车行业的依赖。洛斯考夫回忆当时认为最理想的情况是，开发新产品所需技术的 70% 来自公司现有的知识储备，30% 要靠创新。他意识到原有的技术在风能和太阳热能行业中用不上。他看到很多半导体企业已经打入了太阳能电池行业，而他们原有的技术和这个行业的相关性很强，有很强的遗留技术可以利用。但是，太阳能电池组件几乎没有自动化生产，对大型生产设备的需求非常大。因此，帝目公司花了两年的时间来建造制造太阳能组件的机器。最后，新机器的生产过程中有 70% 的技术是从汽车行业转移过来的。公司在红外线和激光焊接方面做了创新，还把原来实施的几个步骤合并起来，把熔化了的液体喷到电池上，这应该也算是创新。

洛斯考夫说，他们从汽车行业转移过来的知识是新行业技术开发中使用到的珍贵资源，在组装和测试阀方面的作用很大。在开发新产品线的过程中，他们和新的供应商展开了合作，从中学到了不少东西。他还提到了和费斯托公司的合作，这是我们拜访过的一家自动化装置生产商。洛斯考夫说：“他们很擅长开发解决方案。我们跟他们说，这里有个零件需要从 A 点挪到 B 点，零件很容易碎。这个挪动过程要在两秒时间内完成。费斯托公司就在路那头，他们的人就过来和我们一起研究，一起看看我们需要从他们那里拿什么零件。他们真是帮了大忙了。”

一些客户要帝目公司帮他们制造一台生产某个零部件的机器，这些客户经常在这个零部件还没有完全开发好的情况下就让帝目公司开始设计机器了，因此多次修改是不可避免的。但是，洛斯考夫说，一定要这么做才行，要不然客户要花几年功夫才能开发好一个变速箱，帝目公司又要再花几年来开发组装变速箱的机器，那样生产周期就太长了。所以，这些流程要同时进行。帝目公司通常要花上一到两年时间才能把原型机交给客户。原型机是三类工程师共同合作的结果：机械工程师、电机工程师和软件工程师。就像克拉斯公司那样，每一类工程师都有自己的节奏和独特的行事作风，把他们聚在一起，才能让他们同步。

洛斯考夫说，他想象不出如果研发部不紧挨着生产设施会是什么样的情形，因为这些机器不可能只靠模拟或者是在电脑上就能设计出来。计算机辅助设计之类的软件模拟不出这些机器的状况，比如机器的表面盖着一层油的时候，会给材料带来怎样的摩擦力和压力。软件也模拟不出，当焊接温度和压力不同时，电池之间连接的稳定性会如何。帝目公司还咨询了弗劳恩霍夫研究所和几家大学实验室，这些机构的负责人说用模拟来解决这个问题太贵也太不精确了。他们现在的做法是，先把机器造出来，进行测试，再根据测试结果对各项参数指标进行改动，然后再试一次。他们的工程师有多年实战经验，上大学之前都当过学徒，所以都有动手能力。哪个方法行得通，哪个方法行不通，很多都是大家心照不宣的共识，这也是这些工程师跨入这个行业的原因，因为在这里他们可以用上现有的知识，把这些知识和创新相结合就能创造出一条新的业务线。

当海外有大市场时，企业必须在那个地方建生产设施，即便那里的成本并不低也在所不惜。生产设施在那里，对建立和客户的关系很重要，同时也表示企业对那个市场是重视的，愿意在那里长期发展。如果组装系统是为客户量身定制的，则工程师和生产技术员就都要在场，这是从波兰和中国的经历中学到的。在有些海外市场，企业在当地找不到质量过关的零部件，就要为此生产标准配件。但是，如果企业想继续推出创新产品的话，研发部就一定要在德国本土。

德国的创新以传统为基础：工业专门化生产、和客户的长期关系、员工队伍的技术专长、具有不同能力的供应商、和供应商同处一地等。这种德国模式让企业面对低成本竞争时，能够保有自己的缝隙市场，但这种渐进式改良的创新模式优势远不止这些。新的业务线因此百花齐放，不过和美国的情形不同，新的业务线并不以新创企业的形式来呈现，而是将原有能力改造、革新运用到新的领域建立起来的。我们拜访的这些德国企业开发出全新的业务线，从汽车行业跨入了太阳能行业，从半导体行业进入了太阳能电池行业，从机械制造转为生产医疗器械。顺着这些企业的发展轨迹寻踪觅迹，我们找到了创新，更找到了创新的商业化。在美国，我们见到的普通制造业企业，通常只能依靠自己内部的人力和物力来进行创新市场化；但在德国情况就不同了，企业不但可以利用自己的传统资源，所处的工业生态环境也为其提供了丰富多样的互补资源。德国大部分地区的工业生态环境资源稠密，就像肥沃的土地一样滋养着他们的企业；相比之下，美国除了硅谷、马萨诸塞州的坎布里奇、洛利杜罕都会区，以及其他几个得天独厚的热点地带以外，其他地方的工业生态环境是贫瘠的，资源也在不断萎缩。不把两者进行比较，就不能理解这两个国家的制造业的命运为何如此不同。

德国的工业生态环境

PIE 委员会的研究人员拜访的德国企业所开发的技术和美国企业正在开发的技术有相似之处，但是所处的工业环境则截然不同。生态环境就是企业外部的区域性资源和关系网，企业可以利用这些资源和关系网来发展业务，利用这些资源来把创新推向市场。工业生态环境中的互补资源，有些是供应商提供的。PIE 委员会的研究人员在采访德国企业时，常听到管理人员说，在想要开发一个新构想时，他们经常走到街道的另一头去问供应商：你能做这个东西吗？这些企业经常提到，供应商通过和多个行业的企业合作掌握了很多新技术，它们可以在供应商那儿学到很多新东西。在美国，我们采访基瓦系统公司、QD Vision 公司和阿姆布里公司时，它们的负责人也说过，能够就近找到合适的供应商，对取得创新市场化的早期成功特别重要。但是，很多美国企业都说，它们很担心不能在附近找到合适的供应商，即使找到了，也担心这些供应商能否适应更复杂的定制要求，有时候还要担心供应商是否能够生存下去，德国企业则没有这些焦虑感。

在德国，有很多机构为企业提供对内部资源起到补充作用的资源，本章对这些机构已有所描述，它们是地方及区域性银行和双轨制教育系统。但是，在德国还有一个特别突出的现象，那就是专门为辅助企业创新而设立的各种机构几乎无处不在，这使得培植企业创新的土壤更为肥沃。这些机构包括行业协会、行业集体研究公会、行业研究中心和协会、弗劳恩霍夫研究所、大学和行业合作计划、技术咨询委员会等。在美国的几个州，PIE 委员会的研究人员也找到了这类机构，并把这些例子陈列了出来。但在德国，这类机构的数量之多、分布的密度之高、帮助企业解决问题的范围之广，在美国是无法想象的。有人对德国在 2003 年到 2005 年间进行的 744 个行业集体研究项目进行了调查，发现参与到这些项目中的机构有 293 个之多。

政府通过这些机构发挥了促进科技发展的作用，因为这些机构提供的科技发展项目是由行业和政府共同资助的。德国没有研发税务优惠。在默克尔总理领导的联合政府中，有一部分人想要采用这种税务优惠，但是另一部分人持反对意见，原因是担心税务优惠会取代现行的财务安排，使得政府不能通过对这些机构进行财政拨款的方式和行业一起为创新出力。政府在这方面的支出不是很高。以 2008 年为例，工业集体研究网络得到的德国政府资助是 12 300 万欧元，私营企业支付了这项计划 85% 的费用。我们采访的企业接受政府资助的程度各有不同，一家参与了测量方面的集体研究计划的企业，20% 的研发开支是政府给的，另一家企业参加了光伏方面的研究，得到了 50% 的政府资助。

即使是政府出资占总费用比例最高的企业也指出，参加这些合作项目的最大好处不在政府资助本身，而是通过这些合作得出的成果。政府在这里起到了一个召集者的作用，政府资助只是用来鼓励合作的甜头，研发成本的降低只是企业获得的回报中很小的一部分。光伏产业集群地德国太阳谷从政府那里拿到了 4 000 万欧元经费，用于一个为期 5 年的市电同价研究项目，光伏行业协会也为这个项目拿出了 4 000 万欧元。这个项目把大学、研究机构和企业召集在一起。参与了这个项目的一位企业高管描述了他的经历：

> 当然，整个项目并不是一帆风顺的。经过一段时间后，大家才能互相理解、互相信任。竞争还是很激烈的，合作来之不易。但是，过了一段时间之后，事情慢慢顺利起来。合作伙伴是自己挑的，构想也是集思广益得来的。
>
> 光靠自己，永远也产生不了那么多构想，更重要的是，就算产生了这么多构想，企业自己也测试不过来，这样就不会知道哪些构想是有前途的，哪些是行不通的。如果企业不参与这些研究项目，只靠自己内部的研发力量，就会失去这些机会。保持竞争能力确实很重要，但是在这个项目中共同测试的东西，起码要多花三四年的工夫才能进入大规模生产阶段，所以我们也没有就具体产品进行合作。如果我们因为参与了这个项目而减少了一年的开发时间，那这个项目就是很成功的，因为它帮助我们走在了国际竞争对手前面。企业要明白，真正的竞争对手不在集群地里，而是在外国，特别是在东亚国家。

他还说，德国政府对太阳谷的投入与中国政府对光伏产业的投入相比，一定差远了，中国通过低地价、银行贷款和补贴对这个行业提供了大量的支持。为了把政府经费用在刀刃上，德国成立了“Projekttraeger”项目管理计划，帮助政府把经费有针对性地投入到对未来经济有重大影响的领域。政府决定哪些行业是重点产业，然后把经费和管理权交给有专业审批人的独立机构来进行。

经费可用来鼓励某个行业聚集到一个地区，但是使用经费的具体活动必须是还没有对企业竞争力起到直接作用的。就拿医疗器械行业来说，经费可以支持科研机构和企业一起开发另一类型的助听器技术，但是不能用来开发一个新的助听器。非直接竞争性的开发项目和商业化的开发项目之间的界线很多时候都很模糊，但是欧盟禁止给企业直接提供补贴的这个规定有助于界线的划分。

支持企业创新并把创新商业化的机构通过多种方式发挥作用。这些机构把信息传播到中小型企业，如果没有它们的帮助，企业很难获得这些信息。它们把企业召集到研究公会里来，共同制定新的科技蓝图，合作开展这方面的前期研究工作。它们为整个产品准备好设备和设施，让财力、物力不足以购置这些东西的企业也能用上。它们还通过竞标的形式分配政府经费。以太阳谷这个集群地为例，这些机构与位于哈雷和伊尔梅瑙地区的大学建立了紧密的合作关系，通过给某个教授提供研究经费、给与产业有关的学位课程提供资助等方式推动基础研究，为整个产业服务。总的来说，这些机构降低了创新的成本和风险，把各方面的专长结合在一起进行创新，提高了创新成果真正开花结果的可能性。

中国的创新商品化

虽然中国工业在过去 30 多年里异军突起，取得了惊人的成就，但在把中国工业产能和德国工业产能进行比较时，我们都不会急着去寻找它们之间的相似之处。中国经济为什么能够如此腾飞？出口贸易在其中又扮演什么角色？对于这样的问题我们有一套标准答案，在德国问同样的问题也会有一套标准答案，这两套答案是截然不同的，过去不同，现在也不同。中国经济飞速发展的原因在于低工资劳动力，以及外国直接投资者带来的资本和出口经验。在这个过程中，政府扮演积极推进的角色，给企业创造了一个稳定的政治环境，提供了价格低廉的土地、银行贷款，并通过货币管制让货币价值低估。这一切都建立在中国庞大的人口基础上，这里有着取之不尽的廉价劳动力，以及10多亿消费者组成的庞大市场，真是投资者的天堂。不同的中国问题专家对以上各个因素在过去30多年间扮演的角色大小持不同意见，但是大家都同意，中国经济是在以上基本因素的相互作用下起飞的。

以上都是老生常谈了，但在过去10多年间，中国制造业出现了令人瞩目的新现象，涌现了一批创新能力非凡的企业。中国的制造业就像德国的一样，有好多家高科技企业已经掌握了复杂产品、流程的商业化过程，这些企业分布在风能、太阳能、医疗器械和电池等行业，这些行业的商业化通常需要大量的资本，但是这些企业能够降低资本成本，加快产品投放市场的速度，创造出全新的产品来。即使是在高科技产业，传统的生产要素成本还是很重要的。虽然中国工人工资的增长速度比生产力增长速度快得多，但相对于西方国家，他们的工资还是低的，在高科技产业也是如此。苹果的主要供应商富士康，以低廉的价格推出一代又一代的苹果产品——iPod、iPhone、iPad，速度之快令人目不暇接，这种看似神奇的能力是建立在雇用和管理一大批低工资工人的基础之上的。

单纯的低成本劳动力并不能解释中国企业在风能、太阳能、医疗器械、电池等高科技产业展示出来的创新能力，它们把创新商品化的生产制造部分变成了价值创造的肥沃土壤。PIE委员会的研究人员也知道，在中国最成功的几家再生能源企业中，高端工程师的工资并不比西方的低多少，工资差别其实是在层次较低的技术员那里开始拉大的。以晶澳太阳能公司为例，这家在纳斯达克上市的私营企业位于上海，是全球最大的太阳能电池生产商，该公司的总裁告诉我们，公司副总裁以上的高级管理层都是从美国、澳大利亚、欧洲学成归来的工程学博士，他们的工资和西方同等学历、同等职位的人是相当的。在晶澳公司整个管理架构中，海归和国内培养的工程师在工资上也已经没有什么差别了。

这个例子告诉我们，中国企业能够在生产制造过程中把创新能力发展起来，并不是因为它们有劳动力成本优势，而是因为它们能够很好地把先进的产品设计和复杂的生产要求结合起来，而认识到这一点非常重要。和我们在德国观察到的一样，这些中国企业把生产制造过程中积累的经验变成了创新的知识。有些企业利用这些知识来将原有的生产流程大变身，彻底改变了现有的产品设计，另外一些企业则利用这些知识来创造出全新的产品和零部件。

丹·布莱兹尼茨（Dan Breznitz）和迈克尔·默夫里（Michael Murphree）在他们合著的《红色皇后的奔跑》（*Run of the Red Queen*）中讲述了中国企业能够很快地把最新技术融会贯通，变成产品和解决方案，它们在这些方面表现出非凡的创新能力，但并不开展开辟新领域的创新活动。它们就像刘易斯·卡罗尔笔下的红色皇后，一直在为追赶最先进的技术而奔跑，要跟上最新技术的脚步，不但需要速度，还需要决心、睿智和捷径。

中国企业在竞争中展现了独特的技能，这种技能是在很多因素的共同作用下形成的：给它们订单的产品设计师可能没有生产制造经验，根本不可能直接按照给出的图纸进行生产，于是中国工程师需要在这个基础上重新进行设计，而重新设计的过程就是一个很好的学习过程；发明产品的人原来想用的原材料可能非常昂贵，但这些中国制造商能够找到比较便宜的原材料，这也是发展技能的过程；中国企业还有把连续几代产品推向市场的实干经验；它们还身处于一个富饶的工业生态环境，这里到处都是能力过硬的供应商，一下子就能把制造商需要的零部件量身做好。像富士康这样的企业，一开始可能是靠低价拿到了西方订单，这当然得归功于几十万名容易管理的低工资工人，但时至今日，它的地位已稳如磐石，这是因为它的周围集结了一个稠密的供应商网络。一名《纽约时报》记者对苹果公司在中国生产 iPhone、iPad 和 iPod 这种现象进行了报道，当被问到为什么一定要在中国生产时，苹果公司的一名管理人员回答说：“现在整条供应链都在中国了。你需要 1 000 个橡胶垫圈？生产垫圈的工厂就在隔壁。你说你要 100 万枚螺丝钉？生产螺丝钉的工厂就隔着一个街口。你说你需要的螺丝钉要和标准件稍有不同？那就多等 3 个小时。”

富士康公司产品创新的能力出类拔萃、非同凡响，是因为它能够把几十家分包商的经验和技能集结在一起，而这些分包商都是生产复杂新产品的行家。中国工人的工资在涨，但在竞争苹果、惠普这些创新型设计公司的订单时，富士康还是有绝对优势的，因为它在这个富饶的工业生态环境中占据着控制地位，因此能够给这些设计型企业提供一整套的生产资料，把需要高超生产技能的复杂产品以相对低的成本很快地生产出来。

这个工业生态环境不但使得富士康之类的企业可以为它们的美国大客户提供全新的创新商品化服务，以及富于创造性的生产制造流程，它还有一套能够吸引外国新创企业的基础设施。在上海郊外一个灰色的、千篇一律的商务园区里，我们遇到了一群来自硅谷的工程师，他们来到这里要把一种新型的太阳能电池商业化，这种太阳能电池使用的技术和现存技术大相径庭，提供的效率和使用现存技术的电池相似，但是它使用的材料却要便宜得多。把这群工程师吸引到这里的当然离不开通常的税务优惠、各种好处还有简捷的审批过程，这些因素让他们很容易就能在中国建立起生产设施并动工生产。但是，这家企业的总裁却说，以上因素并不是他们离开加利福尼亚的主要原因，最主要的原因是，在这里他被各种各样的供应商包围着，专门从事创新商业化和大规模生产的技术人才比比皆是。

> 整条供应链都在这里，我们需要的东西都可以在附近买到。从当地供应商那里买生产设备也很容易，而且这里有那么多太阳能企业，这就意味着我们还可以买二手设备，这样整个运营成本就大大降低了。我们在当地招聘的研发工程师还知道怎样把便宜的仪器进行重新设计和调试，让这些仪器符合新电池的生产要求。

这些创新生产因素使得中国企业在许多产业里都成了不少西方企业不可或缺的合作伙伴，这些企业有正走在创新商业化道路上的新创企业，也有根基稳固但是去掉了内部生产能力的大企业。当然，在我们举的例子中，中国企业新获得的创新能力都不是吸引这些西方企业的唯一因素。PIE 委员会对新创企业发展轨迹的研究表明，美国发明家和中国企业的关系最初都建立在金钱上，中国企业有财力，也愿意把大量的资本投入到商业化过程的后期阶段，而这一阶段需要进行厂房、设备等投资，需要的资本量很大。波士顿电力公司（Boston Power）是一个为电动汽车生产电池的先驱，它从中国政府那里拿到了 15 500 万美元经费，又有私人企业在上海给它建了一个工厂。巨点能源公司（Great Point Energy）在马萨诸塞州的坎布里奇创立，已经有 7 年历史了，中国政府花了 102 500 万美元给它建了第一个商业规模的工厂，设在中国的西部边疆，这个工厂把煤制成天然气。这个项目的投资者是万向公司，这家公司还购买了 A123 公司的专利，A123 曾经是另一家位于马萨诸塞州的新创企业，后来由于不能成功地将创新商业化而破产了。

虽然这些关系都从金钱开始，中国政府或私营企业能够提供创新者在别的地方找不到的经济支持，但创新者和中国战略投资者的关系是随着商业化进程不断发展的，决定关系如何发展的就不仅仅是金钱了。中国市场不断扩大，增长速度惊人，这些关系也随之演变。以能源产业为例，西方对能源的需求量是不变的，市场上的供应商稳定，没有什么引进新能源的动力，而中国对能源需求的增长是爆炸式的。如果不是有烟尘排放税，西方很少会有投资新能源的动力，像新能源补贴政策这样少数几项鼓励性政策，很可能在下一个政策周期就消失了。而且，现在天然气产业在美国取得了这么大的成功，美国的公共事业企业就更不会在再生能源上进行大规模投资了。于是，在这种情况下，把产品卖到中国去，对这些新创企业来说就很有吸引力了，它们更有理由与资金充沛的中国企业合作。消费者电子产品、光伏电池和组件生产等产业的主要客户还在西方，但从事这些产业的美国、欧洲新创企业从 2005 年开始，也纷纷投入中国合作伙伴的怀抱。中国企业在知识密集型产品市场化方面的专长，在这种关系中扮演着越来越重要的角色。

PIE 委员会的研究人员通过研究这些生产能力的演变过程，便可以有机会观察到在生产过程中的创新活动是如何创造价值的，这是一个独一无二的机会。我们观察了各行各业的企业，有些属于我们称为成熟商品的产业，有些属于再生能源那样的新兴行业，有些则是在制造业，还有些是给客户提供流程，从这些不同的企业中，研究人员总结出以下三种创新形式：

◎ 对成熟产品进行逆向工程和再设计。
◎ 把设计变成全新的产品或流程。
◎ 土生土长的创新。

中国式创新：对成熟产品进行逆向工程和再设计

中国企业和凭借工业化起飞的韩国企业一样，对现有产品进行逆向工程这门艺术非常精通。逆向工程后，它们能够把产品更快地以更低的成本制造出来，而且产品的质量也还可以。经过这个过程生产出来的产品和原来的产品很相似，功能差不多一样，但是零配件简化了，材料成本也降低了，产品设计经过修改后使得产品更容易生产了。

中国企业能够将现有设计和零部件结合起来，以较低价格生产制造出原来昂贵的设备，这种能力对美国企业来说是非常宝贵的。我们在中国的中西部采访一家金属加工企业时，看到了一个由 5 名中国技术员组成的团队正在安装一台巨大的亚威单柱塞折弯机。有了这台机器，一家美国企业就能够生产长达 18 米的管子、起重机吊杆或输电线杆了。现在这家美国企业也能生产这样的零件，但是每次要 15 个工人一起工作才行，而有了这台机器，每次只要 4 个工人就可以了。这家企业现在员工人数为 200 人，业务发展很快，预计在将来一段时间每年都要新增 30 到 40 名工人。这台机器是在中国河北省量身定制的，在荷兰设计的，主要零件是从德国和日本进口的。这台折弯机最大的价值来自中国，购买该折弯机的美国企业的总裁说，因为中国企业"具有把全球能力拼凑在一起的才能"。他还说："如果中国企业能够独立制造出我们刚刚从他们那里买的这台机器，我们这些美国企业的麻烦就大了。"不管这个总裁的意见是否正确，中国的制造能力的确让美国企业能够买得起昂贵的新设备，推进业务发展。

PIE 委员会的研究人员在中国进行的采访让我们看到了西方高科技企业和中国制造企业脚踏实地、齐心协力的合作，这使得中国企业的创新生产能力从无到有，从有到精，逐步发展起来。以风能行业为例，PIE 委员会的研究人员拜访了一家中国企业，这家企业从德国风力发电机供应商那里获得了一个发电机的生产许可。这个发电机设计是最先进的，世界各地几千个风力发电机都运用了这个设计，但是这个设计和市场上性价比最高的扇形机不相容。德国工程师解决不了这个问题，于是这家中国企业把得到许可的发电机进行了重新设计，这样发电机就可以安在比较便宜的扇形机上了。中国企业拿到了这项创新的许可权，根据生产许可权协议，持有原来设计许可权的德国企业可以按照新的设计生产发电机。中国企业的逆向工程能力能够生产出一个替代产品，德国企业承认这个创新的价值，并给中国企业支付了逆向工程许可权费用。

在上面这个例子中，中国企业在签订了合同的情况下和西方企业进行合作，但在有些情况下，中国企业会和西方企业进行正面竞争。它们从外国供应商那里购买主要零件，拿到了技术使用许可，有时甚至把小型竞争对手直接并购了。然后，它们使用便宜一些的原材料，简化生产设计，融入中国生产的零件，这样就能够把产品价格下调。由于具备了这样的能力，它们生产的 4 500 元 / 瓦特的模型风力发电机的售价只有外国竞争对手最低售价的 75%。

外国风能企业也注意到这种能力了。我们拜访过的一家欧洲风力发电机制造商甚至在中国设立了一整条供应链，从中国竞争对手那里挖工程师，挖过来的工程师会告诉他们制造商用什么材料来取代昂贵的原材料，以及在哪里可以买到这些替代品，这些工程师还可以重新设计欧洲版产品，加快这些产品的商品化，使之更适合大规模生产。经过一番努力，这家欧洲企业的最后成本也和中国竞争对手的差不多了，但这时市场已经变了，客户需要更大功率的风力发电机。这时，中国企业在降低成本的同时，又能够对快速发展的市场需求做出反应，现在推出的风力发电机不但比欧洲公司的便宜，还比它的功率大。

在这个例子中，我们看到了速度和低成本一样关键。中国企业的速度优势很大程度上归功于在可行性设计测试中使用的“摸着石头过河”的即兴方法，这种方法把速度和成本放在首位，不拘泥于正规的阶段、关卡过程和标准程序。一家外国风能发电机生产商在中国分公司的主管不得不承认，如果他把公司最新、最先进的风力发电机带到中国来，这台发电机在技术和价格上也竞争不过中国生产的，即使外国生产的发电机比中国生产的更加可靠。

中国式创新：把设计变成全新的产品或流程

分析师们经常用产品周期理论来解释各种企业活动在发达国家和发展中国家的分布。这套理论最初是由雷蒙德·弗农（Raymond Vernon）在1966年推出，近年来皮萨诺和威利·史又对它进行了重新表述。把新产品的早期生产和成熟产品的生产过程区分开来，其中早期生产过程包括产品从实验室到原型机再到大规模商品化的复杂过程。这种早期生产的复杂性就成了将这些活动转移到海外的天然屏障。只有当生产过程成熟，对它全面理解，并进行了标准化和程序化后，才能把这个生产过程转移到工程设计能力不那么先进的国家去，因为那里的生产成本要低一些。

PIE 委员会的研究人员发现，这套生产周期理论在中国行不通，解释不了很多西方新创企业和中国合作方之间的关系。现在，美国和欧洲企业经常是手里拿着一个设计就来中国了，完全依靠中国企业的专业知识来完成整个商业化过程。有时候，这些外国企业本身没有任何生产能力，有时候它们现有的生产能力不能以市场能够接受的价格生产出这个产品，或者是商业化需要的资本之大、设备之昂贵让它们望而却步。就像《波士顿环球报》报道的那样，巨点能源公司已经拿到了 15 500 万美元的风险投资，但是要通过催化氢化反应，而不是原来合成燃料生产中使用的热力过程，来把碳化合物原材料变成管道煤气质量的甲烷，还要投入更多的资金。这种新的煤炭使用方法和其他方法相比，对环境的影响要小一些，成本也低一些，低质量的煤也可以用来制造煤气，还可以把煤炭中的二氧化碳隔离出来，另作使用。但是，当前在美国，水力压裂采油法风行一时，天然气生产进入了新高潮，因此美国公共事业企业对煤炭汽化新技术不那么感兴趣。中国不但有愿意掏腰包的大投资者和巨大的能源需求，还有能够大大缩短投产时间和降低成本的技术实力。

PIE 委员会的研究人员知道，虽然巨点能源公司的前期设计工作是在美国做的，但它也在中国合作方那里找到了宝贵的设计专长和知识，可以和中国合作方一起把新技术建成一个在商业上可行的项目。在煤炭气化的项目里，进行气化的基本技术只占总成本的 10%~15%。其余的设备才是大头，且开发期长，需要很多参与者的配合。公司先要引进一个全球化的设计团队来对整个厂房进行设计，因为整套气化设备就要安装在厂房里。负责建设厂房的各工程承包商要紧密合作，整个工程才能顺利完工。此外，他们还要决定如何对设计团队给他们的图纸进行修改，才能使建设工程各方面衔接有序，降低成本，以便用建设专长来提高基本技术的性能。建设过程需要利用多方面的知识，包括技术发明者的技术设计能力、工程建设公司的项目管理能力、厂房建好后的生产制造能力以及厂房投入生产后对技术的不断改进，缺一样都不行。中国现在在建的气化工厂为数不少，未来 10 年还会建更多，因此要进入这一行业的企业就必须掌握这些逐步积累起来的知识。巨点能源公司让它的技术在中国西部沙漠里落地生根，这真是中西方创新能力结合的典范。这可不是把成熟的营运过程搬到发展中国家，而是全新的技术第一次商业化就在发展中国家进行。

通过技术许可协议进行技术转让的合作关系，也能使合作双方在创新技术商业化方面建立起像上面例子中的合作关系，这种关系都符合产品周期对新技术从发达国家转移到发展中国家的预期。

MAKING 制造业案例 IN AMERICA

Vensys 公司

Vensys 公司是一家生产风能发电机的德国制造商，它是在 2000 年从一个地方大学的实验室剥离出来的。Vensys 公司发明了一种无传动装置的“直接驱动”型风能发电机，这种发电机根本就不需要变速箱，变速箱是整套设备里造价、保养费用最高的零部件之一，而且还出了名地容易发生故障。Vensys 公司的风力发电机使用的生成器与众不同，它能够把叶片的旋转直接传送到生成器上，中间不用经过变速箱的传动。

Vensys 公司找不到生产设施所需的大量资金，也没有新技术商品化和大规模生产方面的经验，只能把核心技术通过技术许可协议转让给世界各地的企业。2003 年，中国金风科技公司也拿到了技术许可。此后，Vensys 公司和中国合作方进行了风能发电机技术优化、制造设计调整方面的合作，一开始改进的对象是 1.5 兆瓦的发电机，后来又对功率更大的发电机进行了改造。德国的设计工程师和中国生产工程师建立了良好的合作关系，合作双方都从这种关系中获益匪浅，2008 年，Vensys 公司决定把 70% 的股权卖给金风科技公司。当时，对 Vensys 公司股权感兴趣的不止金风一家，还有出价更高的，但是 Vensys 公司选择了金风科技公司，因为它的生产能力及创新生产特长是 Vensys 公司风能发电机在未来发展中必不可少的。

2009 年，金风科技公司在中国生产了 1 000 台 Vensys 风能发电机；2012 年，Vensys 公司的“直接驱动型”风能发电机在中国的发电量是 12 000 万兆瓦，在德国只有 70 万兆瓦。Vensys 公司的基础研究开发功能继续留在德国，和 2007 年相比，它的德国员工人数已经翻了 3 番；降低成本、可制造性、技术优化等方面的设计改动都在中国进行，双方合作在生产设施附近建立了研发中心。

中国式创新：产品创新本土化

PIE 委员会的研究人员发现，中国企业在生产制造过程中积累了大量的经验，这些经验转化为知识，而新产品会在这种知识的土壤中开花结果，这些创新的果实还有可能变成专利。在这种情况下，中国企业不但能够把外国设计落到实处，使之商业化，还可以自己开发出新产品、新流程来，这些创新成果不但可以在中国推广，还可以向国外发展。

MAKING 制造业案例
IN AMERICA

L.P. 阿美娜公司

L.P. 阿美娜公司（L. P. Amina）是一家位于北卡罗来纳州夏洛特市的能源和环保企业，专门从事可持续的煤炭发电以及用煤炭直接生产出化工产品的创新活动。L.P. 阿美娜公司和中国发电厂在提高煤炭燃烧效率时发现，在煤炭进入燃烧器之前按照大小来过滤、隔离煤炭颗粒的标准设备存在着缺陷，这种缺陷限制了煤炭燃烧率的提高。这个设备就立在厂房外面，有几层楼高，叫作分类机。最常用的分类机都是根据美国或德国的设计来建造的，但能通过它的煤炭颗粒太大了，不能进燃烧器，工厂里的电扇要把空气推过分类机，负担也很重。L.P. 阿美娜公司让它在中国的工程设计团队和在美国的工程顾问一起啃这块硬骨头。他们对这个标准设备进行了革新，这个革新设计于 2010 年在美国和中国都拿到了专利。安装了革新设备后，大小不对的煤颗粒就进入不了燃烧器，电扇的压力也减轻了，工厂效率因此大大提高。这个革新的成本只要工厂正常运作 18 天就收回来了。

L.P. 阿美娜公司有了最初的革新构想之后，在中国生产并安装了 20 套革新的分类器，在这个过程中虽然积累了大量的经验，但在总结经验的基础上才得到可以申请专利的重大突破。每一个革新项目都需要根据每个工厂的具体情况进行调整，但是基本的构造都是一样的。这种摸着石头过河的实干方式，让团队有了边干边学的机会。接下来，L.P. 阿美娜公司向美国的公共事业企业提出了免费把革新系统给它们装上试用的想法，虽然革新系统可以极大地提高效率，但是当时没有一个企业接受他们的提议。现在，这些美国企业又有兴趣了，有好几个试点项目正在进行中。L.P. 阿美娜公司的创始人兼执行总监威尔·拉塔（Will Latta）对中美两国企业对这个项目的不同反应做了反思，他认为有以下两个原因。

第一，革新款的分类器一定要在要安装的地方建造，因为它体积太大了。在中国，工资低、速度快，技术许可权的获得和认证都是一条龙服务，建造成本只要美国的25%。因此美国客户面对的初始投资要大很多，收回投资的时间也就长很多。第二，也是更重要的原因，美国电力市场很稳定，为之服务的公共事业企业也就保守成性，中国市场则正好相反，正经历着爆炸式的增长，中国的公共事业企业也自然更加有进取心。中国工程师的强项是飞速发展的新技术，他们对很多新事物都愿意尝试。

在中国开展生产活动的西方风能发电机制造商也对PIE委员会的研究人员发表过同样的评论。在这个产业里，政府是最大的推动者。按照西方标准，把风力发电机接到电网之前，要有一套系统来保证电网发生故障或者是不稳定时，风力发电机会自动停止向电网供电。这套系统还没有到位，政府就不断给行业施压，要尽快扩大风力发电的产能。这名行业专家告诉我们：

> 中国人的心态是这样的：先试一下，看看极限在哪里。大不了就犯些错误，看看哪些地方容易出错。有错就改呗。而德国人永远也接受不了这么没有把握的事情。但是，中国人这一套也有它的好处，那就是什么事情都来得很快，学得也就很快。

虽然西方企业对中国人制造的产品还不完全放心，觉得不够可靠、质量不过关，但是它们却越来领悟到这种心态的优势。它们把越来越多的设计工作拿到中国来做，和中国供应商一起从零开始开发新零件。在采访西方风能企业时，我们了解到，很少有供应商还在自己开发生成器和传送装置等主要零件了，但是中国供应商不但自己开发，而且需要的时间大概只是欧洲和美国供应商的一半。这种速度在再生能源等市场尤其宝贵，这些产业的存亡很大程度上取决于政府的政策和监管，这一产业波动特别大，因此速度和就地取材、即兴发挥的能力能够起到生死存亡的决定性作用。有了这种能力，企业就能及时把一个构想推向市场，没有这种能力，企业就失去了在商业上取得成功的机会。

中国的商业化能力路在何方

PIE 委员会的研究人员在中国观察到的超强创新能力是最近才出现的，再早些时候，大家观察到的不外乎是低工资、低地价、对回报率要求很低的投资。麻省理工学院早些时候也进行过类似的研究项目（1996—1997 年和 1999—2005 年），PIE 委员会的一些研究人员也曾经参与了这些项目，在这些研究项目中，他们采访了中国香港、中国台湾和中国大陆几百个工厂及研发中心，但是都没有发现很多创新能力。低要素成本以及外国企业主对生产过程的管理能力是成功的主要因素，当时的生产也多是以出口为主。此外，也没有什么人努力把技术从西方企业转移到中国合作方那里。

过去十几年里发生了翻天覆地的变化，那些处于中国制造业发展前沿的企业表现出了很强的创新能力，这些能力给西方企业创新商业化的过程增值不少。目前还不知道这些新技能给中国企业带来了多少利润。这些合作关系的回报在西方发明家和中国制造业企业之间是如何分配的？如果中国企业在这种合作中表现出来的能力真的独一无二，或者很难复制，再或要投入很多才能复制得了，那么这些中国企业的边际利润，就应该比那些只按照西方企业给出来的规格生产标准化商品的中国企业要高。实际情况是否如此，我们不得而知。

这样的合作关系多不胜数，我们对各种功能的参与方得到的回报进行了系统性研究的就只有一个，那就是苹果公司和它的承包商。德崔克、克雷默和林登是这方面的先驱者，他们从产业和产品架构两方面研究了消费者电子行业的利润分配情况。像苹果公司这样的系统设计者，像英特尔公司那样的零部件供应商，都具备了特殊的技能和知识产权，处于一个不可替代的位置，拿到了大部分的利润。这就意味着落到中国合同承包商口袋里的利润只是总利润的很小一部分。在 2010 年，电子制造领域的市场研究公司 iSuppli 的专家通过分拆分析计算出，在 600 美元的 iPhone4 手机中，苹果公司的利润是 360 美元，而在中国的组装成本为 6.54 美元。很明显，苹果公司主要合同承包商富士康公司的边际利润真是比纸还薄。但是，富士康公司做的量那么大，就算边际利润薄到如此地步，它还是稳赚不赔。

但是，对我们上面描述的新生代中国创新制造业企业来说，这种"高产量、低边际利润"的商业模式的利润不够丰厚，也不能让它们持续发展，因为它们的产量和富士康的相比要低多了。如果这些企业要保持长期兴旺发达，就要不断在制造业推陈出新，而且要充分利用它们的创新成果，获取更高利润。PIE 委员会的研究人员记录下来的一切都很了不起，而这应该只是一个开头，以后一定还会有更多的创新成就源源不断地涌现出来。这些企业的前途如何就在于，它们是否能够从现有的创新生产活动中获得足够的回报，有足够的再投资来保证高水平的创新活动成为日常活动的一部分。这些企业是昙花一现，还是会演变成能够持续创新的企业，拉近创新者和消费者之间的距离，我们拭目以待。

对中国企业的西方合作者来说，这种合作关系通向何方对它们也至关重要。这里的关键问题是，这些西方企业还能不能保持自己的创新能力。大家经常问的问题是转让给中国的技术，和中国企业一起开发的创新成果最终会不会被中国学去。这类事情屡见不鲜，每一家企业都认为这是百分之百会发生的事情。在谈到这个问题时，有些西方企业就说它们在中国使用某项知识产权时，就做好了要失去它的准备，以此激励自己加快脚步开发下一代产品和服务。另外一些西方企业则注明它们不愿意在中国工厂使用的技术。还有其他一些企业则设计了保护专有技术的策略。

有一家美国大企业在中国有好几个工厂，它们在中国工厂的布局和在美国工厂的完全不同。在美国，从 20 世纪 70 年代开始，工厂里就不再是一人守着一台机器了，今天在美国的工厂里，一个工人操作整条生产线。在中国情况就不同了，每一个功能都是严格分隔开的，每一个员工只看到和自己岗位有关的信息，看不到全局。中国员工的跳槽频率很高，在这样的安排下，更容易招到并培训替代的员工，这也减少了离开的员工可能会带到竞争对手那里的知识。但是，说到这里，这家工厂的管理者也一脸遗憾地承认，这种为了保护知识产权而把功能分隔开来的做法也有一个很大的缺点，这就意味着他们不能从中国工厂中得到任何创新成果。他解释道：

> 大多数创新来自用途革新，把原来用在一个方面的构想，用到另外一件事情上去，如果你根本看不到全局，你就想不出新的用途来。

对美国创新者来说，和中国企业这种合作关系的长期风险绝对不是失去某些专属技术或者行业秘密那么简单。这种风险的责任都落到了美国人头上。美国企业把技术创新的商业化搬到海外，企业开始下一波创新的能力就降低了。在本书第 2 章和第 3 章中，我们列举了创新者没有在美国成功创立企业，以及没有把创新成果转化成工作机会的种种理由：缺乏支持大型资本密集型活动的投资，工业生态环境千疮百孔；中小型企业在创新商业化过程中只能完全依靠自己的内部资源；美国的奖励机制倾向于具有行业颠覆性的创新，忽视渐进式的创新；中国和其他国家给创新者提供了套现的选择，他们不一定要在美国完成这个套现过程。

从我们对德国和中国的制造业情况的分析来看，沿着现在这条路走下去，美国的潜在损失是很大的。其中一部分的原因是，企业在完成原型机的建造，展示了原型机的性能之后，进入了商业化的后期阶段，这也往往是企业把商业化搬到海外的阶段，美国企业失去了这一阶段的学习机会，而实际上这一阶段可学的东西很多。在德国进行的采访给我们勾勒了一幅生动的画面：当车间里的工程师和技术员带着问题来找设计工程师，一起尝试新设计时，他们都学到了新的东西；当试用的客户带着问题来找厂商时，大家又都学到了新东西。即使是如尿布和剃须刀片这样寻常的日用品，也能在大规模生产过程中找到创新的源泉，让宝洁公司这样的企业获得更高的利润。

MAKING IN AMERICA

From Innovation to Market

6

从制造到智造

未来的生产体系设想

纵观美国经济发展的历史，科学技术、生产流程、商业模式的新结合总是能够带来生产效率的大幅提高，让美国在工业发展中处于领导地位。我们现在已经可以看到能够给21世纪制造业创造出一个先进生产系统的新模式。

在 19 世纪和 20 世纪，制造业是一个漫长的转变过程，在这个过程中，天然原材料经过加工、组装、库存等阶段才变成可以投放到市场的成品。从一开始到今天，生产制造过程都是被时间和空间分隔开的独立步骤。从森林、田野、矿山采来的原材料被运送到进行生产制造的厂房里，在进行加工之前暂时存放在仓库里。这时仓库便起到了缓冲作用，保证生产线不会因为缺乏原材料而停工。下一步，原材料投入到零部件生产，这些零部件是成品的基础组成部分。生产出来的零件接着进行组装，这一步可能有很多个阶段，如果产品特别复杂，还会分成几个组合件进行安装。组装好了的产品要进行最后检查，看看产品是否符合要求，操作起来能否达到设计的效果。制成品再放到仓库里，通过源源不断的供应链投放到市场上去。

企业控制权的改变以及信息科技的进步，打破了传统的垂直一体化企业架构，这个过程中也发生了巨大的变化。过去，企业把各种生产功能都集中到自己的屋檐下。福特公司曾经还有自己的橡胶种植园。现在，企业使用的原材料和零部件越来越多是从供应商那里买来的，很少自己制造了。向供应商订购的零件可能一直留在供应商的仓库里，和供应商其他零部件分隔开来，或者是放在做最后组装的工厂的仓库里，需要时才拿到车间。组装可能是分成很多个阶段来进行的，可能有好几个组合件同时在好几条预安装线上进行，这些组合件安装完成后，汇总到主要生产线上来进行最后组装。在今天的制造业里，质量监控是一个持续不断的过程，它利用统计流程控制取得的重大进展来不断监控质量，分阶段地把缺陷找出来，而不是让缺陷进入最后阶段。

大规模生产的前 100 年间，企业的重点在于提高产量，它们生产的产品种类不多，只是少数几种标准产品。到了 20 世纪 80 年代末，这样标准化的大规模生产不复存在了，企业对市场进行了细分，根据每一个细分市场的具体需求推出产品，这样产品的种类也就越来越多。企业要想灵活应对客户需求，就不得不改变原有的直线型生产安排模式，这种通过多个独立阶段进行生产的流程，只适合根据销量预测来安排生产数量并大规模推出产品的生产模式，新的生产模式强调的则是根据实时订单来安排生产，由订单拉动生产。这种生产模式需要把生产计划、工厂运营和供应链紧密结合起来，同时进行管理。

在过去 10 多年间，制造业发生了很大的变化，但是今天的制造业和大规模生产时期的制造业还是非常相似的，它们基本上还是同一个系统。美国现在正站在这个系统巨变的边缘上，美国各地的实验室和研究中心正在推出一整套全新技术，这套新技术会完全打破原有的直线型生产安排模式。第一，美国合成新材料的能力已经上了一个新台阶，材料设计就像加工、组装一样，是生产过程中不可缺少的一环。人工合成材料对下游工序有着重大影响，使用人工合成材料就有可能把加工和组装的一些步骤合并或者删除，比如涂层就变得不那么必要了。第二，加工和组装之间的界线越来越模糊，因为新出现的流程和自动化设备都是超高效率的，甚至出现了整条生产线只为一个产品设计的连续性生产过程，加工和组装都一气呵成。第三，最终的产品往往不仅仅是一个工艺品或者是一个小器具，而是一套把服务、软件和产品捆绑在一起的综合性解决方案。第四，新的潮流是建立一套机制，把回收材料有序地运用到加工过程以及新材料合成中去。

一波新科技正在进入制造业，我们称之为先进制造业，上面描述的种种变化只是其中的一部分。先进制造业的定义很多，其中一些把先进制造业的范围限定在对某些科学技术的使用上，或者是规定只有使用这些科学技术生产出来的产品才能被称为先进制造业。比如，总统科技顾问委员会在 2011 年 6 月发表了《给总统的关于确保美国在先进制造业中的领导地位的报告》（*Report to the President on Ensuring American Leadership*），报告将先进制造业定义为：

> 通过协调使用信息、自动化、电脑、软件、遥感、网络等科学技术来进行的活动；以最先进的材料学、物理学、生物科学研究成果为基础进行的活动，比如纳米科学、化学和生物学。先进制造业既包括制造现有产品的新方法，也包括从先进的新科技中发明创造出来的新产品。

先进制造业同盟（The Advanced Manufacturing）在 2012 年 7 月的报告中也用了同样的定义。美国国防情报学院在 2012 年发表了《全球先进制造业的新兴潮流》（*Emerging Global Trends in Advanced Manufacturing*），这里用的定义更加全面些，但也不过就是涵盖了更多的商业行为而已，这个定义是这么说的：

> 通过使用科学技术、工程技术和信息技术、高精密度的工具和方法、高效率的员工队伍、富于创造性的商业和组织模式，先进的制造业对现有的材料、产品和流程进行优化，或者是创造出全新的材料、产品和流程。

把一个现象的界线清楚地划分出来很有必要，PIE 委员会的研究人员对大学实验室、企业和政府实验室里孕育着的科学技术做了观察，也观察了创新型制造企业的实际运作模式，根据这些观察结果，我们认为这个定义的范围还应该更广些，不要局限于某些科技领域或者产业，而且应把着重点放在最前沿的科技变化上。我们认为先进制造业应该是一种可持续的创造能力，它能够把实物产品和服务、软件结合起来，创造出一代又一代的解决方案。要持续、高效、快速地生产出一代又一代的解决方案，就要越来越多地用到为特定客户专门设计的原材料，也会越来越多地用到回收材料。先进制造业当然会存在于生物技术产业的生产制造过程中，但是它不仅存在于新兴产业，像纺织这样的老产业也会发现它的踪影。先进制造技术是在创新系统和工业生产系统的交界处孕育出来的。这就有点像图 6-1 描述的前馈和反馈系统。

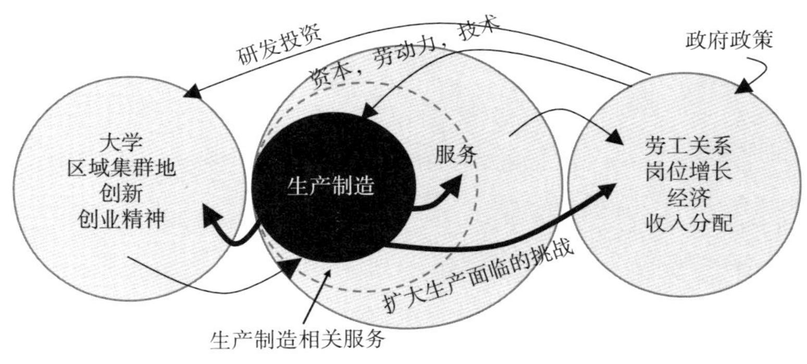

图 6-1 创新制造业交界处的位置

7 大新技术是未来先进制造业的重点

在浏览了麻省理工学院内部研究成果、美国大学制造业相关课程的调查以及相关文献之后，我们发现了一系列能够提高生产力和生产效率的制造业新技术，这些新技术还能够加快创新投放市场的速度。我们从收集到的数据里，找到了科学技术给制造业创造的三大机会，这些机会很可能在未来 5 年就变成现实。

第一，新技术能够催生现在还没有的新产品。这类新技术包括非晶半导体、可穿戴电子产品、以生物学为基础而研制出来的药品和燃料、有推动性能的微型卫星。这些领域的很多新技术都可能创造出新的商机甚至新的产业，这些新产业会带来巨大的新需求，创造出大量的经济活动。问题的关键在于，这些新产业能否带来足够的价值和兴趣，经过一段时间后和现有产品在市场上共存，或者取代一部分现有产品。

第二，程序化的生产制造流程有机会得到大发展，因为它不需要资本密集的仪器和固定装置。其中一个大潮流是 3D 打印技术和无掩膜光刻纳米技术将会大大降低对昂贵的定制生产器材的需求。这些新技术让生产过程变得更灵活了，但是它们必须克服几个难题：用这些技术生产出来的产品能够保证达到指定的精确度吗？它们能够促进分布式制造的发展吗？分布式制造就是把产品拿到靠近最终客户的小型生产设施里去生产，这些生产设施不是为生产某一种产品而专门建立的，而是可以根据要生产产品的不同，因地制宜地随时进行灵活地调整的。

第三，新技术也为现存的大规模生产流程提供了新的机会，在新技术的帮助下，现存的生产流程可以提高生产力，更加灵活地进行生产。像射频识别技术等科技可以在生产和销售过程中跟踪零部件；机器人和人一起合作虽然不是颠覆行业的创新，但是可以在现存的制造业价值链上提高效率和生产力。如果美国将上面提到的科学技术开发出来，那么关键的问题就变成了，能不能在美国工业界众多的参与者中，找到足够多的企业采纳这些新技术？

我们再对收集到的数据做了更详细的研究，发现可以把这些数据归纳为 7 大技术类型：

1. **材料和表面的纳米工程**：这就是把功能性材料和多功能性材料在纳米级（10^{-9} 米）和微米级（10^{-6} 米）进行重新合成和排列。这些材料既包括无机的金属和复合物，也包括生物材料和复杂的聚合物。这些技术不单单对材料的自然形态进行了修改，而且它们创造出来的合成材料在自然界根本就不存在。我们为此举办了美国制造业计划调查，得到的回复表明，大面积的石墨烯生产、软材料制造、半导体的 3D 集成电路、纳米纤维复合材料、表面纳米蚀刻法最有可能进入大规模生产，而且前途无量。

2. **增材制造和精密仪器制造：**这类技术包括把粉状或者是丝状金属原材料一层一层地建成复杂的三维形状。这种生产过程全程都是数字方式控制的，不需要造价昂贵的专属模具。在小范围内活动，灵活听指挥的执行器和感应器也是这类技术的一部分。在这些领域里，最常提及的应用是家庭式 3D 打印、与电脑辅助设计结合在一起的快速原型机制造、下一代喷射模塑法、先进的电火花线切割加工、用于原型机制造的类似金属氧化物半导体制造执行系统的铸造系统、以激光为基础的制造流程、用金属烧结法及成形法来制造专属零部件等。

3. **机器人和适应性自动化：**这类技术主要是在生产制造过程中对机器人和自动化仪器的智能化运用。这些技术会应用在生产过程中，尤其是在对精密度要求非常高、工作任务需要重复进行且很容易标准化的时候，以及需要用到很大的力量和扭矩的时候取代人工操作，或者对人工操作进行补充的时候。在这类技术中，很多人在积极地研究如何进行人和机器人团队的编排和重组，如何在他们之间建立自动适应能力。智能自动化、在产品和流程中嵌入感应器、可重构的机器人、无线实时感应、对遥控机器人和遥控操作进行网络化控制都属于这类技术范畴。我们还可以将这种机器人和自动化设备智能化，也就是在这些系统中植入具有各种功能的感应器，让这些感应器不断地把生产、销售过程以及整个产品生命周期的每一阶段的表现都反馈给评估仪器。这种不断的反馈可以让我们改善产品设计、优化产品，让产品在整个生命周期中性能更好。

4. **下一代电子产品：**以硅基为基础的半导体可能在 2020 年就到达物质形态和经济效益的尽头了。现在还在研发中的下一代电子产品以其他材料为基础，比如说以镓砷化合物为基础的半导体，用无掩膜光刻来打印电路，这些新技术就不再需要昂贵的模具，并可用于进行有机或者是伸展性很强的半导体基板开发。我们发现大家都在积极探索的领域有紫外线纳米光刻技术、配有感应和控制系统的多功能仪器、新电脑界面、无线工厂等。

5. **药品的持续性生产以及生物制造：**医药界正在努力减少小分子药物的化工生产，同时给保留下来的生产过程提供更多灵活性，并对这些过程进行实时监控和管理。这样的做法不但能够提高“拳头产品”的生产效率，还可以给产量很小的所谓“孤儿药品”提供有经济效益的生产机会。同时进行的研究还有把细胞和细菌变成程序化的“工厂”，可以随时生产出根据病人的特别要求而专门设计的蛋白质和复合物。药品生产和生物生产都属于这类技术。例如，麻省理工学院化学工程系的伯恩哈特·特劳特（Bernhardt Trout）和他的同事们正在为药品生产开发一个持续性的生产流程。其他研究方向有以干细胞为基础的生产、人体器官工程和制造、人体组织生产等。

6. **供应链和物流的设计和管理：**研究中发现的第 6 类新技术要解决的问题是，如何在多层次的供应链中组织、管理一个庞大而分散的供应商网络。产品分销系统创新可以大大地提高这方面的效率。降低本国销售成本之后，对把生产制造流程设置在哪里所考量的因素也就变了。能够降低分销成本的技术有标准技术和信息技术两类，演算法、数据库管理技术等技术可以对几百万个正在工厂、物流中心和零售店之间流动的商品进行管理和跟踪。把互联网和射频识别技术、识别码技术等其他技术结合起来，就能够对商品和零部件进行实时跟踪，这方面的发展也很迅猛。这些技术能够很有效地处理小批量货物的物流，还可以防止客户买到假冒伪劣产品。

7. **绿色和可持续制造业：**有些原材料变得越来越稀缺，像稀土等原材料虽然不稀缺却有买不到的可能，这就使得提高生产制造效率、保证生产制造流程可持续进行变得更加重要。运输费用不断提高、新的环保监管条例更加严格，在这些因素的推动下，制造业的可持续性发展变得更加迫切。这方面的研究重点是如何通过对原材料的重复使用、再制造和回收利用来堵上材料循环的漏洞，以及如何在生产过程中达到能源消耗最小化。光伏产业、聚光太阳能和电池储存方面的研究都非常重要，也正在大量进行。

未来制造业的理想模式：分布式制造

对美国制造业来说，怎样把这些技术融入新的生产体系对先进制造业的未来至关重要。我们在 20 世纪 80 年代看到日本的“简约式”生产工艺在美国和欧洲实施的方式和在日本的做法大相径庭。现在的新技术在不同的制造业世界里，会不会表现得很不同呢？前沿科技的进步并不能给一个国家指定一条前进的道路。上述新技术结合在一起会给美国制造业创造出多少前所未有的机会，我们只要想象一下，就会激动不已。

想象一下自己正置身于一个小批量分布式制造的世界里。当然，这只是其中的一个情形，但是我们以它为例来更加具体地说明一个新技术可以给制造业带来多大的变化。乍一看，这好像是一个来到未来的传统手工作坊，一个乌托邦式的理想国度，离现在全球化、大规模的集中生产那么遥远。但是，实际情况是，在很多经济领域中，人们已经在运用上述提到的科学技术和方式方法来把原来的行业进行分化了，这就更加证明了这些科学技术会给制造业带来翻天覆地的变化。

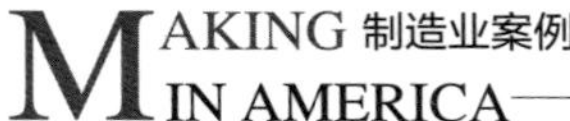

Zara

以零售业为例，这个行业原来都是由沃尔玛和塔吉特百货等巨头主宰，而现在分化的趋势越来越明显了。比如说，一个位于西班牙的拉科鲁尼亚（La Coruna）的服装制造、零售商印第迪克集团（Inditex）就取得了巨大的成功，它的旗舰品牌 Zara 是世界上发展最快的女装零售商之一。

服装零售业是一个巨头统领的世界，服装生产的周期长，大多在中国、缅甸、洪都拉斯等国家进行，但在这个世界里，印第迪克集团有一半的热销产品都是在西班牙小批量生产的。Zara 店长时刻关注什么产品销得快，每天都把情况向拉科鲁尼亚汇报。在拉科鲁尼亚的设计师根据报告很快判断有没有出现新的潮流，如果出现了新潮流，就要马上为这种新时装设计布料，进行裁剪。当地制衣点马上来把裁剪好的布料拿走，很快把成品交回到拉科鲁尼亚。做好的衣服一次几件地送到商店里去。商店卖完后可以再订货，这是一个典型的需求拉动生产的模式。在很多情况下，当 Zara 发现了一个新潮流，然后大家都感觉到这个潮流的时候，Zara 又不再生产这样的东西了，转而去捕捉下一个潮流了。

这种生产经营模式让很多竞争对手很难跟上。在很远的地方进行生产，会拉长订货到交货的时间，和 Zara 竞争时，这就是个很大的劣势。产品刚到货架，时尚先锋 Zara 又把潮流带走了，客户的品味也随着它们走了。在这个边际利润决定存亡的行业，Zara 逆市而动，在生产成本较高的地方进行生产，利用它的敏捷性和产品到达市场的速度，来弥补高劳动力成本带来的损失。当然，印第迪克集团也把那些不是稳定型的产品放到东亚去生产，但是这些不是很快售罄的产品在那些地方生产并不影响到“快时装”的到货时间。

有两个零售业的新贵向行业的龙头老大提出了挑战，这两家企业成立的时间都不到 20 年。eBay 公司是在 1995 年成立的，它是商业分化的典型代表，让售卖各种产品的中小型供应商通过拍卖的形式来将自己的商品卖到一个全球性的市场里去。在某种程度上，eBay 公司创造了一个公平的竞争环境，这样的零售经济在几年前是想都想不到的。亚马逊公司成立的时间比 eBay 公司早一年，可能算是在线版的大卖场。但是，亚马逊也给小零售商提供了一个市场，他们可以通过亚马逊官方网站来销售。2011 年，亚马逊官方网站的营收占亚马逊 481 亿美元总营收额的 9%~12%。

在过去十几年间，对现有商业模式起到分化作用的颠覆性企业涌现得更快了。成立于 2000 年的 Zipcar 租车公司提供的会员专享汽车共享服务不但对传统的租车行业造成了影响，甚至还影响到了新车的销售量。Zipcar 公司打破了消费者购买个性化交通服务的传统做法。其中一个创始人罗宾·蔡斯（Robin Chase）现在推出了通过互联网组织拼车的网站 GoLoco，还有对等租车网站 Buzzcar，这些网站会进一步分化汽车共享业务。

几年前，大家还觉得对酒店市场进行分化是不可思议的事情。而现在一种新的商业模式让不是正式从事酒店业务的普通老百姓以私人身份把自己的房产租出去，比如说把自己家里用不着的一个房间租给游客，当然是通过互联网才能做到。其中一个很好的例子就是 Airbnb，它让每个人都可以灵活地租用暂住的空间，2008 年成立以来，已经在 192 个国家，26 000 多个城市注册了 100 多万个房东。

软件开发也受到了分化影响。软件开发原来都是在企业内部做的工作，但是在 21 世纪初期，这项工作就大量转向外包了，这时的外包还是把整个开发项目外包给单一的承包商。过去几年，出现了分化式的软件开发。成立于 2003 年的 oDesk 公司让身处世界各地的软件工程师以个体的身份对小型软件开发项目进行竞标。网站的业务范围也扩大了，不仅限于软件开发，还引入了写作、营销、行政管理和商务支持等服务项目。桑杰·萨尔马（Sanjay Sarma）教授的实验室在 2012 年与 oDesk 公司合作了两次。他请了一个巴基斯坦的程序员来为他们新设计的记录器编写程序，程序员每小时只收 11 美元。他们还通过 oDesk 公司找到了帮助他们设计网站的专业人士。如果他们和一个专营这些业务的企业打交道，就绝对不可能以这么低的成本，这么快就完成了这两个项目。

这些新企业在和行业巨头的竞争中取得了巨大的成功，这些成功都是建立在管理学的基本原理上的。延误会带来不稳定性。杰伊·弗雷斯特（Jay Forrester）对供应链的“牛鞭效应”做了解释，即供应链尾端的小变化能给生产制造端带来鞭抽狂牛般的大乱子。利特尔法则（Little's Law）告诉我们，在稳定状态下，供应链里存货的量和存货在供应链里停留的时间成一定的比例。丰田生产系统表明小批量、对市场变化反应灵敏的生产制造流程能够生产出质量更好的产品，让企业更具灵活性。互联网崩溃和 2008 年到 2010 年的金融危机都暴露了存货卖不出去的危险性。过去 50 多年的经验教训告诉我们，库存一定要最小化，生产制造必须对市场做出及时反应。但是，过去 30 多年间，制造业走的方向却正好相反，走的是在远离市场的地方大批量生产的道路。生产制造大量外包到劳动力成本低的国家，发展中国家市场不断扩大，这种情况下，生产设施变得越来越大，生产制造活动也变得越来越集中。

这样的大批量生产就像一个暴君：当地的工业生态环境因此枯竭，时间久了，离岸制造就会改变整个生态环境。而离岸外包给很多企业提供了真正的经济好处，因此很多企业采纳了这样的生产方式。现在的制造和运输都是量大则价低，这更让大批量生产大行其道。远程生产中心这种生产方式就慢慢变成了万有引力场，让供应商、供应链和物流系统都围绕着它转。小批量生产变得越来越难实施，在本地进行小批量运输变得非常昂贵，这就形成了一个不断自我加强的恶性循环。

走向一个新型的制造体系

现在的经济体系正掀起一股降低规模、缩短产品供应方到消费者的路途、按照客户要求进行生产的热潮，怎样才能把这股热潮带到制造业里呢？在一个分布式制造的世界里，当一家企业需要一个零件的时候，它不需要建一家工厂来生产这个零件，只需要敲击一下键盘，来到一个全美联网的门户网站，对它所需要的零件进行一个电脑辅助设计描述，再注明需要的数量。为了保护企业的知识产权，它可能会对零件进行稍许修改。与此同时，全美小型制造商的软件系统在这个网站里悄悄巡行，寻找可以竞标的零部件。每一个制造商都像eBay的商家一样，有自己的评级，评级说明了这个制造商的生产能力和反应时间。小型制造商只能生产数量不多的零件，因此如果客户的需求量大的话，就需要很多个小制造商联手来完成任务。网站里的软件可以推荐生产这批产品的公司组合，可能还需要客户企业做一下人工选择。客户企业的代表可能还要和被选上的小制造商谈话，以保证制造商具备完成任务所需的能力。

最后被选定的小型制造商就会收到详细的电脑辅助设计文档。文档包含了要完成该项任务的所有细节，从外形尺寸、容差率到表面光洁度都有详细说明。拿到文档后，这些小型制造商很快行动起来，各显神通地把零件生产出来。有些制造商可能在制造上一批产品时剩下了一些机床夹具，现在正好可以用上。另外一些的机器设备则更先进，更适合生产这批零件。因此，这些零件就以这种非常分散的方式在全国各地飞快地生产出来了。

生产出来的零件在质量上要通过电子检验。制造商对零件进行扫描或者电子反应测试后，将得出的验证文档发给客户企业。客户企业看过文档，认为一切达标之后，就会批准制造商把零件运发给它。零件不是通过点对点的快递服务运送回客户那里的，而是通过组织松散的对等运输网络送到的，这个网络的车辆按照一定路线往来于全美各地，努力把车上每一寸空间都卖给运输客户。这些车辆的行车路线也不是预先规定死了的，走的是灵活路线。发货人和收货的客户随时可以对零件进行跟踪，任何时候都可以知道零件到什么地方了。在这样的一个世界里，工厂设备可以进行多种类型产品的生产，而不是只能生产某种产品。产能也是可以灵活变动的。小企业只能靠创新和行动先人一步来取胜。这样一个生产体系就像互联网一样，是一套富有弹性和适应性很强的系统。

支持这样一个系统的很多因素已经形成了。在过去 30 多年间，在电脑数值控制选配等先进技术支持下的电脑辅助设计和自动生产系统，降低了描述零部件时产生的误差。互联网让沟通变得既快捷，成本又低。就像我们把电子文档通过电子邮件发送到打印店里一样，设计师可以把 IGES 和 ProE 格式的电子文档通过电子邮件发送给制造商。现在，分布式制造的商业模式已经形成，虽然为数不多。阿里巴巴就是一个把客户和制造商联系在一起的线上市场，在这里，客户可以物色供应商，然后在线上和它们沟通。选定供应商后，设计方把电脑辅助设计文档发给供应商。制造商接小订单的意愿也越来越高，有时候一个订单的产品量低至几十个或者几百个，它们也愿意做。

现在有几家美国企业专门做集成电路生产、机械加工金属和木材部件、注塑成型、3D 打印和印刷电路方面的原型机制造和小批量生产。金属氧化物半导体实施服务公司 MOSIS 是以互联网为基础的小批量生产商中的佼佼者。MOSIS

公司于 1981 年在南加州大学成立，它让研究人员使用互联网的文件传输协议功能来上传集成电路设计图。20 世纪 90 年代早期，在加州大学伯克利分校就进行了一个机械项目，这个项目的研究结果让用户能够设计零部件，然后把设计上传到开放式结构的数控铣床，铣床再自动地把这个零件生产出来。这个项目暂停了几年，不过现在又推出了新的服务，界面也更加整洁美观了，性能也提高了。Ponoko 网站将自身定位为一个“私人专属的工厂”，有一个庞大的制造商网络，用户把设计上传后，它把设计安排给其中一个制造商进行生产。零件做好后，发回给用户。Proto 实验室这个生产模式再向前推进了一步，还把自己标榜为“创新的启动者”。Proto 实验室有自己的生产设施，它使用数控机床和注塑成型法来按照客户指定的要求小批量生产机器零件。现在已经有好几家新创企业在使用 Proto 实验室这样的服务来制造功能齐全的原型机了。虽然分散型制造的很多要素已经历历在目，但是要把分化生产推上另一个台阶，创造出一个支持这种生产模式的工业生态环境，就必须协调行动，做出更大的努力。虽然很多要素已经就位，但是还有更多因素是缺失的。比如，阿里巴巴只是临时将一家单独的制造商和供应商联系在一起。它还没有创造出一个以客户需求为中心的开放型制造业社区。产品还是按照传统的运输方式来发送的。

目前来看，还有很多因素让美国不能摆脱大企业的生产模式，而且这些制约性的因素一时半会儿还不会减少。大企业因为购买量大，在采购方面就很有优势。因此，对很多像牙刷这样产量大的产品来说，塑料、注塑成型机器以及模具一类的工具成本对大型厂商来说还是低很多。以注塑成型模具为例，制造一个这样的模具成本很高，要生产的产品必须产量很大才能把成本收回来。正因为这样，分布式制造对牙刷这样大量生产的日常用品是行不通的。分布式制造比较适合批量小的产品，这些产品一般都是产品分布曲线中的长尾部分，或者是客户有特别要求的复杂产品。

我们描述的愿景对那些产量巨大、每个产品都基本一样的产品没有什么吸引力。像集成电路和液晶显示屏的玻璃面板等高精密度产品，需要特殊的生产环境，粉尘、化学气体等污染物以及温度、湿度等环境因素都要受到严格控制。在这种情况下，把各个企业对这种所谓的“洁净房”的需求集中起来，只建一个大家都可以使用的生产设施就会有更高的成本效益，因为大家可以分摊设备和厂房成本。我们在此不讨论这种要求特别高的高科技产品的生产过程。

但是，随着新方法、新技术的推陈出新，过去偏向于大规模生产，限制了小批量生产的各种因素现在制约作用削弱了。参与分布式制造的小企业可以通过结成采购同盟的方式来克服规模小的劣势。过去，农民和零售商都组成合作社这样的同盟来增强购买力。20 世纪 90 年代后，正式成立的采购同盟也开始寻找落脚点。但是，大家都担心这样做会违反反垄断条约的监管，因此采购同盟也就没有得到很大的发展，而继续这种做法的大多是大学等非营利性机构。如果大家没有受反垄断条约的制约，采购同盟就能为小企业克服这一障碍，当然，大企业不会因此受影响，它们还是继续享有这方面的优势。

电池组的例子

现在看来，把分布式制造用于生产所有需要特殊生产环境进行生产的产品是不可能的，但是某些类型的产品采用这种生产方式的好处还是很多的。以锂电池为例，这些电池现在都是在严格控制的环境下生产的，生产设备高度自动化，尺寸要求也相当严格。但是我们的研究表明，对某些应用来说，锂电池的尺寸误差规定可能过于严格，夸大了洁净房的必要性，可能没有必要建造那么多昂贵的集中式洁净房。现在制造的锂电池对直流内阻力偏差标准的容忍度很低，因为偏差会引起局部过热。在一个并联型电池组里，各个电池之间的直流内阻力不同就会使电池组“跑电”，在这种情况下，其中一个电池在电池组中负荷占比就会越来越高，于是这个电池很快就会坏掉。拉杜·卓够那（Radu Gogoana）在他的硕士论文中证明了把直流内阻力误差度相似的电池排列在同一个电池组里，而不是要求电池组中所有电池都严格按照同样的规格要求来生产，能够给制造商带来很大的好处。电池组里的电池容量衰减大多是由电池之间的配合不当引起的，和电池放进电池组时的直流内阻力关系不大。我们认为，正是因为要控制每一个电池的直流内阻力，让每一个电池的直流内阻力完全相同，才需要严格的生产环境，还有那些大型设备。换言之，我们的研究表明，制造商只要测量了每一个电池的直流内阻力，把测量结果相似的电池配置在同一个电池组里就可以了，而不需要对每一个电池都按照这么严格的误差要求来生产。

分布式制造体系实施的最大障碍可能是质量控制。衡量产品质量的方法有两大类：实物检查和功能检查。比如，对一块印刷电路板的实物检查，包括肉眼检验以及更精确的 X 射线荧光检验法。对同一块电路板进行功能检验就包括电子检测，以此检查电路板是否如预期般运行。此外，还有在电路板运行过程中用红外热成象法来测量温度升高的程度。在高清晰度摄影技术和先进的成像处理技术的帮助下，实物检验可以自动化进行，这样检验也可以是分布式的。功能性检验可以通过标准化的测试电路来分散进行。电池和其他电子元件也可以通过电子测试来检验。

对 3D 机械配件的检验就比较困难了。机械配件的误差的规定方法是非常复杂精细的。生产出来的产品一定要按照规定来测量以确保合格，这个领域叫作度量衡学。一直以来，机械零件通过测径器、过端 / 不过端量规等技术来进行检验。最近出现的三种数码技术设备，如果能够得以在实践中广泛使用，就会改变度量衡学和质量检验的常规做法，这三种设备是：坐标测量仪，3D 激光扫描仪、工业 CT 断层扫描仪。坐标测量仪在高端零件的精密计量中，使用了很多年。这套设备就是把一个触控式探测仪或者是光纤传感探头连到一个非常精确的 3D 运动平台上。探头通过触碰零件的各个部位就能够重现零件的尺寸，并确认零件是否符合尺寸要求。

最近，3D 激光扫描仪在这方面显示出很大的潜力。这种扫描仪用激光三角法把零件的形状重建成“点云”的形式。现在，这种技术主要用于电脑动画制作和逆向工程，不过这种设备的精确度已经变得很高，可以用于精密零件的远程数据化。电脑断层（CT）扫描仪其实就是一台 X 光机，它对零件的里面和外面都进行 3D 重建（见图 6-2）。CT 扫描仪的独特之处在于，它还能够把零件的内部也详细地展现出来。现在，这些仪器的精确度都很高了，可以成为 3D 度量衡学的常规检测。高端扫描器可以达到的精确度现在已经到了一微米的范围，完全达到了精密机械生产的要求。

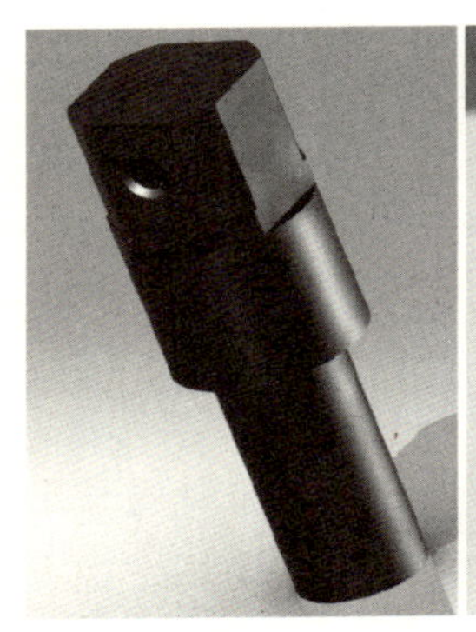

电脑辅助设计文档

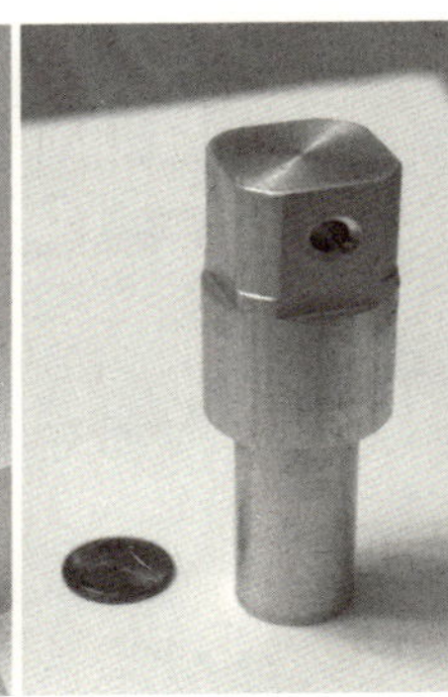
零件实体

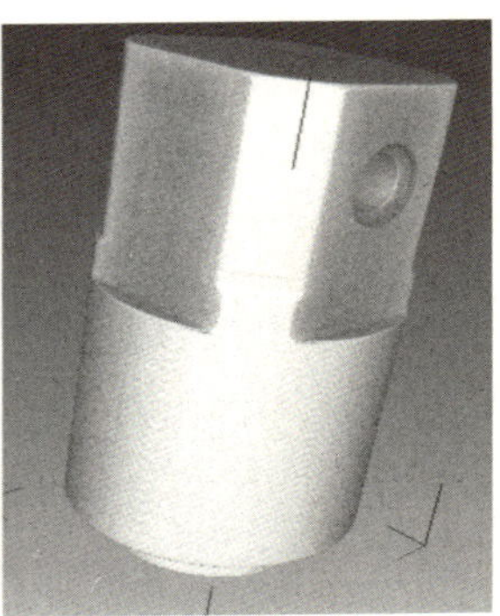
3D CT扫描

图 6-2　工业 CT 扫描试验

当然，这些仪器也有缺陷。它们都很昂贵，而且 3D 扫描仪还不够精确。坐标测量仪操作时需要对它在零件上游走的路径进行谨慎策划，这样探头才不会碰撞到零件。CT 扫描仪也非常昂贵，而且对表面光洁度的衡量不够。此外，现在对高质量图像的点云电脑处理还是很昂贵。但是，这三种技术设备都把度量衡学数字化了，让质量控制分散化成为可能。在分散型生产的理想世界里，我们可以创造出一台度量衡学的神奇机器，它不但可以衡量零件的外部，还可以测量到内部。分散型制造商只要拿这台神奇机器扫描一下生产出来的零件，把扫描结果传真给客户就可以了。因此，客户对零件的检查比现在要仔细得多了。客户接受了零件之后，制造商就可以发货了。如果这台神奇机器太贵了，个人买不起，我们也可以在每个城镇建一个像 Kinko's 那样的质量检验中心，制造商可以把零件拿到这里检验，合格了再发给客户。长期以来，企业为了保证质量，通常把所有的零件都集中到一家供应商那里生产，这样有问题也只需向一家供应商问责，有了这台神奇机器就可以把企业从这样的压力下解放出来，还可以大大提高零件质量，当然，要创造出这样一台神奇机器并非易事。

新型制造体系中的供应链

互联网是建立在一个名叫分包交换网络的概念之上的。数据被分割成小包装之后再由路由器把小包装通过网络发送到它的最终地址。分包交换网络很灵活、有韧性，也有拓展性，彻底改变了我们的通信方式。分包这个术语出自供应链，是兰德公司的保罗·巴伦（Paul Baran）创造出来的，他是兰德公司 1991 年马可尼奖的获得者。巴伦还很形象地把分包交换叫作“热土豆式路由选择”。在分包交换出现之前，通信都是通过线路交换来完成的，在这里，通信双方建立了一条专用的沟通线路来输送数据，而不是临时寻找线路。也就是说，现代通信业从专用线路转到了变幻莫测的临时线路上。在 19 世纪末 20 世纪初，供应链是混乱无章地临时安排的。随着大企业和散货海运的兴起，现在的供应链出现了和通信业正好相反的情况，变得越来越具备专用性了。

供应链的未来可不可以更像互联网呢？姑且把这样的供应链称为供应互联网。在这里供应的载体就是一辆正好有载货容量的车辆，可以是一辆卡车也可以是一辆小汽车。供应路由器就是一个可以驾车穿过的仓库，这个仓库可以很快找出要放到这辆车上的包裹，包裹放到车上后，给客户送过去。

传统的仓库不是为了发送单个包裹而设计的，它的功能是处理大批量货物的入库和出库。过去 20 多年，电商得到了长足的发展，对传统仓库的功能提出了挑战。以亚马逊公司为例，它收到的书、衣物、玩具都是大批量进来的，但是网上下的订单都是单件的，因此它发货是一件一件地发的。亚马逊的仓库里有一个可以称为路由器的地方，它对订单的反应必须要快。但是，供应链的路由器在 2003 年基瓦系统公司成立后才成为可能，因为基瓦系统公司的目标就是要把“选择、包装、发送”这一过程完全自动化，这就是供应链路由器的全部功能。基瓦系统公司使用的机器人是可以自己做决定的，它把放满某种商品的货架到处移动，大大提高了接收订单、挑选、发货的速度。在某种程度上，基瓦系统公司开发了一个运输路由器。这家公司在 2012 年被亚马逊集团收购了。

在我们理想的分布式制造世界里，供应载体的可以是拥有卡车队的集团企业，也可以是拥有卡车的个体户，甚至只是一个普通的有车族。假设一个人开着卡车要把货物从波士顿送到纽约，他的卡车上装有自动跟踪货物的射频识别系统，还装有能够告诉别人现在他的车在哪里的全球定位系统。在我们这个理想的新世界里，他是对等运输服务的一名成员，他在卡车上和总部进行沟通，告诉总部他的车上还有多少空间，现在位置在哪里，下一站是哪里。正要掉头回波士顿时，他的智能手机收到了一条短信，告诉他正好有一批货要从纽约发到波士顿，这可是个好机会。短信上说，在布鲁克纳高速公路上有一个供应链路由器式的仓库，那里有一个包裹正好可以装进他的卡车，带回波士顿。

他出了纽约市，驱车前往短信指定的路由器仓库，仓库有好几条取货的车道，就像可以开车通过的餐馆或者是加油站一样。如果要他带回波士顿的包裹放在第八大道，车上的仪表板就出现了一个箭头，告诉他第八大道在哪里。第八大道那里有个工人把他的后车门打开，把包裹小心地放到他车上。车上的射频识别系统和仓库里的射频识别系统一起确认货物从仓库转移到他的车上了。他离开了仓库，带着包裹回波士顿了。当他沿着 90E 号公路接近大波士顿地区时，仪表板上又出现了一个信号，提醒他要从弗雷明汉那个出口出去，因为他要去的供应链路由器仓库在那里。到了仓库，在上一个仓库的流程按照相反的顺序重复了一遍——包裹从车上搬下来了，两个射频识别系统都确认了包裹搬到仓库里了。同时，运费自动地存入了他的账号里。

这种供应链载体的技术关键也已经成型。GPS 现在无处不在，射频识别系统现在的应用也很广。射频识别系统在物流应用的关键技术是由萨尔马教授带领的研究团队开发的。我们上面描绘的愿景需要有大规模协调、物流标准和定价标准，而且在这个基础上还要有一套路线选择和货物跟踪系统。这套系统的关键组成部分是射频识别系统读取器、射频识别系统标签和全球定位系统，这些部分的成本不高，由它们组成的系统价格也应该不是很贵。

现在使用的运输方式最接近对等运输的行业是专做运输货物数量不满一卡车（Less-Than-Truckload，LTL）的行业。LTL 的承运商通常处理的载货量比包裹大，但是又装不满一卡车（见图 6-3）。过去几年，LTL 行业经历了很多困难。离岸外包意味着有些本来是不满一卡车的运输量变成了整整一卡车的散装货运。电商的发展使得一部分的包裹运输从这个渠道流失了。根据美国运输统计局发表的数据，1993—2003 年，LTL 的运输量在总运输量中的占比从 39% 降到了 29%，这是以运输货物的价值来计算的。1980 年，LTL 行业监管放松了，从那以后，这个行业经历了大规模的整合。坊间证据表明，在现行条件下，LTL 的运费比以前高多了。而且，LTL 的定价也很不稳定，而且是个复杂的过程。但是，就像图 6-3 所示的那样，LTL 运输在分散型制造业中占据了重要的地位。对等运输使得运输民主化了，为分布式制造提供了关键性的成本优势。而且，本地化的对等运输还有一个重要优势就是速度快。和大规模的离岸生产不同，本地运输支持的供应链对市场的反应要灵敏得多，这就是 Zara 开创的商业模式。

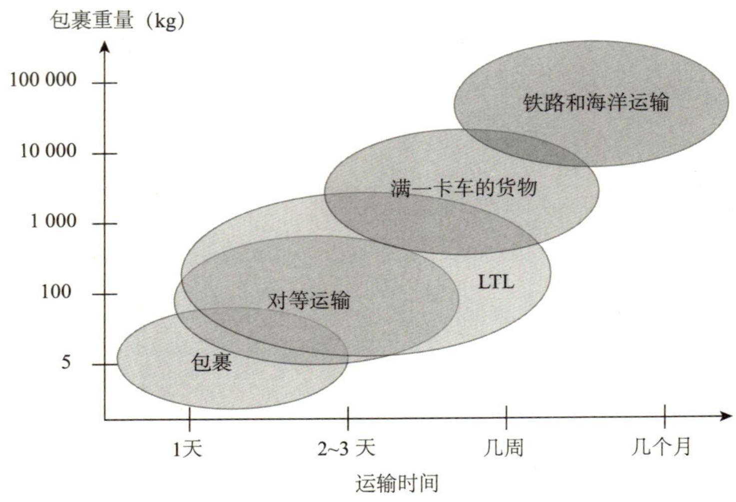

图 6-3　对等运输和 LTL 运输的相对关系

整合生产系统，创造制造业新模式

想象一下，未来有一家名叫 LCOF 的大企业，它突然接到了一张从南美来的订单，为了完成订单，它要找供应商帮它在 4 周内把 5 000 个马达外壳生产出来。它的工程师做了一个电脑辅助设计文档，表明了误差的要求，把文档上传到了新制造世界的网站。外壳要求的材料是标准等级的铸铁。全美各地乃至全世界的小型制造商都在不断地浏览这个网站，有的是专门的员工在浏览，有的是软件主体在浏览，大家都在寻找好项目。100 家看到这张订单的企业对这个订货量 5 000、生产时间两周的项目感兴趣。它们都参与了竞标。LCOF 的采购人员对竞标进行了审查。参与竞标的企业都有像现在 eBay 的卖家那样的评级，每一个标都注明了这家企业要生产多少个外壳，还有基本的生产计划：外壳需要砂模铸造，之后再精加工。一套复杂的计算程序对这些小企业的投标进行了成本、距离、评级和生产计划等方面的评估，根据评估结果，LCOF 负责这个项目的人员挑选了 50 家小企业来生产这 5 000 个外壳。这些小供应商每家可以生产10到200个外壳。选定这50家企业后，LCOF可能要和这些企业聊一聊，再多给它们一些关于质量控制等方面的详细资料，之后才把订单落实下来。

随后，这些小企业就开始行动了。每一家小企业都有自己的“秘密武器”。有些企业还有从上一张订单留下来的铸锭，而现在它们正急着要把这些铸锭用掉。正因为有这些多余的原材料，它们才能把标价压低。其他厂商马上到他们的采购同盟那里去买铸锭了。有些制造商企业内部就有砂型铸造能力，另一些在街对面就有合作方，这些长期的合作伙伴就像朋友一样，能够提供这项服务。有些小企业自己有三坐标刳刨工具，用这台机器，就能很快地把模具一部分一部分地以2D的形式加工出来，然后把这些部分组装起来就变成3D的形状了，接下来再人工打磨抛光。有些小企业有5台标刳刨工具，能一次性就把模具做好。有了模具，就可以做铸件了。铸件做好后，需要再加工。在这个环节中，这些企业也都有自己的拿手绝活。其中一个正好有一套成组夹具，于是就可以把外壳做好，只差最后的润色了。有些企业有两台大小都合适的机器，于是就建了一条临时生产线来做精加工，第一台机器做第一道加工，第二台机器做第二道。因此它们的效率比别人高。在竞标时它们也预见到这个效率优势了，并将此考虑到了它们的标价里。

在一家小企业做好了几个零件后，比如说，它们竞标做100个，现在做好了6个，企业主就把这6个装上自己的皮卡车，开车来到本地的质量检查服务中心。LCOF要求的各种检验，都可以在这个中心进行。LCOF要求供应商把零件按照指定方向放入三坐标测量机，让测量机做一些指定的尺寸大小检验。LCOF还担心铸件内部有空隙，就要求供应商给零件做一个工业电脑断层扫描。服务中心把要做的检验项目都做好了，把结果上传到LCOF的网站。网站回复了电子邮件，确认零件合格可以继续生产。这家质量检查中心同时也是全美供应互联网的一家运输中心。质量检查中心的工作人员把铸件放到三个货盘上，给每一个货盘都贴上一张射频识别系统标签。这些标签上印有像汽车牌照一样的独一无二的编号。每一个电子产品号码都有小企业的地址，也有目的地，也就是 LCOF 的地址。这些号码还和检验结果连在一起，通过这些号码，可以随时把结果调出来。质量检查中心的工作人员把运输申请上传到供应互联网的服务器上。制造零件的小供应商回到厂里，现在他明确知道可以继续生产剩下的 94 个零件了。

同时，在质量检查中心附近有一辆卡车，它刚刚送完一批货，正想打道回府，就在这时，它接到了一个有人要搭便车的请求，要搭载的就是那 6 个马达外壳，装在三个货盘上，它们刚刚被检查完毕，就要发送给 LCOF 了。卡车司机是供应链互联网的注册司机，跑一趟总是想多赚点钱。司机接受了任务，驱车向质量检查中心驶去。中心的工作人员收到了司机的确认，同时也知道卡车现在在什么地方，要来载货的是一辆什么样的车，以及车牌号码是多少。他很快就把三个货盘搬到装卸货区。车来后，他和司机一起把货放上车，握手道别后，司机就开车往家的方向行驶了。车快进城时，司机的仪表板指示他改道。司机把那些货盘运到城里的供应链路由器仓库，卸了货，就可以回家休息了。

这些零件在去往 LCOF 的路上，发货的小企业和 LCOF 都一直在跟踪着它们的去向。这三个货盘在路上还分开了，因为有一辆当晚就出发的卡车只有装载两个货盘的位置。第三个货盘在第二天早上搭另一辆车向另一个中转点出发。由于每一个货盘都有一个射频识别系统标签，每一辆车都有一套 GPS 系统，因此这种路线安排方式非常有效。两天后，三个货盘都送到了 LCOF。

这个时候，供应商继续生产外壳，朝着 100 个目标稳步前进。他不等生产满一卡车才去做下一步，而是经常带着一个货盘的货就往质检中心跑，外壳在那里通过了检验，就一个货盘一个货盘地进入供应链互联网。LCOF 每天都收到货。收到货后，他们还要再做些质检工作。第二周的时候，倾盆大雨把一座桥冲垮了，高速公路也部分封闭了。但幸好供应链互联网的临时路线马上指挥把这些货盘的路线改到南面的一条路线上，这样 LCOF 收货时间只比原来晚了两天。遗憾的是，这场暴雨让北方一些城市停电了。其中一个要做 50 个外壳的制造商不得不停工了。这个供应商给 LCOF 打电话，把情况告诉他们。LCOF 马上跟其他供应商联系，让他们为这 50 个外壳再次竞标。其他供应商可以补上这个缺口，多生产 50 个零件，这样在两周半的时间内，LCOF 收到了它需要的所有配件。还好，现在他们还有一周半的时间来完成这张南美订单。

这个供应商互联网速度快，又有弹性，适合小批量运输，促进了实时到货，且减少了“牛鞭效应”。它其实和真正的互联网很相似。中型供应商一开始不想加入这个供应链互联网，但是经过几年的观察，也看到了它能够带来的价值。于是经过一段时间，大家陆续为这个运输新世界开发了各种新技术，让它得到了进一步的发展。一家 3D 打印公司推出了三天出货的砂模铸造模具制作服务。这家公司给制造商送铸模时用的也是这个供应链互联网。一家生产工业电脑断层扫描仪的企业推出了一款低价新产品，这个价位小型制造商也能负担得起。一家远程信息处理企业推出了一款射频识别模块和 GPS 相结合的语音系统，可以安装在汽车仪表板上。一家大型汽车制造商宣布说，这套远程信息处理系统会成为卡车的标准件。围绕着供应链互联网展开的移动应用犹如百花齐放，从移动存货警报到运单机会追踪的应用软件，应有尽有。

这个制造业的新世界是分散的，又是民主的，大小参与者都有发言权，不再是一个少数几个巨头统治的世界。但现在通往这个未来新世界的道路不是平坦的，需要有其他几个技术突破以及新的政策支持，更重要的是，参与的企业数量要够多，才能形成一个生态系统。最初推动互联网并为之提供足够用户的是美国国防部。现在，世界也需要这样一个召集者，这个召集者不但要提供资源，还要为参与各方起到组织协调、集中风险的作用。在小型企业和新科技的世界里，降低风险对是否能够继续前进起着很重要的作用。下一个系统中的科技重大进步的推手来自何方，我们正拭目以待。

本章描述了一系列的科技进步，在这些科技进步的推动下，我们就可以向着先进制造业前进，给生产制造过程创造大变革。这些新科技并不局限于某些特定的行业，它们的应用前景是广泛的，从医疗设备到飞机制造都可以应用。纵观美国经济发展的历史，科学技术、生产流程、商业模式的新结合总能够带来生产效率的大幅提高，让美国在工业发展中处于领导地位。我们现在已经可以看到，技术进步能够给 21 世纪制造业创造出先进生产系统的新模式。

本章还深入探讨了几个在将来可能会被采用的新模式。从工业革命以来，工业生产的发展史就是一部生产规模不断扩大的历史，但是现在正在开发的新技术、新流程、新商业模式却能够让生产规模变小，同时产品的生产效率和成本又和大规模生产不相上下。规模变小后，生产制造也就本地化了，产品也多是针对某些客户的特别需求量身定制的。这样的生产模式都是本地化的，支持它的研究开发机构、业界联盟和学术界也是本地化的，这些因素结合起来，共同努力，就能够改变美国制造业的未来。

MAKING

From Innovation to Market

IN AMERICA

7

“下一代”人才

就业危机与技能培育

要使一个经济体充满活力、蓬勃发展，科技进步是必不可少的组成部分。最新的科技进步和即将到来的科技进步总体来说不会增加失业率，但是落实到个人身上，有些人会因此面临痛苦和代价昂贵的调整。

美国人民对经济的最大焦虑在就业机会上：未来的就业机会将从何而来，下一代都会有什么就业机会？经济从金融危机中慢慢复苏，但如今失业率还是很高，对大多数美国在职人士来说，过去 10 余年的收入都没有怎么提高，而且这种收入停滞不前的现象没有改变的迹象。要让研究工作、政策制定取得成功，就必须对这个形势有深刻的理解，但是这绝非易事。当前的就业问题根源何在，答案五花八门，且很多答案是自相矛盾的。将来的就业前景如何？这个问题的答案也同样不尽相同。

面对失业率居高不下这个窘境，最具争议性的问题之一是：这个现象之所以存在，是因为就业大军缺乏相应的技能，雇主们找不到具有相应技能的员工。PIE 委员会的研究人员解决了这个问题。我们必须确定技能短缺是否真正存在，因为这对研究创新如何走向市场非常重要。进行创新的新创企业和成熟企业需要开发一个新产品，但是在附近又找不到所需的人才，于是最自然的选择是到海外去寻找合作伙伴，如果不能到海外去，就只能在现有的产品线上下功夫，努力多生产、多销售一些现有产品。

有没有技术人才缺口，对美国经济未来的创新途径起到了决定性作用。我们打算以企业招聘和空缺数据为基础来寻找一个客观的答案，为此，PIE 委员会的研究人员对将近 900 家美国制造企业的管理人员进行了有代表性的问卷调查，还在纽约州的罗切斯特、马萨诸塞州西部等工业老区，以及北卡罗来纳州的洛利杜罕都会区等新热点地区对企业主和培训机构进行了十几场现场采访。PIE 委员会的研究人员在美国、德国和中国进行采访时都就这个问题询问管理人员，如何找到具备产品开发、测试等相关技术的人才，而且这些人才还要具有把产品从研发带到大规模生产的经验和技术。本章描述了这个方面的研究结果，特别是保罗·奥斯特曼（Paul Osterman）和安德鲁·韦弗（Andrew Weaver）这两个同事的研究成果。奥斯特曼和韦弗在《重塑制造业（实践篇）》一书中对这些资料进行了更深入的分析。

大家都担心创新会彻底摧毁制造业提供的就业机会，在美国，机器人取代了工人，在美国之外，则有大批的低成本劳动力把岗位都抢走了。大多数工人都只具备一般的智力和技能，自动化会减少他们的就业机会，这个忧虑在美国由来已久，而且周期性地重复出现，因为一波又一波的技术进步和生产力提高都给劳动力市场和岗位带来了翻天覆地的变化。1964 年，美国国会成立了美国科技、自动化、经济进步委员会，专门研究 1954 年到 1965 年间科技进步是不是岗位流失的主要原因。和今天的情况相似，委员会的报告承认，有些人认为“科技进步不但会在近期提高失业率，最终还会消除大多数岗位，我们现在工作的事情大部分都会交给机器来自动完成”。报告最后的结论是失业很大程度上是由财政、货币政策不当引起的。20 年后，美国国家科学院就同样的问题在全美范围内展开了另一项调查，得出的结论是：

> 要想让一个经济体充满活力、蓬勃发展，科技进步是必不可少的组成部分。最新的科技进步和即将到来的科技进步总体来说不会大幅度提高失业率，但是落实到个人身上，有些人会因此面临痛苦和昂贵的调整。

现在关于自动化和就业机会的焦虑以特别强烈的形式表达出来，是因为这方面的研究人员特别善于表达。埃里克·布林约尔松（Erik Brynjolfsson）和安德鲁·迈克菲（Andrew McAfee）把科学技术发展脚步不断加快，比喻成一场“人类和机器的赛跑”。他们认为，过去10余年的经济复苏都没有大幅改善就业机会，就证明了数字化技术已经改变了经济发展和就业机会之间的关系，整个经济体的岗位总数减少了。他们总结说：“这里受到损害的不一定是马鞭制作者这样的很小一部分工人。总的来说，可能人口总数的90%甚至更多的人都会受到影响。”布林约尔松和迈克菲认为，现在这场技术革命和20世纪60年代及80年代进行全美调查时的技术革命完全不同，因为互联网是一项通用科技，影响到了整个经济体的方方面面。我们不知道他们关于就业机会的预言是否会成真，也不知道他们的理论是否能够解释我们面临的就业现状。但本书第2章指出，苏珊·豪斯曼和其他经济学家对生产力提高和制造业产量之间的关系进行了研究，没有发现自动化是过去10多年间岗位流失的主要原因。

一项新通用技术的出现是否会导致大规模岗位流失仍有待研究。在美国历史上也曾经出现过影响巨大的通用技术，20世纪早期的电气化就是一项影响到社会经济方方面面的新技术。研究表明，电气化带来了技术、技能的重新分配，这方面的变化是巨大的，但是并没有让工作岗位消失了，甚至也没有让某种技术特别受追捧或某种技术变得过时，这都是经济发展中一直存在的现象。进入电气化时代后，技能的转移和现在面临的劳动力市场不无相似之处，要求工人具有中等技术的职位被转移了。

历史上，给整个经济体带来全面变化的新技术一波接一波，它们带来的劳动力市场变化也已经形成了一个新模式，这个模式让我们对布林约尔松和迈克菲提出的理论不能照单全收。科技进步就像卡门·莱因哈特（Carmen Reinhart）和肯尼斯·罗格夫（Kenneth Rogoff）研究的金融市场泡沫一样，身在其中的人总是觉得“这次与以往不同”。当然，我们也不能彻底排除发生全新变化的可能性。但是，PIE 委员会的研究人员在衡量未来的就业情况时，采取了和上面的研究人员截然不同的研究方法，在现有企业的真实经历中寻找变化的迹象。前面说到的研究都是从科技出发，再推断科技对工作岗位的影响，PIE 委员会的研究人员则另辟蹊径，从工厂管理人员的报告出发，看一下他们所在企业对员工技术、技能的要求有什么变化，招聘时遇到了什么困难。

最后，在美国，企业要找到合适的技术人才还是有困难的，负责就业机会和技能研究的 PIE 委员会的研究人员努力找出造成困难的原因。在本书很多章节中，我们把 20 世纪 80 年代以来美国工业的很多变化归咎于美国大企业的架构重组，而在未来就业机会这个课题上，我们也认为美国企业架构的变化扮演了重要角色。

当大型一体化企业在美国工业界占主导地位时，与现在的企业相比，这些大企业进行更多的内部培训。这种培训有溢出效应，对整个劳动力市场都有好处，因为企业培训的员工数量往往比他们实际需要的多，他们想找出最有潜力的员工并留用。在大企业里受训的员工有些会到供应商那里去工作，有些会到同一地区的中小型企业那里去工作。大企业还经常支持其所在地的职业学校，从毕业生中招聘员工。学徒制度消失后，企业内部培训也大大减少了，这其实也是现在企业平均规模比过去缩小了的表现。长时间在同一个企业工作已经是很少见的了，更别说整个职业生涯都在同一家公司度过了。频繁跳槽和职位保障程度降低，这些都是现代职场的特征。小型企业则没有足够的财力来组织培训。不同规模的企业对工人进行培训的意愿都降低了，因为培训出来的员工也不可能长期为本企业效劳，企业能够收回在员工身上的投资的机会不大，而竞争对手则很有可能会把培训好的员工给挖走。

企业结构发生的这些变化，不但影响了技术人才的培养，还影响到企业和人才培训机构之间的协调关系，曾几何时，企业即是人才培养机构，而现在企业和人才培养机构已经分化成两个不同的个体，它们之间还缺少必要的协调和沟通。现在，私营企业不再有能力和意愿用自己的成本来提供这些公共资源了。政府应该如何介入来填补这个空缺，这是研究公共政策时要面对的主要问题。

人才缺口的调查结果

有人说，今天制造业的失业率很大程度上反映了求职者不具备所需技能这一现实，不同政治派别难得在这个问题上意见这么统一。共和党参议员马可·卢比奥（Marco Rubio）和民主党的芝加哥市长拉姆·伊曼纽尔（Rahm Emauel）都发表过这样的见解，伊曼纽尔还对《纽约时报》的托马斯·弗里曼（Thomas Friedman）说，人才短缺这个现象每天都使他忧虑。行业协会也说人才短缺是美国经济面临的主要问题之一。2011 年，美国制造商协会引用了一个问卷调查的结果，调查发现，74% 的企业报告求职者缺乏岗位技能，阻碍了企业扩张和生产力的提高。

经济学家则认为，现在入职不久就失业的员工很多，在这种情况下，人才短缺这个说法很难成立。从 2008 年到 2012 年，技术要求上升了这么多吗？经济学家们还认为，当生产必需的一个因素变得稀少时，它的价格就会上升，这一经济学基本原理应该起作用。虽然从 2010 年 10 月到 2012 年 10 月，制造业总体就业水平呈上升趋势，工资的上涨却有限，2008 年到 2011 年，制造业平均每小时工资增长了 6.9%，相比之下，整个私营企业界平均每小时工资涨了 6.7%。2008 年到 2011 年间，即使是制造业工人队伍中技术水平最高的那部分人，比如机械工程技术员之类的工人工资涨得也不多，这足以证明制造业劳动力供大于求。

在美国进行的采访中，PIE 委员会的研究人员也听到过人才短缺这个说法，但是到底缺的是哪方面的人才则众口不一。听到这种说法时，我们很难确定是真的没有合格的应聘者，还是用工单位开出的工资不足以吸引合格的应聘者前来应聘，在用工单位现有的薪资水平下，合格的应聘者只是偶尔露个面。以大波士顿的劳动力市场为例，在当前市场条件下，用人单位抱怨说，每小时 9 美元的高中毕业生员工工作态度很差，他们随时会辞职到另一家公司去，只是因为另一家企业给他 10 美元一小时。我们应该如何评价这种抱怨？在这个传闻满天飞的世界里，大家互相指责，比如公立教育的教学质量差，年轻的一代价值观有问题，毒品泛滥，企业不再提供培训，工会态度强硬，内部帮派林立，制造业出了名地脏、枯燥和危险等。在这种情况下，一份取样数量大、代表性强的问卷调查就能够给我们一个客观的结果，能够毫无偏袒地回答到底有没有人才短缺的问题，如果有，哪些方面短缺。

PIE 委员会的问卷调查的主要目的是收集用人单位技术需求、职位空缺和招聘模式的具体数据。2012 年 10 月，我们从邓白氏数据库中随机抽出 2 700 个制造业企业，根据美国人口普查局在 2010 年发表的县郡商业模式调查报告，将企业按照员工总数分级，在各个等级中进行抽样，因此抽样集中了大、中、小型企业的代表。本书第 4 章也描述了抽样调查，当时我们把烘焙、打印以及出版企业排除在外，在这里我们也沿用了这个做法。虽然美国人口普查局认为打印、复印店是制造业企业，但我们认为它不是。回答 PIE 委员会问卷的通常是车间管理人员或者是人事部员工。问卷调查期截止到 2013 年 1 月，34% 的调查对象把问卷填好，送回给我们，可供分析研究的问卷共有 874 份。给我们回复的企业规模和抽样的企业规模相对应，但是员工总数在 500 名以上的大企业回复不多，因此得到的数据可能对大企业的代表性不够强。在分析数据的时候，我们用加权方式对这个情况进行了纠正（见图 7-1）。

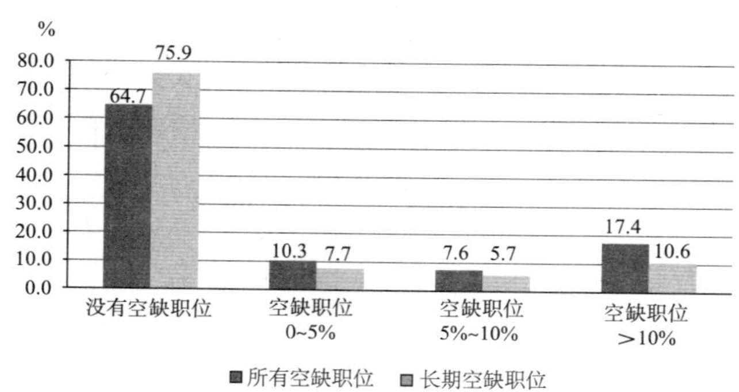

图 7-1　企业的空缺职位占企业核心员工数的百分比

资料来源：PIE manufacturiag skills survey。

为了确定企业是否真正面临招工难的情况，管理者要回答在招聘“核心”生产工人时发生的真实情况。美国劳动力市场职位空缺研究都问到了这个问题：要多长时间才能招聘到具有合适技能的员工？史蒂芬·戴维斯（Steven Davis）、杰森菲伯曼（Jason Faberman）和约翰·霍尔蒂万格（John Haltiwanger）发表的研究中表示，填补职位空缺的时间大大延长了，从 2009 年的 15 个工作日提高到了 2012 年的 23 个工作日。时间拖长的其中一个解释是缺乏合适的应聘者。但是别的解释也是可能的，比如用人单位对经济复苏还是缺乏信心，还在犹豫是否真的要增加员工人数。这两个观点谁是谁非？为了正确理解美国失业率为何居高不下，以此为基础来制定相应的政策，解决最迫切需要解决的问题，我们必须对这两个观点做出判断。这两个观点都有道理，但要从根本上解决它们，则需要完全不同的政策导向：如果问题的关键在于应聘者技术、技能不足，相应的对策就是加强教育和培训；如果是企业信心不足，相应的对策则是推动宏观经济发展。

PIE 委员会的问卷调查目的是为了搞清楚制造业企业的空缺职位有多少个，每个职位会空缺多长时间，企业管理者是怎样看待找不到合适人选这个问题的。虽然 41% 的管理者说从 2010 年到 2012 年，核心生产工人变得越来越难招聘了，但是，PIE 委员会的问卷调查结果却表明，大多数用工企业的这类职位空缺时间没有变长，也即没有持续 3 个月或更长时间都招不到人来填补空缺的情况。

要填补一个空缺的中位数时间是 4 周。同时，调查也表明，24% 的企业有空缺了 3 个月或更久的职位没有填补上。16% 的企业汇报说这类职位占它们核心生产人数的 5% 或更高的比例。在有长期空缺的企业里，很多管理人员说这个问题是取得更大成功的主要障碍。在所有抽样企业中，只有 16.1% 的管理人员说，“招不到合格的技术工人是提高经济效益的主要障碍”，但是在那些长期空缺大于或等于 5% 的企业中，41% 的管理人员说，“招不到合格的技术工人是提高经济效益的主要障碍”。这样看来，虽然大多数企业没有长期职位空缺的问题，但对有些企业来说却是个大问题。

有职位空缺，但是招不到人的企业都有什么特征？为了使问卷中关于技能水平的问题更精确，PIE 委员会的研究人员在问卷中给出了基本阅读、数学、电脑和人际关系技能的定义。

◎ 基本阅读技能：能够阅读一段操作说明的能力。

◎ 基本写作能力：能够给别人写一个便条的能力。

◎ 基本数学知识：会加、减、乘、除和分数。

◎ 基本电脑技术：每周至少使用一次电脑。

如表 7-1 所示，并不是每一家用人单位都需要这些最简单的技能。

表 7-1　基本技能需求

核心职位需要基本技能的企业占比	%
核心职位需要基本阅读能力的企业占比	76
核心职位需要基本写作能力的企业占比	61
核心职位需要基本数学知识的企业占比	74
核心职位同时需要基本阅读、写作和数学的企业占比	52
核心职位每周至少需要使用几次电脑的企业占比	63

问卷进一步问到更高级的技能组合。这些在社区学院的课程都会教到，也包括在质量好的中专技校课程里。比如，关于电脑技能的问题是：职位应聘者

是否需要电脑辅助设计和电脑辅助制造技能；关于数学技能的问题是：应聘者是否要懂概率、统计学、几何学和微积分。表 7-2 指出了需要至少一项高级技能的企业和需要两项或以上高级技能的企业占比。超过 2/3 的企业认为在团队中工作的人际关系技巧很重要。3/4 的管理人员要求员工能够给自己的出品做质量检查。让人感到吃惊的是，仅不到一半的用工企业认为需要具有独立主见的员工，这表现在它们对以下问题的回答上：员工是否需要具备在没有指示的情况下自动承担新任务的能力？员工是否需要具备独立评估选项的能力？

表 7-2　高级技能要求

高级技能	需要至少一项高级技术的企业占比（%）	需要两项或以上高级技术的企业占比（%）
高级阅读技能	53	25
高级写作技能	22	4
高等数学知识	38	12
高级电脑技能	42	23

总的来说，PIE 委员会的问卷调查表明，高中毕业生都应该掌握制造业企业需要的大多数技能。最高级的技能组合也在大多数社区学院的课程内容里。2009—2010 年间，美国制造业劳动大军中只有 13.1% 的人没受过高中教育，其余的人至少都有高中毕业文凭，54.3% 的人接受了高中以上教育，有些还拿到了学位。因此，没有证据表明制造业需要的技能全面缺失，因为现有员工的教育程度证明他们是具备这些能力的。虽然很多人说，今天的新型经济体系需要员工具有更高的教育程度，但是对高级技能的需求也并没有以很快的速度提高。PIE 委员会的研究人员问接受问卷调查的人：过去 5 年，对员工的技术要求提高了很多吗？只有 7.1% 的受访者同意这个说法；34.4% 认为有部分提高；48.2% 的人说没有提高；还有 10.1% 的人甚至说，要求下降了。

即使大多数企业可以顺利找到具备必要技能的员工，但还有差不多 25% 的企业在不断地寻找合适员工，找了三个月了还没有找到合适的人。深入了解这些企业及其需求是很有必要的，它们很可能是具有预警作用的先行指标，预先把将要发生的灾难告诉大家。

第一，一个值得注意的现象没有出现在这次调查结果中。现在，媒体有那么多关于年轻一代性格缺陷的报道，但在解释招聘难时，很少人提到通不过药物检查、职业道德不好这些因素。

第二，当我们问为什么招不到人来填补这个空缺时，绝大多数人给出的理由是很难找到具有某种特定技术的人。这样来解释招聘难的企业通常也要求应聘者具备高级数学技能和高级阅读技能。

遇到招聘难题的小企业也比大企业多。这些小企业一般和社区学院及其他培训机构的联系较少。但这些企业每年推出的新产品数量比企业平均数还多。如果越有创新能力的企业越难招到人的话，未来的问题就会更大了，因为将来越来越多的企业会采用先进生产技术，这就要求员工掌握更高级的数学知识和阅读技能。招工难还有另外一个原因：如果一家企业给核心生产工人付的工资比其他同地区同类企业低，没过多久这家企业就会遇到招工难的问题了。因此，面临招工难的企业有两类，一类是对应聘者技能要求太高的企业，一类是不愿意给工人按市场价付工资的企业。表 7-3 是我们对于解释招聘难的问卷。

表 7-3　企业对长期职位空缺的解释

认为招聘难的原因	（%）	备注
应聘者缺乏通用性技能	7.1	值得注意的是技能扮演的角色非常重要，性格起的作用不大。
应聘者缺乏职位必需的特别技能	42.7	
应聘者不能通过违禁药物检验	2.2	
态度不好 / 性格有缺陷	2.2	
人际关系技巧不够	2.3	
招聘资源不够	7.9	
工资不够吸引力	14.0	
工作环境太差	0.5	
应聘人数太少	6.8	

第三，我们把注意力集中在有长期职位空缺的企业身上，正视这些企业面临的问题，是因为现在的问题在未来会变得越来越严重，因为现在的工人队伍已经老龄化，再过几年我们就会迎来新一波退休潮。2009—2010 年间，劳动大军中有 17.2% 是超过 55 岁的。美国劳工统计局的预测表明，虽然未来制造业需要的工人总数很可能比现在少，但是现在这一代制造业工人退休后，要填补他们留下的职位空缺也是个大问题，这也是需要考虑的。

如何培养新的制造业工人队伍

现在美国劳动力市场面临着多种挑战，我们要填补现在的人才缺口，招聘、培训新一代制造业工人来填补工作岗位空缺。新的工作岗位要求工人具备新的技能组合，能够从书本学习，有动手能力，精通电子科技，更要有足够的人际关系技巧来管理和远距离或近距离合作者的关系。迎接这些挑战的培训机构和过去的机构大不相同，因为企业架构的改变大大削减甚至完全除掉了以前的培训机构。过去 30 多年间，在企业架构改革以及美国跨国企业把生产制造设施大举外迁这两个因素的共同作用下，培训和教育工人队伍的方法和以前也大不一样了。

蒂姆肯公司

蒂姆肯公司是一个生产机械配件和高性能钢材的全球化工业企业，从它身上我们可以清楚地看到企业架构改革带来的影响。这家总部位于俄亥俄州的企业是在 1899 年创建的，现在年销售总额为 50 亿美元，在全球各地有 63 家工厂，雇有约 2 万名工人。我们采访了它的总裁詹姆斯·格里菲思（James Griffith）、董事会主席沃德·J. 蒂姆肯（Ward J. Timken）还有其他高级管理人员，他们谈到了过去 20 多年间，企业的策略和个人的职业生涯发生的变化，我们可以从中感受到企业架构变化带来的影响。

蒂姆肯公司在创立后的大部分时间里，都专注于滚锥轴承的生产。就像一个高级管理人员说的那样："我们是这个窄小市场缝隙中的一头大笨象。"蒂姆肯公司是滚锥轴承的龙头老大。20 世纪 80 年代后，全球化竞争越演越烈。当时美国的汽车公司是蒂姆肯的大客户，但这些大客户的日子也变得艰难了。科技进步使得轴承的寿命翻了 10 番，以新换旧的订单因此大大减少了。蒂姆肯公司面临着很大的风险，因为分布在全球各地的竞争对手对它虎视眈眈，很可能推出质量勉强"过得去"的产品，来把它的产品取代了。

当时刚刚上任的领导层决定进行深层改革，走出一条新路子来。他们制定出来的新策略坚持发挥企业核心优势：在把机器变得更加坚固耐用、提高机器效率的基础上进行发展，通过多元化经营变得更赚钱，也就是要重点利用蒂姆肯公司在冶金、摩擦力管理和机械动力传送方面的专业知识。蒂姆肯公司丰富了产品线，还给这些产品增加了相关服务；这个原来高度垂直一体化的企业把核心优势和独树一帜的能力保留在公司内部，把生产过程的标准化部分外包出去；为了更靠近新市场、新客户，公司在亚洲和东欧也建立了生产基地。每一个战略的变化都对公司架构和员工队伍产生了巨大的影响。这些改变的另一个目的就是使企业不那么受经济周期的影响，提高了在经济周期中每一个阶段的业绩。

冶金、摩擦管理、润滑、负荷及压力分析这些不同的业务线经常进行沟通，对客户的理解也因此加深了。蒂姆肯公司生产的特种钢材中，60% 用来生产含有其他蒂姆肯成分的产品。在这个基础上，企业推出了新的合金，把产品线从单一的滚锥轴承扩大到滚柱、滚珠轴承、机械系统甚至整个变速箱的生产。就像其中一个管理人员说的那样，“这不再是让研发部的人小打小闹一下了。”

蒂姆肯公司还在中国广东省设立了一家技术中心，那里有 420 名工程师和技术员，他们在落实新策略方面立下了汗马功劳；但是蒂姆肯公司也需要收购和整合别的企业。并购现存的企业不但对获得市场空间和客户渠道至关重要，还可以扩大公司的产品范围和生产能力。因为蒂姆肯公司意识到把产品和服务配套能够带来更加丰厚的利润，所以并购的企业中有些是服务供应商。有些业务部门的边际利润很薄，比如把汽车零件卖给原始设备制造商，蒂姆肯公司还坚持在那里耕耘，就是因为汽车维修需要的零件和服务利润还是挺可观的。

新策略的另一部分是要求接近客户，为了落实这个策略，蒂姆肯公司在亚洲和东欧等新市场并购或新开设了生产设施，继续在传统的美国和西欧生产基地为发达国家的客户服务。2000 年，蒂姆肯公司的员工总数是 21 000 人，年营收总额是 25 亿美元；2012 年，员工总数是 20 000 人，年营收总额是 50 亿美元。1998 年，75% 的营业收入来自美国，后来这个数字变成了 62%。但是不同业务线的这个数字也大不相同：55% 的轴承卖到国外去了，90% 的高端钢材还在美国销售。钢材很重，运费很高，但是有些客户宁愿多花钱也要把这种钢材运到亚洲市场去。蒂姆肯公司最大的轴承也出现了同样的情况，一个用在风塔上的超大型轴承重 4 吨，要把在俄亥俄州生产好的轴承运到中国成本就太高了。现在，美国、中国、罗马尼亚的生产基地都生产这些大轴承，这样就可以就近满足客户需求。虽然不会把最大的轴承跨洲隔海运输，但节省物流开支也是蒂姆肯公司的创新项目之一。蒂姆肯公司开始和一个名为工业折纸术（Industrial Origami）的供应商合作，想用折叠式的、可重复使用的金属装货箱来代替现在的木制装货箱，这些用来装轴承的木头箱子有的重达一吨半。

蒂姆肯公司垂直一体化架构被新商业模式取代的同时，它招聘人才的方法也发生了很大变化。我们采访的多个管理人员都是从学徒开始一直在蒂姆肯公司工作，逐步升迁到现在的位置的。史蒂芬·约翰逊（Steven Johnson）现在是工艺技术主管，他是通过英国蒂姆肯的学徒计划加入公司的。兰迪·基科（Randy Kiko）是原型机制造部的负责人，他在 1979 年 4 月加入了蒂姆肯公司在坎顿的技工学徒计划，那时他刚高中毕业 8 个月。基科刚到公司的那几年，公司在任何时候都有 60 到 100 名学徒。但是，公司向海外发展后，学徒计划就萎缩了。大多数新招聘的员工离坎顿很远，地点又比较分散，很难集中管理。历史悠久的培训部也解散了。从 20 世纪 90 年代中期开始，蒂姆肯公司就把驻扎在车间的培训师给撤了，改为在俄亥俄州的技术中心开始和第三方展开合作，以确保人才渠道畅通。该技术中心与高中和技校合作来支持机械和工程技术人才的培养。基科也负责坎顿的高中合作计划，他告诉我们，当地的学生家长都很想让孩子们能够在蒂姆肯公司得到一份工作。每年，蒂姆肯公司都会找几个读完高中一年级的学生来做暑期工，最后会在这些学生中挑出两三个，这两三个学生在高三时会有一半的时间待在原型机车间里，在车间做轮岗学习。公司保证这些学生毕业后就会被聘为员工，每小时工资是 9 美元，再送到斯塔克州立技术学院，甚至是 4 年制学院去接受进一步培训。从这些学院毕业后，新员工会得到一本大专文凭，蒂姆肯公司支付 2/3 的学费，员工在校期间还会拿到工资。在全球各地的其他生产设施也有相似的培训计划。

蒂姆肯公司为满足人才需求做的最新尝试是和当地教育机构建立合作关系。俄亥俄州总部就和附近的斯塔克州立社区学院、阿克伦大学建立了这样的合作关系。通过这种合作关系，蒂姆肯公司不但设置了新课程、新学位，还在校园里设置了基础知识研究中心，让学生们可以亲手接触到最新的技术和设备。把生产外包后，留下的工人很难得到亲手操作的机会，但是工人要能够设计新产品，并对供应商进行有效的监控，就必须具备亲手操作的经验。把生产外包出去了的企业都面临着这样的问题。和阿克伦大学、斯塔克州立社区学院建立的新关系就解决了这个问题，在这里，公司给学生们提供基本工程学课程的同时，还提供了在蒂姆肯仪器上动手实践的机会，为这些活动提供经费的不单单是蒂姆肯公司，政府也提供了资源。

斯塔克社区学院位于俄亥俄州的北坎顿，蒂姆肯公司正在这里修建一家技术测试中心。这里有专门用于生产超大型轴承的机器，学生们可以获得操作、保养这些机器的经验。斯塔克社区学院的学生总数是 15 500 人，其中 2/3 是兼职学生。蒂姆肯公司在利用这套联合共建的设施测试、验证产品的同时，也培训了学生，其中一部分学生毕业后可能会去蒂姆肯公司工作。蒂姆肯公司也想过是否应该把这家中心设在靠近公司所属的一家大口径轴承生产基地的附近，但是最终还是决定把它放在斯塔克校园里。这里离总部很近，来公司拜访的客户都可以过来参观，这家中心同时也可以用作客户培训，这样会给公司赢来更好的口碑，带来更多合作机会。把中心设在这里还可以得到政府的资助，政府出资了整个设施建造的一半费用。蒂姆肯公司有一个管理人员说，这样一家测试中心在过去一定是设在自己的屋檐下的。但把测试中心设在学院里，便无形中把自己的员工队伍也延伸到学院里了，这样做大大降低了中心的建设成本。

2005 年，斯塔克开始了第一个这样的合作项目，它说服劳斯莱斯公司把一家燃料电池的研发中心设在它的校园里。斯塔克把整栋楼租给劳斯莱斯公司，专门让它在这里开展燃料电池的研究，同时也开设了一门燃料电池工程课程。斯塔克还向劳斯莱斯公司提出一起为这个项目向州政府申请资助的建议，即俄亥俄州第三先进产业补助金，同时还向美国政府申请美国国家科学基金会拨款，这样它们一起为这个项目从政府那里拿到了 1 800 万美元的拨款。这家中心不断扩大，现在仅和它相关的职位就有 60 个了。

蒂姆肯公司和阿克伦大学的合作采取的方式又有所不同。蒂姆肯公司把自己的涂料研究仪器和研究人员转让给阿克伦大学，以此为基础建立了一个新的表面工程研究中心。这个新的研究中心就设在一个腐蚀实验室隔壁，这个腐蚀实验室得到了美国国防部 2 400 万美元的拨款。在一家主要生产轴承和特种钢材的企业里，涂层业务显得孤零零的，和周围的环境很不协调。虽然蒂姆肯公司的产品都需要涂层，但是涂层不会成为一条独立的业务线，这样蒂姆肯公司在涂层业务上做出的创新就不能得到充分利用。现在，研究中心搬到阿克伦大学校园里，成为一家工业同盟的一部分，其他企业也可以加入这个中心的研究项目，以涂料研究中心的研究成果为基础，蒂姆肯公司、阿克伦大学和其他企业合作方就可以共同推出新创企业。阿克伦大学新推出了腐蚀工程学士学位，这门美国首创的课程也是合作的一部分。这个学位的毕业生有些会到蒂姆肯公司工作，有些会到俄亥俄州东北部的其他金属加工企业工作。

蒂姆肯公司用这个新奇的方法为自己创造了稳定的技术员工来源，还把一部分研究开发和测试设施的建设成本转嫁到政府头上去。在这里，企业起到了把教育界和企业界联系在一起的召集者的作用，它先把自己的资源贡献出来，让其他企业有条件使用这些资源，且其他企业也有做贡献的机会。蒂姆肯公司和斯塔克社区学院、阿克伦大学建立的新型合作关系，为饱受企业架构改变和经济全球化重创的美国工业界和社区指明了一条前进的道路。这条道路是否能够经得起金融市场压力的考验而继续存在，我们就得拭目以待了。

PIE 委员会的研究人员还对另外一个像蒂姆肯公司的企业进行了研究，这家企业原有的学徒制也消失了，它便是柯达公司。

MAKING 制造业案例 IN AMERICA

柯达公司

纽约州的罗切斯特是全世界最先进的光学产业集群地之一。柯达公司、博士伦公司、施乐公司都是在罗切斯特创立的，还有像美国康宁这样的光学 / 光子企业也是这个地区的大企业。20 世纪 80 年代，柯达公司处于鼎盛时期，仅在罗切斯特的员工就有 6 万人之多。在 20 世纪 60 年代初期，柯达公司和门罗社区学院合作创立了一个专门培养光学技术员的两年制大专学位。这门课程让学生为操作精密的透镜打磨和抛光仪器做好准备。来攻读这个学位的都是柯达公司的学徒。后来，柯达的业务开始日落西山，员工队伍也缩减了。而后柯达在罗切斯特的员工总数只剩 5 000 人。柯达的业务日益衰退，与此同时，它对学徒制和门罗社区学院的支持都减少了。近年来，这个学位的在校生只有几个人，很快就开不下去了。

虽然柯达的生意不行了，这个地区的光学小企业却如雨后春笋般地成长起来，而且业务蒸蒸日上。这些企业有的为 3D 电影生产镜头，有的为半导体刻印仪器生产配件，有的生产精密玻璃打磨、抛光仪器。这些企业都需要有技术专长的光学技术员。但是，它们的规模太小了，不能在企业内部建立一套全面的学徒制度，而且它们太分散，不能集中在一起建立一个由行业来管理的培训计划。而且，每一家企业具体需要的技术组合也不同。罗切斯特地区光学技术人才来源濒临枯竭的边缘，造成这种状况的原因是企业之间缺乏协调，而不是市场需求。

罗切斯特地区光子集群地工业协会（RRPC）的一个领导人和当地一个光学企业的高管下定决心要找出复兴这个培训计划的方法。这两人动员门罗社区学院保留这个光学培训项目。门罗社区学院成立了一家由中小型光学企业组成的顾问委员会来给课程的设立提意见。RRPC 协会开始和高中及高中的辅导员建立联系，这些年来，随着产业重心从柯达这些大企业转向小型特色企业，这些辅导员已经和光学产业失去了联系。康宁公司为保留课程做了很大的贡献，它捐献了新的教学设施和仪器，另外一个小型新创企业 Sydor Optics 公司也做了贡献。在这个例子里，RRPC 协会担任了中介的角色，起到了协调作用，为技术人才培养开辟了一条新路子。

在 PIE 委员会研究的另一个地区，发挥协调作用的是政府机构。马萨诸塞州西部的汉普登地区就业委员会（REB）是美国政府授权的就业培训机构，它要和所在地的企业、教育机构联合起来把《劳动人口投资法案》落到实处。在斯普林菲尔德地区几家大企业关闭后，它们的内部学徒培训课程也随之消失了，当地的机械加工行业协会面临着技术工人短缺的问题，在这种情况下，协会找到了就业委员会。就业委员会在 5 所职业高中、2 所社区大学和有关企业之间牵线搭桥，让它们共同合作。在此之前，学校和企业之间的联系已经非常薄弱，而且时断时续。在就业委员会的积极干预下，各方开始共同开发课程，还建立起监工培训项目和失业工人再培训项目。为了鼓励高中生把机械加工行业的工作列入职业规划，他们还举办了招聘会，组织学生到企业参观。这样，人才缺口的问题逐步得到了解决。

为生物科技和制药公司等新产业培养员工，与为传统产业培养员工，在某种程度上是完全不同的挑战，因为在新产业里，企业和学校之间从来没有联系，它们之间的关系要从零开始。但是，这两种产业也有共同点，那就是学校和培训机构要能够培训出新型企业需要的各种人才，还要能够把规模不同的企业和这样的培训机构联系在一起。

PIE 委员会研究的其中一个案例发生在北卡罗来纳州，那里政府和私营企业界从 20 世纪 80 年代开始就在生产设施和人力资源方面做了很大的投资。这个州的传统工业是纺织、家具和烟草，这些行业近年来已经失去了几十万个岗位。工人队伍的培训和再培训不但和工人就业关系重大，还决定了新产业是否能够蓬勃发展，因为现在全州已经有 500 多家新产业企业了。这里既有葛兰素史克公司、默克制药公司、诺华制药、百健艾迪公司等跨国公司，也有新创企业。各种劳动力市场中介机构在这里通力合作，给州里的大学和社区学院开设新课程，为各行各业的企业提供合格的技术人才。这些中介机构在北卡罗来纳州生物技术影响力组织（NCBioImpact）这里碰面，这家组织把新产业的有关方面联系起来，组织的参与者有各种基金会、达勒姆商会、北卡罗来纳州生物科技中心和企业。以百健艾迪公司为例，在它的北卡罗来纳州研究三角园的制药公司和科技设施里有将近 300 名员工，这些职位都要求应聘者有 4 年制大学文凭。企业和北卡罗来纳州立大学的生物制造和培训中心紧密合作，培养企业需要的人才，百健艾迪公司还给培训中心捐赠了教学用的仪器。北卡罗来纳州中央大学的生物制造研究学院和科技兴业项目也有 4 年制学位，专门给学生提供生物科技方面的课程和实习经历。北卡罗来纳州有 58 所社区学院，生物网络组织还给各个学院提供培训生物科技工人所需的共享服务，让通过学院测试的学生都能拿到用人单位承认的证书。2011 年，生物网络组织的短期培训班培训了 4 300 多名学生，其中 80% 是重新培训的失业工人。

建立一个美国式的人才培训体系

本书第 4 章揭露了美国制造业企业所在的工业生态环境千疮百孔的现状，并指出缺乏协调和公共资源的匮乏是罪魁祸首。过去，员工培训不是在大企业内部进行，就是在大企业支持的技术培训机构里进行，这些培训活动产生了溢出效应，同一地区的中小型企业也受惠于因此产生的公共资源。然而，现在的全球化经济体系下，生产制造已经分化了，分散到很多小企业中去了，而每一个小企业可用于培训的资源非常有限，但每一家企业的需求和企业的策略又都很不一样。在 PIE 委员会研究过的一些案例里，一种新的体系正在形成，就像北卡罗来纳州研究三角园的生物网络组织、俄亥俄州的蒂姆肯公司和罗切斯特的光学集群地一样，这种新体系把企业、社区学院、高中、政府等多个参与者的目标及资源集中在一起，共同为工人培训出力。但是，需要把这些典范推广开来，要克服的困难是很多的。需要人才的企业众多，而且各自都有自己的独特需求，光靠市场力量解决不了这样的难题。由于工人可以自由跳槽，现在的用人单位都不能确定自己是否能够收回在内部培训上的投资。在当前形势下，投资在内部培训的企业要冒着随时被竞争对手挖墙脚的风险。

PIE 委员会的研究指出，解决这个人才培养难题的最佳方法是通过中介机构把分散的需求组织起来，和培训项目连接在一起，这个方法在培训和就业完全脱节或关系很薄弱的地区特别有效。虽然 PIE 委员会在研究过程中发现有很多发挥中介作用的机构，比如生物技术影响力组织、生物网络组织、生物制造研究学院和科技兴业项目、北卡罗来纳州的生物制造和培训中心、私营企业蒂姆肯公司等，但是，这些召集者、组织者都是偶然出现的，没有一定的规律，而且它们很分散，在美国各地的分布也不均衡。我们面临的挑战就是要进一步巩固这些机构的地位，让它们在美国各地广泛地建立起来。

MAKING

From Innovation to Market

IN AMERICA

8

从创新到市场

重塑生态系统的新途径

我们发现，在美国最有效的方法就是建立开放式的基础设施，很多企业都可以利用这些设施，与自己的内部资源相结合，把更多的创新激活并推向市场。这种基础设施我们称之为工业生态系统。

过去十几年间，学术界发表了很多关于制造业的论文，关于如何强化美国制造业的政策提议也有几十个。这些提议从税法变更、金融市场和贸易规则更改，到教育、移民和知识产权改革，林林总总、不一而足。信息技术和创新基金会还提出了“把竞争对手远远甩在后面的50种方法”，其中包括建立专注于实用型研发的工程、建立制造学院、增加美国商业部制造业拓展合作计划的拨款、把研发税收优惠常态化、把美国国民抵押货款协会变成一个工业银行。PIE委员会中有一些人支持其中一些建议，甚至是大多数建议。这些表达个人意见的论文发表在本书的姐妹篇《重塑制造业（实践篇）》里面，还对某些建议进行了详细的分析。

作为一支团队，我们的意见是要为政府政策和私营企业的策略找到首要目标，这个首要目标是让创新在经济中活起来。创新源源不断地奔向市场，对发展和保持社会活力至关重要。生产制造在创新转化为商品和服务的过程中扮演着重要的角色，边制造边学习能够带动下一轮创新。创新和生产之间的关系是PIE 委员会这个研究项目的重点，对新创企业、普通企业、美国跨国企业、外国主要竞争对手和合作伙伴的研究都是围绕着这个中心进行的。

PIE 委员会这个研究项目一开始就肯定了美国在创新方面的巨大优势。我们同时也意识到，无论是麻省理工学院还是美国的其他地方，我们都不能认为，具备这个优势就像自然的恩赐一样理所当然。虽然创新好像是美国的基因，美国历史上有很多机构都推出了极其重要的创新，但如果对它们的命运进行分析，就会发现，创新并不是像基因一样是天生的，它不会长久地留在一个人身上。战争刚结束时、企业架构改变时、新技术横扫全社会带来翻天覆地的变化时，我们都需要巨大的政府和私人投资以及政策支持来建设创新的基础设施。以贝尔实验室为例，50 多年前，它孕育了强大的创造力，但是现在已经不是贝尔实验室的时代了。要保持当时的创造力，并不一定要让它继续存在。但是，要大规模地推出创新，我们就要对其他机构进行改造，进行长期投资。要让前期研发的源泉充沛而多样，美国政府就必须进行投资。

虽然我们意识到了增强源泉创新的重要性，但是 PIE 委员会这个研究项目的主要关注点在于源头创新的下一步，这关系到创新和经济之间的关系，即如何将创新变成产品投放市场，创造出新利润、新产业以及新就业机会？ PIE 委员会研究的另一个课题同样重要，即如何把握在开发及生产新产品、新服务和新业务过程中产生的学习机会。企业经历了最初的失败，经过苦苦思索把新方法落到实处，在这个过程中，不期而遇的机会变成了下一轮创新要解决的难题。这些活动在美国进行的状况如何？研究结果表明，情况令人堪忧。

在本书的最后一章，我们再次回顾那些能够促进创新进入市场的做法和机构，再看看如何把它们推广开来。通过 PIE 委员会的研究项目，我们发现，在美国最有效的方法就是建立开放的基础设施，很多企业都可以利用这些设施，与自己的内部资源相结合，来把更多的创新激活并推向市场。这种基础设施我们称之为工业生态系统，因为它代表了能够决定企业生死存亡的各种资源：人才、资金、竞争前的研发、供应商、设施和知识。企业需要这些资源，但是又不能完全依靠自己的力量创造出这些资源。在美国各地，我们看到很多组织机构都在努力建造公共资源，大家采取的方法也各不相同。比如，半导体制造技术研究联合体的管理规则和蒂姆肯公司与阿克伦大学的合作协议，以及以费城为中心的节能建筑中心，但是它们之间还是有共同之处的。个人和组织在使用公共资源时应该如何合作，这就是诺贝尔奖获得者埃莉诺·奥斯特罗姆（Elinor Ostrom）的研究课题的基础。她的研究重点是世界各地的管理机构如何管理社区公共资源，这些资源包括森林、供水系统和治安维护机构。奥斯特罗姆进行了很多实地考察，建立了自己的理论体系，她得出的结论是这些公共资源牵涉到方方面面，里面包含了非常复杂的利益关系，因此没有一个放之四海而皆准的管理体系。她和同事们退而求其次，找到了一套适用于多种情况的“设计准则”，各个社区在设计自己的管理体系时可以以不同的方式加以实施。从这里得到的启迪是，我们不应该寻找重建美国公共资源的最佳路线，而是应该寻找共同准则。

建立公共资源

经过三年的研究，PIE 委员会研究团队观察到美国与全球经济都在向有利于美国制造业发展的方向转变。金融危机结束后，有些产业出现了反弹，比如，金融危机期间濒于破产的汽车制造业，现在正在东山再起。制造业新创了 50 万个岗位，能源价格下降，使用水力压裂法后美国天然气产量大增，这些都是有利于美国工业发展的因素。当然，我们还不知道这些有利因素能够转化成多少个就业机会，这也是一个争论不休的课题。

中国的工资在飞涨，因此有人乐观地预言，工作机会将会“回归”美国本土，比如波士顿咨询公司估计，到 2020 年，因美国出口增加和生产制造功能“回归”而带来的新增岗位会有 250 万到 500 万个。

到目前为止，也有一些曝光率很高的“回归”，通用电气在路易斯维尔的家用电器厂就是其中一个例子，但是“回归”的总数还是很小的。当初，把生产制造搬去中国，是想利用低工资劳动力，但现在中国在低工资、低技术的工厂周围已经建立起一个高密度、高能力的供应商网络，即使仅凭低工资不能把这些企业拴在那里，以富士康公司为代表的供应商也能够牢牢地抓住这些企业。PIE 委员会在中国采访了多个再生能源企业，发现它们把先进产品、流程推向市场的能力很强。在能源科技的生产产业，决定生产地点的是需求、市场发展空间、制造商的生产能力等因素，因此就算中国工资上涨了，这些相关企业也不会回到美国来，因为在美国，这个行业都是由顽固的旧势力把守的，发展的空间也不大。

总体来说，PIE 委员会的研究项目得出的结论是，就业机会重回美国的预期不高。因此我们就把研究重点放在能够让企业把新业务、新就业机会留在美国的新动向，虽然这种新动向还不明显，而且只是出现在个别地方，但却是不容忽视的。为了促进这些新动向的发展，我们要加快先进制造科技的发展，加快建立一个分散型的制造体系。如果有机构能够把这些技术很快推广开来，成为现代工业的基础，就能提高美国国内工业的生产力水平。即使宏观经济继续朝着有利的方向发展，包括需求反弹、能源价格继续走低、中国的工资继续上涨、有了先进生产技术等，但要让美国经济真正抓住这些机会，还必须进行工业生态系统的深层改革。

我们回顾了研究过程中进行过的几百次采访，发现了一个惊人的事实。我们看到了一个创新潜力无穷的美国，这里的大学、产业及政府实验室和研发中心、各行各业的企业都在进行创新。这些创新活动硕果累累，不但体现在众多的美国专利上，还有很多用途革新式的的创新，金属加工企业帮助新创企业开发原型机就是其中一个很好的例子。很多企业把服务和硬件捆绑起来，给客户提供了一整套新的解决方案，这样的企业前景尤其光明，中国台湾联发科技公司（MediaTek）就是这方面的典范。它在2011年开始把生产的芯片组和一套“一站式”服务的解决方案捆绑在一起打包出售，服务包括智能手机和手机运行软件的制作和开发说明，以及生产制造方面的其他帮助。这个一站式服务推出18个月后，联发科技公司占据了中国智能手机芯片市场的半壁江山。这种芯片和服务捆绑在一起的解决方案让中国手机制造商能够降低成本，缩短产品投放市场所需的时间。我们在采访时也看到过类似的例子。在美国各地，诸如此类的企业都是创新的源泉。但是，我们在研究过程中看到的是，很多时候这些创新并没有在美国转化成利润和就业机会，而是在其他国家创造了利润和就业机会。

是否有太多的创新没有转化成利润和就业机会？我们很难就这个问题给出一个一刀切的回答，因为一个看起来前途无量的创新无法变成赚钱的产品，原因有很多。可能这个创新并没有当初看起来那么前途无量，也可能是因为要把它变成产品的过程耗资太大，又或是商业化过程中管理人员搞砸了，还可能是竞争对手抢先把产品投放市场了。此外，美国的再生能源产业都被顽固的旧势力把持着，美国内部也没有很强的增长需求，于是这类企业很明显就不可能在美国有太大的发展空间，只能到高速发展的亚洲市场去寻找一飞冲天的机会。这些都是创新不能在美国产生利润和就业机会的合理解释，但更多的时候，其实是另一个因素在起作用。

PIE委员会的多个研究项目都有一个共同的发现，那就是当美国企业管理层集中资源来进行创新并将其商业化时，发现自有的内部资源弥补不了一些关键资源的缺失，在美国可以找到的经济支持也不足以弥补这些缺口。这个问题在东西海岸、洛利杜罕都会区和奥斯丁等经济繁荣地区并不突出，因为这些地区都是某些产业的集群地，技术工人储备丰厚，风险投资资本家也集中在这些地区活动。但是，我们在本书第 3 章中曾指出，即使是在这些地区，在商业化过程的转折阶段还是有资源缺口，缺口往往出现在试生产到大规模生产的转折关头，这个时候往往需要好几千万美元的追加投资。在 PIE 委员会这个研究项目的后期，我们开始听到一些关于风险投资的新顾虑，有些行内人认为风险投资未来不会像以前那样，在创新的早期就投入那么多了。我们在第 3 章中描述了麻省理工学院相关的新创企业大部分得到了风险投资 5 到 7 年的慷慨支持，如果这种顾虑不是无中生有，那么我们描述的前景就太乐观了。在不久的将来，新创企业可能会在融资上遇到新困难。新创企业在商业化过程中的融资是一个变幻莫测的领域，我们还要多加研究才能提出政策建议。

在硅谷、西雅图和坎布里奇之间，也就是整个美国的绝大部分地区，工业基础已经变得非常薄弱，到处都存在着严重的工业生态环境问题。这些问题在一些企业身上暴露无遗，我们采访的一些企业高管，包括大型国防承包商、最大的气溶胶罐生产商、橡胶配件生产商的高管都忧心忡忡，害怕他们的供应商不能生存下去，从而不得不把外包的生产制造功能再带回到企业内部来。供应商缺少了，就要找到它的替代者，但寻找替代者是有成本的，这些成本投入就减少了投放到开发新业务线的资源。其他普通企业也面临着同样的困境，具体表现在产品开发的周期拉长了，由于缺乏外部投资，只能把前一年的利润慢慢注入到新产品开发中，因而推迟了产品投放市场的时间。同时，在接受我们关于就业机会和人才培训问卷调查的企业中，有很大一部分认为由于招聘难，它们的发展脚步不得不放慢了。工业生态环境千疮百孔的状况表现得各种各样，但是这些症状的根源都在于工业体系已经四分五裂，没有什么可供大家使用的公共资源了。

一直以来，企业都需要自己能力范围以外的资源，比如说企业把接受了大企业培训过的员工挖过来，这不是今天才出现的现象，过去企业除了内部资源的整合和根据市场供求情况信号行事之外，也有依赖外部机构发挥协调作用的时候。但是，在今天的经济体系中，价值链已经全球化，生产制造功能也随之分散到全球各地，企业的平均规模也比以前小多了，因此比以往更需要外部资源、外部协调。本书第 2 章对过去 30 多年经济体内发生的变化进行了追溯，发现培训机构、地方银行、多个供应商的网络等大家共用的资源已经消失了，工业生态环境变得千疮百孔。有时候也有一些企业可以用得到的外部资源，但它们往往很分散，很难把它们集中起来为己所用。

这些工业生态环境中出现的漏洞其实是因为市场没能发挥出应有的作用，没有一个参与者能够有效调配商品、服务和协调能力，因此会出现资源供应不足的问题，从而延长了从创新构想变成投放市场的产品的时间，降低了创新商业化的成功率。生产设施建在哪里？哪里的人会得到创新市场化带来的就业机会？工业生态环境的状态会影响到这些问题的答案。如果要保持经济持续发展，在美国创造更多、更好的就业机会，让企业得到更好的发展，美国必须在区域性生态系统中重建这些缺失了的资源，让它们变成大家可以共同使用的公共、半公共资源。有很大的创新潜力、能够在创新方面做出巨大贡献的企业就可以对这些资源多加利用，弥补自己内部资源的不足。在大多数情况下，企业使用这些资源的前提是必须为创造这些资源做贡献，但这些资源是很多参与者共同提供的，很多企业可以同时从中获益。

美国必须建设新的公共资源，而不是让旧的公共资源起死回生。美国制造业在第二次世界大战结束后的 40 年里虽然风光一时，但是大家并不怀旧。今天，创新产品和创业者如过江之鲫，数量众多，有的来自美国本土，有的来自其他国家。新创企业可以利用其他企业的生产能力，这些生产能力分布于各个国家，所有权和使用权都是别人的。来自发达国家和发展中国家的大小投资者也都不需要在自己企业内部建立一整套生产设施，因为他们的产品可以通过别人的设施生产出来，投放到市场。在过去 30 多年间形成了一个开放式的全球化经济，强大的合作对象和竞争对手遍布全世界，也给创新带来了前所未有的机会。但是，美国企业架构重组和经济全球化削弱甚至摧毁了很多企业可以利用的公共资源。过去，企业可以把这些资源与自己内部创造的资源相结合，把自己的创新构想变成可以投放市场的产品和服务。但现在近于崩溃的工业体系到处都是资源漏洞和缺口，这些资源的缺失是所有企业共同面临的问题：新创企业需要邻近的供应商，一起来开发原型机并进行第一批生产；不能利用外国生产能力的中小型企业则需要本地供应商；我们发现，即使是跨国企业也苦于找不到本地人才、供应商和合作伙伴。现在只能使用内部资源的美国企业太多了：在创新的道路上，它们只能依靠自己的内部资源，发展速度和规模都受制于对内部资源的依赖。

新型工业生态系统的典范

在当前分散的工业世界里，美国要拿什么来取代垂直一体化大企业当道时存在于经济体系中的共同资源？那时候，大企业发挥了协调、传播知识的产业领袖功能，还为创新商业化提供资源。现在，美国应该如何创造技术人才、专业知识、资金来源、科学技术等互补资源，使企业把自己的内部资源和这些资源相结合，把创新构想变成投放市场的产品？德国在这方面的资源是非常丰富的，制造业也一直生机勃勃。但是，德国模式的很多部分在美国都是缺失的，例如家族控股的大型制造企业，每个企业都有好几千名员工、很强的出口能力、地方性银行帮助以及富有弹性的学徒制。美国缺乏这些必要的因素，因此不可能简单地复制德国模式，即使弗劳恩霍夫学院在美国遍地开花，德国模式也不会在这里落地生根。

我们参观了和波士顿大学有合作关系的弗劳恩霍夫创新中心，采访了那里的管理人员，之后又和曾经使用过这个中心的几个企业进行了交谈，这些谈话内容充分证明了在把创新构想商业化的过程中，企业亟需技术专长、测试和昂贵仪器方面的帮助。一名500强企业的管理人员曾经利用过弗劳恩霍夫创新中心，他对我们说：

> 曾几何时，美国企业也有自己的开发部门，里面也有制造和产品工程师，但是这些现在都被砍掉了，现在很少有企业还在自己内部搞创新开发。虽然我们还做产品开发，但是生产制造过程中的创新被削减得很厉害。现在我们和弗劳恩霍夫这样的机构合作，把它们当成是自己团队的一部分。

把产品开发交给弗劳恩霍夫创新中心承包，让企业得到了规模经济效益，但并没有让企业、供应商及工业体系的其他参与者建立起联系。德国的弗劳恩霍夫学院和美国的弗劳恩霍夫创新中心则完全不同，它不是孤立的机构，而是稠密的研发机构网络上的一个关节，资金来源也很广，其中包括政府给中小型企业的特别经费，这些经费鼓励中小型企业和弗劳恩霍夫学院或其他行业研究机构进行合作。在这些网络里，行业协会会帮助企业寻找合适的合作方来共同开发项目。

我们不能简单复地制德国模式，不仅仅是因为德国工业生态环境中的很多因素在美国不存在，还因为美国创新的强项和德国的不同，美国的创新需要另一种土壤才能百花齐放。美国企业架构大变身后，在某些地区出现了把创新和新企业、新就业机会联系在一起的机构。像美国电话电报公司这样的大企业改组后，它们支持的研究机构也像贝尔实验室一样消失了；但是在坎布里奇、西雅图、硅谷等地区，形成了一套新的治理机构和合作方式，这些机构把大学和政府实验室的研究成果有效地转变成新创企业，再帮助新创企业把创新变成产品，融入整个经济体。这些地区变得非常繁荣昌盛，美国内外很多地方都模仿它们，成立各种新产业的集群地，建立软件、生物技术和电子产品等集群地。有些集群地经过艰苦奋斗取得了很大成功，加利福尼亚州圣地亚哥周围的集群地和中国台湾的新竹科学园就是很好的例子。但是，其他很多同样的努力尝试都是竹篮打水一场空，俄亥俄州一名负责州一级经济开发的官员很坦白地说，大家都得了“集群地疲劳症”了。

以上所说的都是单一产业集群地，而当一个工业环境里有很多各行各业的企业时，应该采取什么措施为这些企业提供更多的公共资源，这方面的思考和经验就很少。但是，这可能是在美国大多数地方最行之有效的方法。德尔加多、波特、斯特恩对集群地和区域性经济的研究指出：

> 有些地区的政策努力推动地区内相关的经济活动形成互补关系，有些地区的政策则把提供高工资就业机会的产业和高科技产业放在首位，努力形成这些产业的集群地，即使这些地区在此之前根本没有这方面的产业基础。这两种政策相比较而言，前一种成功的概率要大得多。

每个地区都是由不同的企业、能力和机构组成的，这种差异性决定了这个地区的政策取向，然后在有效的政策指挥下，找到地区的优势，并把这些优势整合起来形成互补的公共资源。

说到政策，大家都会认为这只是政府行为，但是通过 PIE 委员会这个研究项目我们观察到，起到带头作用的“先行者”很多时候其实是私营企业、行业协会、地方社区学院，以及活动能力特别强的个人，当然也有政府机构。我们研究的案例包括在私营企业界和政府倡导下开展的各种活动，比如：

◎ 通过激励措施把原本互不来往的各方集中到一起来。

◎ 把培养技术人才的学校和要招聘人才的用工企业联系起来。

◎ 把开发新技术固有的风险集中在一起，从而降低单一企业面临的风险。

◎ 带头采取各种行动。

◎ 通过共用昂贵设备来取得规模经济效益，因为这些昂贵设备只有少数几个大企业有足够的财力买来供自家使用。

◎ 在新科技商业化的具体路线还没有摸清，或者在还没有一家企业愿意投入资源来把它开发成产品之前，先把技术创造出来，并把关于新科技的知识传播开来。

这些都是先行者要做的事情。这些案例的背景和具体情况迥异，但是这些先行者都发挥了召集、协调并集中风险、降低风险的基本作用。

纵观全书，我们列举了美国工业界自然发生的很多协调方式。其中最为人所熟知的例子应该是半导体制造技术研究联合体，这个产业同盟帮助参与的企业把风险集中在一起，让整个产业一起面对风险，还让企业一起共用生产设施。

MAKING IN AMERICA 制造业案例

半导体制造技术研究联合体

半导体制造技术研究联合体（以下简称联合体）是一个由半导体制造企业和半导体设备制造企业结成的产业同盟，由美国国防部和私营企业共同出资来支持它的运作。它成立于 1987 年，当时以日本为首的外国一体化半导体设备制造商迅速发展技术能力，扩大市场份额，导致美国的半导体行业处境艰难、危在旦夕。大家都认为这一联合体是巨大的成功，今天的美国半导体产业在世界上处于领导地位，不断推陈出新，提供了大量的优质就业机会，都归功于此。它还是美国出口的龙头产业。它的创新和腾飞产生的强大溢出效益涌入了其他很多领域，医疗设备和软件行业受益匪浅。全美各地有 20 万人从事该行业。

20 世纪 80 年代，该产业以 IBM、惠普公司、德州仪器公司等垂直一体化企业为中心，这些企业把设计、芯片制造、包装和组装、模具制作都统一放在自己的屋檐下。到了 20 世纪 90 年代中期，科技进步把产业分化成模块式，在这个新模式下，每一家企业只专注于一个功能，通过供应链把设计、加工和产品等功能连在一起。纵观这个产业的科技发展轨迹，每一代芯片推出时，产业面对的最大挑战是研发，新的生产设备也需要巨大的投资，且各个企业都处于供应链上不同的关键位置。它们之间的协调也至关重要，因为要把芯片从上一代成功地过渡到下一代，不同企业的投资和研发都需要互相配合得天衣无缝，因为协调不到位会导致执行失误。芯片从原来的 200 毫米过渡到 300 毫米，再过渡到现在的 450 毫米，都是在联合体的协调下顺利完成的。这些过渡的创新周期大概是 15 年，在这期间，企业要在生产工具上做重大投资，还必须在一个综合环境里，和其他企业生产的工具一起对这些生产工具进行测试，才能确定工具性能是否达标，之后还要进行大规模生产测试。生产下一代芯片的技术开发上存在着严重的缺口，这些缺口有很多未知因素，问题复杂，需要耗费巨额金钱才能解决，任何一家企业都不会单独进行这方面的投资。

这时，联合体发挥了召集、协调和集中风险的作用，才让这个有着巨大创新潜能和市场潜力的产业克服了固有的弱点。如果只依靠市场力量来调节，整个产业失败的可能性便会很高。联合体把企业召集在一起，制定策略发展蓝图、基准系统、统一标准，还让大家一起投资兴建共用的研发和测试设施。它发起的竞争前集体技术开发项目填补了重要的缺口，因为没有一个企业愿意在这个关节点上承担研发和设施、设备建设的巨大风险。在联合体的领导下，整个半导体行业避免了因为关键时刻协调不到位和资金不足引起的市场失败。

联合体也在不断变化中，它原来的资金来源只是美国政府和美国企业，而现在外国企业也给它提供运作经费了。在从得克萨斯州搬到纽约州北部后，联合体又进一步演变了，在这里，它和纽约州立大学的奥尔巴尼纳米工程学院、大型芯片制造商格罗方德半导体公司（Global Foundries）为邻，离 IBM 位于东菲什基尔的半导体工厂只有一个半小时的车程。纽约州政府提供了大量的财政支持，才把联合体和格罗方德公司吸引到纽约州北部来。州政府给格罗方德公司提供的现金和税务优惠共计约 14 亿美元，这部分资金为联合体提供了 1/3 年度预算，以及新的实验室、洁净房，还在纽约州立大学的纳米工程学院设立了相关的学位课程。如今联合体有 5 个核心成员，它们分别是 IBM、英特尔公司、三星公司、台积电公司和格罗方德公司，半导体设备生产商美国应用材料公司（Applied Materials）、LAM 公司和诺发公司等也是其核心成员，非核心成员是在半导体供应链上提供材料和服务的企业。

联合体在很多方面都是独一无二的，很难进行复制。整个产业只有几个巨头主导，产业创新和技术进步一直按照摩尔定律在飞速发展，其中绝大部分创新和进步都来自美国企业。在技术模板化后，各个企业之间的差异便表现在流程上。因此，大型芯片制造商在准备生产新一代芯片时，必须要在设备、材料生产商上和它们进行合作。为生产新一代芯片，在设备更新和设施更换上需要投入的资金是非常庞大的，大家共同规划策略蓝图便能够降低每一个参与企业的风险。

联合体的另一个独一无二之处在于，它享有特别的法律保护，没有人能够对它提出反垄断诉讼。虽然半导体产业有这些独特之处，但它面对的问题在本质上和其他产业没有什么不同，也就是说，当一体化生产演变为分散的模板型制造体系后，产业的企业数量增加了，市场因素导致的失败几率也增加了。作为产业召集者，联合体也面临着和其他产业的召集者同样的挑战：在协调和调停过程中，如何保持奖励机制的吸引力，让企业一直保持参与合作的劲头；当参与者的利益不一致时，如何排除因此引起的紧张气氛；更重要的是，如何保证服务的含金量，让那些大企业都认为这个机构的活动值得参与，而不是半途抽身而去，自立门户。

联合体在半导体产业的成绩斐然，在风险分担和能力共创方面的建树让业界很多企业受益匪浅。PIE 委员会还研究了一些机构，它们也在行业中发挥着召集和协调作用。最有意思的几家机构都是在私营企业的推动下形成的。我们在前文中提到了俄亥俄州的蒂姆肯公司，这个锥形轴承和特种钢材制造商把自己的涂料实验室和研究人员捐献给阿克伦大学，起到了行业召集者的作用。它还和大学合作开设新学位课程，并把这些资源有条件地开放给地区内的其他企业使用，条件就是这些企业也要向这个合作项目做出贡献。

在普通企业的抽样调查中，我们在俄亥俄州门托市采访了一个家族控股的高精密度机械加工企业，企业主告诉我们，他们和竞争对手一起在当地的社区学院开设了一门机械加工课程。20 年前，他们绝对不会和竞争对手说一句话，害怕一不小心说漏嘴，让竞争对手知道自己的生产能力和客户情况。他说，现在这么做也还是有风险的，但是这个险值得冒。在纽约州罗切斯特地区，PIE 委员会的研究人员看到了当地光学技术人才资源枯竭的情况。柯达公司原来是这个地区最大的用工企业，现在柯达公司衰落了，它的内部培训计划和对当地社区学院的支持也消失了。这个地区的光学就业机会还是很多且优质的，但是这些机会分散在新创的小企业里，它们都没有足够的财力来支持社区学院的培训计划，也没有钱搞内部培训。在罗切斯特地区光子集群地工业协会一名领导人和当地一家光学企业高管的积极推动下，他们找到了解决问题的方法，帮助小企业和当地的社区学院建立起了联系，共同努力说服门罗社区学院保留原有的光学培训计划。

在本书各章和姐妹篇《重塑制造业（实践篇）》里，我们列举了很多重塑工业生态环境的例子，这些例子非常鼓舞人心，但是它们都是偶发事件。对这些例子追根溯源，我们会看到一些非常特别的人和特别的企业，他们愿意突破既定的工作范围和营业模式，做一些远远超出本职要求范围的事情。美国到处都是勇于创业的人，但如果没有制度做基础，这些个人的努力也都是孤立的，很难持续下去。本书列举的例子是值得肯定的,但是这些努力有很大的不确定因素，单靠这样的偶然行为不可能创造出大规模的互补资源，也就无法从根本上改变美国各地的地方制造业生态系统。

我们想知道政府应该如何制定、推行相关制度，以及如何利用财政拨款在工业生态环境中把相关参与者系统联系起来，并加强、巩固这种联系。我们能够在以上例子中找到政府行动的共同准则吗？依据这些准则来建立公共资源，让生态环境中的公立机构和私营企业都可以利用这些资源，对所有的企业一视同仁，让它们可以把这些资源和自己的内部资源自由地结合起来，这样的做法会有效吗？

政府可以利用公共资源来促进大企业参与资源共建，而不是用公共资源去取代大企业原有的公共资源创造者的角色。我们观察了三个政府倡导的项目，想通过这三个例子看看以上原理在实践中是如何发挥作用的。每一个案例所述的做法都是刚刚起步，所以它们还只是试验，还不是成功案例（或者是失败案例）。第一个案例离我们很近，它就是马萨诸塞州清洁能源中心（以下简称清洁能源中心）。

MAKING IN AMERICA 制造业案例

马萨诸塞州清洁能源中心

这家在2008年通过立法成立的半公立机构旨在推动马萨诸塞州的清洁能源经济发展，由可再生能源信托基金资助。可再生能源信托基金每年大约筹集2 300万美元到2 400万美元，资金来源是马萨诸塞州私营公共设施的所有客户和5个自愿做贡献的市政电力部门。清洁能源中心在马萨诸塞州的再生能源领域扮演着重要的召集者角色。业务发展主管詹姆斯·鲍恩（James Bowen）描述了该机构为再生能源领域新旧企业设计的风险管理项目。这些项目填补了单个企业无法填补的缺口：示范项目、试生产项目、引进国际合作方。为了增强地区生态环境的凝聚力，清洁能源中心的很多项目都要求接受参与企业有合作方。其中一个示范项目给潮汐发电机在区内的第一次试行提供了部分资金，同时还让生产潮汐发电机的企业和马萨诸塞大学达特茅斯校园、一家潮汐发电机生产厂家、一家超级容量能力储存器生产厂家、FreeFlow电力公司、在为产品寻找新市场的FastCap公司以及马萨诸塞州海事学院建立了联系；马萨诸塞州海事学院给该项目提供了一艘大驳船作为测试平台，同时也让它的学员得到了离岸能源产业的培训机会。这些合作方在此之前从来没有合作过。

清洁能源中心另一个令人瞩目的项目是，它将1 820万美元的州政府经费用于兴建一家世界一流的风力发电机叶片测试中心，还向美国能源部申请到了2 670万美元的追加经费，这家中心增加了地区公共资源，把新的产业和政府合作方吸引到区内。马萨诸塞州没有像别的州一样用很大的税收优惠来吸引企业到区内落户。鲍恩认为，让清洁能源中心把 1 800 万美元投资到风力发电机叶片测试中心上，比给一家风力发电机叶片生产商 1 800 万美元的税务优惠效果要好得多。因为中心成为地区生态环境公共资源的一部分，全美乃至全球各地的很多叶片生产商都会来使用中心对自己的产品进行测试，相比之下，接受了 1 800 万美元税务优惠的企业可能会倒闭，也可能过几年就搬走了，对这个地区的贡献也就不见了。

自 2011 年 5 月开业以来，美国国家风能技术测试中心测试了 11 种叶片，测试方法包括 5 个长期疲劳测试，这种测试是要模拟叶片在野外运转 20 年，加上强风效应导致的磨损。风力发电机叶片测试非常昂贵，测试一片超长型叶片需要的时间长达一年。共用一家独立的测试中心可以让业内竞争对手一起分担高昂的设备投资，分享专长，保证了测试结果的公正、公平。各种各样的企业都来使用这个中心，其中包括总部设在加利福尼亚州的克里普风能公司（Clipper Windpower）、路易斯安那州新奥尔良市的叶片动力学公司（Blade Dynamics），还有丹麦的艾尔姆公司（LM Wind Power）。亚利桑那州斯科茨代尔市的叶片生产商 TPI Composite 公司最近在测试中心附近的马萨诸塞州福尔里弗开设了一家新的叶片研发和原型机制造中心，该企业的负责人说，能够就近使用测试中心是他们把研发中心设在马萨诸塞州的主要原因。测试中心也增强了该地区和其他地区及美国政府的联系，测试中心和美国国家可再生能源实验室关系密切，这个实验室的总部设在科罗拉多州高登市。测试中心还和美国国防部属下的多个部门形成了合作关系。

PIE 委员会还研究了位于宾夕法尼亚州费城的节能建筑中心（EEB Hub）。

MAKING 制造业案例
IN AMERICA

节能建筑中心

这个项目的经费来源有两部分，一个是美国能源部，在 5 年时间里拨款 12 300 万美元，另一个是由美国能源部、商业部、小企业管理局、宾夕法尼亚州政府拨款成立的区域创新集群机构（RIC）。这个项目的发起者是宾夕法尼亚州立大学，在 2011 年赢得了好几所大学、6 个产业合作方和好几个区域经济发展机构的支持。节能建筑中心位于海军码头，这个占地 4.9 平方公里的地方原来是一个海军基地，过去几年，费城工业开发集团把这里开发成一个商业及工业园。宾夕法尼亚州立大学的保罗·哈列彻（Paul Hallacher）是该项目的组织者，也是主管，他总结说，要建立这样一家机构必须具备两个前提条件。

第一，政府必须拿出大笔投资，才能激励私营企业把自己的资源投入这个项目。美国政府答应给节能建筑中心的经费比任何一家大学研究中心能够给出的都要多。这种财政支持巩固了政府作为召集者的地位，因为这种有条件的资金承诺能够把其他想从新项目中受益的合作方吸引过来，让他们也把自己的人力、物力贡献出来。

第二，建立互相信任的合作关系，哈列彻着重强调了第二个条件的重要性。他们在团队建设阶段和潜在合作方就技术和节能建筑中心的地理位置进行了总计几千个小时的沟通，这些讨论都是在公开、透明的基础上进行的。在创建有关生态系统的机构时，自上而下的方法是行不通的，依靠技术专长来指手画脚也不行。潜在合作方都很谨慎，他们要保证自己在这个新机构的发展方向上有发言权，因为在项目设计阶段有没有把他们的利益和意见考虑在内，就是以后他们有没有发言权的试金石。

节能建筑中心肩负着双重使命。第一，围绕着这个项目，把各种各样的产业、政府和大学召集起来，大家共同开发出降低现有建筑能源消耗的技术和商业模式。第二，同时建立一个以能源为基础的区域创新集群。宾夕法尼亚州有大量的中小型供应商企业，但是有自己品牌的企业的大型原始设备制造商就相对较少。项目的构想就是建立一个开放式的创新供应链，把区内的中小型供应商、大的全球化企业、以大学研究成果为依托建立起来的新创企业联系起来。哈列彻说，另一个延伸目标就是要使宾夕法尼亚地区的中小型企业成为节能建筑行业的优先考虑供应商。

半导体制造技术研究联合体的核心成员都是最大的半导体制造商，但节能建筑中心这个项目情况就很不一样，直接竞争对手不可能同时参与到项目中来。节能建筑中心沿着节能建筑技术开发和利用的供应链顺藤摸瓜，邀请了链上不同的企业加入。有 6 家企业成为正式会员：建筑服务企鲍佛贝蒂公司（Balfour Beatty）、拜耳公司、IBM 公司、照明和照明控制企业路创公司（Lutron）、各种涂料和特殊材料生产商 PPG（前身是匹兹堡平板玻璃公司）、美国联合技术公司（United Technologies）。参与的企业告诉我们，把供应商和客户连在一起是最能吸引他们的地方。其中一个企业的管理人员说：

> 如果我能当一天皇帝，我就会要求所有使用政府经费的研究项目必须让研究成果的潜在用户参与到项目里来，如果不这样，这个研究项目对社会就没有什么影响力。

其他参与者强调，节能建筑中心要开发的是一个非常分散的产业，这个参与的价值链很复杂，参与者很多，从各种产品的设计师到制造商，从建筑公司的小供应商到房地产中介，都是其中一员。让节能建筑材料、设计市场和商业模式并存，这也是吸引参与者的地方。其中一位企业管理人员觉得可惜的是，项目没有把更多资源用在前沿性的科技开发上，开发这样的技术风险很大，他的企业不可能独自进行。但是，这个人也说了，他们参与的主要原因是这个项目能够让更多的人使用它们的产品。

这是一个建立新的工业生态环境的有趣试验，其中有一个参与者特别值得一提。在创建节能建筑中心的过程中，区域经济发展机构发挥了重要的作用。本・富兰克林科技合作者是以科技为基础的经济发展机构，也是同类机构中历史最悠久的，它一开始就加入了这个项目，参与绘制了蓝图的第一阶段。这个机构给新创企业提供种子资金，支持这些企业的商业化过程。过去 10 年里，它募集到 12 亿美元，对 475 家企业进行了跟进投资。该机构还在大学研究项目中进行搜索，寻找新兴科技，再把这些科技和大学所在地区现有的工业资源联系起来。

本・富兰克林科技合作者现在正在为水和污水处理技术描绘一幅和节能建筑一样的策略蓝图，还要建立一个“特拉华山谷水联盟”（Delaware Valley Water Alliance）来为这方面的产品做性能验证，从而加快这个领域的产品商业化。在这里，绘制策略蓝图不像绘制技术蓝图那样，只是要确定某项技术的发展过程。这里要绘制的是区域和产业蓝图，重点在于找出区内的研究资源，对商业和政策环境进行趋势走向分析，寻找政策、经济和技术障碍，进行市场和企业研究。通过这些分析，本·富兰克林合作者机构把区内的利益相关者召集起来，争取他们的支持，找到阻止产业发展的主要障碍并将之消除，把相应的需求和资源联系起来。

节能建筑中心项目已经进行了三个年头，本·富兰克林合作者机构要帮助建立一个产业孵化器和商业化中心，中心成立后它还要协助管理这个中心。这个地区的制造业延伸合作计划（MEP）和费城工业发展集团也参与了节能建筑中心的兴建。这些机构现在还处在起步阶段，尽管做了那么多努力，但现在的结果还只是一个希望，希望通过节能建筑中心把中小型供应商和大企业联系起来以后，能让这些供应商拿到新订单。这方面具体的结果还不多。其中一个企业的员工说：

> 中小型企业主是最不可能加入社交网络的，可能是因为他们资源和注意力有限，或者心态使然，或者就是忙。他们看不到人脉的价值。很难说服他们，现在进行的一些投资可能不会马上获得回报，但是也是值得的。20 年前，这是一个比登天还难的事情。现在他们也慢慢开始愿意去参观工厂，参加建立关系网的会议了。情况在好转。

我们研究的第三个政府倡导的生态环境建设项目是成立还不到一年的美国国家增材制造创新学院（NAMII）。对这个机构做出的任何努力进行评价都为时尚早，但是从政府号召大家提交建立该学院的建议书得到的反映中，我们也可以吸取一些经验教训。奥巴马政府宣布要在全美建立 15 个像 NAMII 那样的制造业创新学院，NAMII 是第一个动工的。

美国国家增材制造创新学院

增材制造又称为 3D 打印，是通过把一层又一层的材料沉积下来形成一个完全符合数字设计规定标准的物体，可以用于打印包括粉状金属和高分子化合物在内的材料。和这个生产过程不同的传统机械加工是通过将材料钻洞、切割、掏空来做出各种形状的物体。3D 打印的诱人前景是用不高的成本就可以加工出独一无二的定制式物体，这些物体可以供军用，也可以供商用，这样就可以大大加快从设计到产品生产的进程，减少材料和能源消耗。其中最乐观的前景是使生产制造大众化。

“给我打印一把斯特拉迪瓦里小提琴吧。”《经济学人》2011 年 2 月 10 日的封面上这么写着，故事的主题是“一种新的制造科技将如何改变世界”。这种科技不但可以将新的工业世界的创新潜能完全释放出来，旧的工业世界也会获益良多，因为旧的工业世界就是一个不断更换磨损零部件的世界，从髋关节到牙齿再到发电机的零部件，到达年限后都需要更换。美国国防部每年要把可以买好几百把斯特拉迪瓦里小提琴的钱花在更换磨损了的国防设备零件上。如果这些零配件可以需要更换时再生产，美国国防部就不用支持多家供应商了。因为现为每家供应商需要同时开几条生产流水线来生产零部件，还要建很多仓库来装那些暂时用不着的零件，这样一来，节省的开支就真是太大了。这种诱人的前景使得美国国防部理所当然地就成了 NAMII 这个项目的主要出资人。

这些技术的最终客户和供应商跨越了好几个产业：航天、医疗器械、新材料、再生能源、汽车、建筑等。但是，想要让这些产业的主要参与者对 3D 打印进行重大投资时，他们都对这种技术持怀疑态度，认为 3D 打印技术可能就只是在原型机制造方面有点用，还认为这种技术可能只能打印出塑料的物体。3D 打印其实已经存在了好几十年了，但是由于种种原因，用途有限，比如质量、性能达不到要求，现在使用的打印材料打印出来的物体不够耐用，打印机要很长时间才能打印出一个物体来。如果这些技术发展到了可以和快速生产零部件的仪器结合在一起，而产品又能够达到精密机械加工要求的地步的话，很多企业都会受益。但是要投入多少资源才能达到那一步是非常不确定的，因此风险非常高。NAMII 首先要解决的就是这些问题：要开发的技术有跨产业应用的潜力，但是要把不同产业的参与者调动起来，才能把技术变成可以投放市场的产品，而没有一个企业可以接受这样的风险，技术的好处又太分散了，没有一个企业可以独自占有。

发展 3D 打印技术，把它在各个产业中传播开来要克服这么多困难，NAMII 的建立过程可以让我们深入了解政府如何利用财政拨款来召集、推动来自不同产业的私营企业结成同盟。政府最初提出要为项目提供 3 000 万美元的经费，这个提议使得大学、产业研究机构、企业和州政府的经济发展机构联合起来，组成了好几个互相竞争的同盟。最后，美国政府将要提供的 3 000 万美元吸引了私营企业界 4 000 万美元的投资。赢得了这个项目的同盟与其竞争对手的不同之处不是他们技术上的优胜，而是他们表现出来的要把跨国企业、中小型企业、社区学院、大学都调动起来，为彻底改变区域性制造业而奋斗的决心，这种决心让我们相信，他们设计出来的制度是可行的。

获胜同盟列举的支持者有 86 家企业、10 所研究大学、9 个劳动力发展成员（其中包括社区学院）、18 家非营利性机构（包括本·富兰克林合作者机构、MAGIVET 项目和 NorTech 等）。科技联系中心 TechBelt 在同盟形成过程中发挥了关键作用，TechBelt 是一个区域性的合作机构，成员包括卡内基美隆大学、凯斯西储大学两所大学，还有总部设在俄亥俄州的蒂姆肯公司。这对研究性大学来说是一种全新的合作方式，但是其中一位大学的系科主任又说道：

> 我们意识到，我们做的很多工作都是推动制造业发展的，尽管我们没有给我们的工作打上这样的标签，也没做过这方面的推广。

这些主要参与者把提案的写作过程和制度建设看作是把俄亥俄州东北部和宾夕法尼亚州西南部的供应制造商通过先进制造科技联系起来的过程。他们认识到，要达到这个目的就要建立起一个广泛的同盟，这就是为什么他们引进了这样的区域性发展机构、社区学院和州立大学，而这些参与者又引进了很多和他们合作的企业。因为美国政府提供的经费大部分来自美国国防部，这个团队决定让美国国家国防制造和机械加工中心，一家长期从事国防承包工作的机构，来对提案进行审查。

现在，NAMII 已经成立了，但是很多基本问题还没有答案，它的任务是什么？它应该如何运作？谁能加入？这些问题还有待解决。虽然这家机构刚刚成立，但还是值得一提的，因为它很可能成为一个把背景各异的合作方召集到一起的优秀机构，而且已经具备了相应的架构和机会。关于谁能成为成员，问题还挺多的：一定要在该地区有实体设施才能成为成员吗？既然经费是国防部这样的美国政府机构给的，其他地区的企业和大学应该也可以加入吧？机构的目标是把该地区的供应商和发明家及大企业联系起来，因此就可以把区外的企业排除在外吗？外国企业可以加入吗？如果它们想加入的话，是不是也要在该地区有生产设施，或者是起码在美国有生产设施？就像半导体制造技术研究联合体那样，NAMII 要根据形势发展，决定哪一等级的成员可以用到哪一级的资源，这是一个需要不断修改的决定。

一个开放式的创新体系将要创造出很多公共资源，谁应该获得这些资源的商业价值呢？一个开放式创新机构的盈利策略蓝图应该是怎样的？NAMII 的成员中还没有新创企业，但是成员中有些小企业有 3D 打印的专属技术。这些小企业面临着一种独特的风险，一方面大家同时拿到共同资源开发出来的技术，但是大企业比它们跑得快，在新技术应用中，小企业一定会落后，而且因为新技术出来了，自己原有的专属技术又会被淘汰了。这就有必要为这些小企业的知识产权提供一定的保护，这样才能吸引它们加入到项目中来，但是如果保护太多的话，又恐怕会遏制新技术的发展。从事这个领域的基础研究的大学在和产业合作方合作时，就要重新考虑常规的知识产权规定是否适用。发表学术论文的通常做法会受到怎样的影响？如果 NAMII 要帮助技术商业化，而大学是 NAMII 的成员，这样的身份会不会影响到大学作为非营利机构的免税地位？

另外，美国政府以及其他赞助商，作为出资人会对机构产生什么影响？美国国防部这样的美国政府机构最关心的可能是武器采购和国家安全问题，而区域性参与者的主要目的是重建区域经济。有些成员企业的营业收入很多依靠美国政府机构的订单，要完成订单，它们又需要当地供应商的配合。其他私营企业的主要市场可能是全球市场，它们的供应链也更加灵活，可以用区域内的供应商，也可以外包给世界各地的承包商。有些美国政府出资机构如美国商务部，它制度规定，项目一定要有劳动力培训的内容。在这些方面，区域性的社区学院和就业机构的观点和经验都可以不一样。要包容差异如此之大的多个参与方，要让它们在策略蓝图绘制、公共设施建设等方面都有被重视的参与感，从而共聚同一机构。要达到这样的目的，机构的治理架构也要根据不同地区的情况因地制宜。

我们应该把以上例子看作是重建美国工业生态系统的试验。它们各不相同，而我们能够从中得到的最宝贵经验就是它们的共同之处。

第一，我们认为要把政府对基础研究和前期研究的支持和对研究成果商业化的推动区分开来。政府对研究成果的推动目的是把创新推向市场，在这个前提下，是否能够把私营企业界的目标、利益、策略和政府的结合起来，这对政府和私营企业界的合作至关重要。为工业生态系统提供政策支持，要求政府担当起召集者的角色，但是机构成立后，以后的长期运作要由私营企业界和地方政府主导。即使政府拿出了大量资源，私营企业还是要全面参与规则的制定，不同级别的成员界线、成绩评估的标准及运作方式，以及需要大家共同完成的任务，都要有私营企业界参与决定。

第二，在重建工业生态系统的过程中，在合作方之间建立信任是一个必不可少的阶段。在公开、透明的前提下，对技术目标、成员标准和地区范围的长时间讨论在机构初建阶段是很有价值的。不管是政府机构还是私营企业，当他们把自己的资源有条件地贡献出来，要求其他成员也要拿出自己的资源时，就或明示或暗示地给大家定了一个截止期限。期限起到的限制作用与建立信任、寻求意见统一需要的时间就形成了一种压力，我们认为这种压力具有正面的推动作用。在处理压力、推动合作的过程中，领军人物才能显示出他们的领导才能。

第三，建立一套能让不同参与者都做出相当贡献的激励机制，因为这些参与者都希望最终得到回报。不管是政府机构还是私营企业，都不应该是机构的唯一出资人，创造出来的公共资源也应该是能让多方受益的，而不是让一方独占。这个原则就要求项目成败与参与各方的利益相关，这个原则说起来很容易，但是要做到却很难。如果项目成败对召集者影响太大，不管这个召集者是政府机构还是私营企业，就很难形成理想的协调和合作方式。如果项目成败对召集者毫无影响，召集者没有投资就只想坐享其成，项目便根本开展不起来。归根到底，一个生机勃勃的工业生态系统一定会创造出很多公共资源，技术工人、银行服务、大量拥有先进技术的供应商等都是公共资源的一部分。很难想象把贡献和从公共资源中得到的益处完全对等起来，让没有做贡献的一方完全享受不到公共资源的好处。公共政策面临的挑战就是如何让私营企业界深入参加到建立公共资源的活动中来，这些活动的成果一定会对整个社会产生溢出效应，让没有做贡献的也能享受到它的成果，这也是我们非常乐于见到的。

第四，政府和私营企业界参与者为建设工业生态系统贡献出来的资源一定要投入到那些资源来源广泛的机构中。有些机构对单一的支持者依赖过重，如果这个支持者抽身而去，这家机构就倒下了。没有一个万无一失的机构设计方案能够保证这家机构永远屹立不倒，但是如果只把资源拨给那些和别的机构组成同盟来申请资源的机构，就能够提高成功的概率，因为即使同盟中的一个成员退出了，其他成员可能还会觉得这个项目值得继续支持，于是项目还会继续下去。在创建新制度的同时，应该避免当前经常出现的一种情况，也就是在争取企业落户地区、为地区创造就业机会的过程中，把大量公共资源通过各种渠道输送给一些企业，结果，几年后企业倒闭了或者是搬走了，没有给所在社区留下一点好处。《纽约时报》曾经报道过，某州政府和镇政府为了吸引企业搬迁到或者继续留在自己的社区里，每年以现金拨款、贷款、税务免收、物业税收减免等形式给企业发放的福利总额高达800亿美元，《纽约时报》对这笔巨额福利进行了跟踪报道，发现当企业关闭工厂或者是把生产制造功能搬走时，所在社区就立刻变得一无所有了。法庭还裁定不能要求企业保证创造多少个岗位。最后，这些社区的情况甚至还不如以前，因为政府把本应该用于教育和基础设施建设的税收花在了补贴企业身上。

对于今天地方政府纷纷以税务减免来争取企业落户的混乱景象，PIE 委员会没有解救办法。但是，我们认为找到建立新制度的设计原则，就能够加快创新进入市场的步伐。很多创新不会成功，如果用社区资源继续扶持它们便也是一种浪费。我们的目的是要创建能够支持多个创新项目同时进行的机构，即使其中一个项目倒下了，而其他项目还很有希望的话，这个机构就能够重新确定目标、重组团队和资源，继续前进。工业生态环境应该培养适用于多个产业的公共资源和人才，虽然有些项目会失败，但是一定会有成功的。能够帮助实现这个目标的有利因素是：要组成合作同盟来申请经费，以及要支持的不是单一的创新项目，而是开发时间有长有短的一组创新项目集合，组成工业生态环境的各个机构应该以研究性大学为支柱，且这些大学必须有带领团队走过成功也走过失败的丰富经验。我们在本书中研究过的机构还是正在建设中的试验品，还要投入更多的资源，以便我们从它们的经历中吸取经验和教训。

PIE 委员会奔赴各地去追寻创新的足迹，他们来到高科技新创企业里，来到普通制造业企业里，来到世界最大的跨国公司的研究中心里，还去到国外拜访了主要的合作对象和竞争对手。我们原来对创新是在哪里、通过什么样的过程才能在经济体中活跃起来都有自己的看法，但是经过这些实地调查后，我们原来的想法全变了。我们看到伟大的创新在不断寻找能够制造原型机和试生产的机械加工厂和供应商；前途无量的新创企业不断寻求进行大规模生产所需要的资金，先是在美国国内寻找，最后找到了国外。有些对现有产品和流程进行改良的构想非常不错，但是却一直得不到实施。我们原来把创新想象成新的通用技术横空而出，紧接着新产业就像雨后春笋一样冒出来，而通过 PIE 研究项目把这种不现实的想法和美国现实的土地连在了一起，让我们认识到要创建新产业，首先要面对人才和材料性能的挑战。作为研究人员，我们还是心怀梦想的，但是经过 PIE 委员会的这个研究项目，我们意识到，要有合作者才能把梦想变成现实。

致 谢

麻省理工学院有那么多个系，那么多研究人员从事着各种不同的研究，他们怎样才能加入到制造业在创新经济中的地位这场席卷全美乃至全球的辩论中呢？这个想法就是《重塑制造业》一书的来源，我们认为制造业是让创新活起来的必要条件。这个项目的倡导者对我们始终充满信心，就像我们研究的创新项目一样，没有这些人的支持，我们不会取得现在的成就。我们的倡导者是三位麻省理工学院的校友：马克·戈伦伯格（Mark Gorenberg）、黛安·格林（Diane Greene）、雷·斯泰特（Ray Stata）；四家基金会：阿尔佛雷德·P. 斯隆基金会（Alfred P. Sloan Foundation）、纽约卡内基公司（Carnegie Corporation of New York）、拉塞尔·塞奇基金会（Russell Sage Foundation）、尤因·马里恩·考夫曼基金会（Ewing Marion Kauffman Foundation），还有洛克希德马丁公司（Lockheed Martin Corporation）慷慨的无限额资金支持。在研究过程中，我们采访了几百人，他们很多都对学术界的这种研究持怀疑态度，但是不管他们对我们的研究看法如何，不管他们是大企业的总裁还是机修车间的经理，都慷慨地献出了自己的时间，毫无保留地和我们分享了自己的观点。我们永远都会记得，我们要求采访的企业回复来大量的邮件，它们同意我们去采访，并安排采访的时间，还同意带我们参观厂房，给我们提供三明治小吃。其中一些企业同意我们在研究结果中使用它们的名字，另外一些希望我们不要披露它们的名字，我们尊重它们的选择。

这个研究项目涉及14个系，要管理这样一个项目无疑是复杂的，但是在政治科学系的玛利亚·迪莫罗（Maria DiMauro）、宝拉·克罗伊策（Paula Kreutzer）、凯思琳·瑟尔（Kathleen Searle）以及研究管理处的助理教务长罗纳德·哈塞尔廷（Ronald Hasseltine）的帮助下，这个原本艰巨的任务变得非常顺畅。最后，我们永远也表达不完对“支柱小组”的感激之情，“支柱小组”是一个教职人员和学生共同参与的非正式聚会，在项目进行期间，他们每个星期都聚在一起，对主要问题的定义、研究方法、采访对象、调查结果展开热烈的讨论。“支柱小组”的核心成员是6个研究生：杰西·詹金斯（Jesse Jenkins）、乔伊斯·劳伦斯（Joyce Lawrence）、乔纳斯·纳姆（Jonas Nahm）、海勒姆·萨姆埃尔（Hriam Samel）、安德鲁·威弗（Andrew Weaver）和雷切尔·威尔豪森（Rachel Wellhausen）。他们的名字在本书的姐妹篇《重塑制造业（实践篇）》里也出现了，他们不但对某些部分的研究做出了贡献，还负责安排整本书的论证和主题。PIE委员会的研究项目对这些年轻同事未来的教学和研究生涯意义重大，这可能是这个研究项目最直接的影响。

此项目的资助人和受访者均不对PIE委员会的研究发现及所做的建议负责。

未来，属于终身学习者

我这辈子遇到的聪明人（来自各行各业的聪明人）没有不每天阅读的——没有，一个都没有。巴菲特读书之多，我读书之多，可能会让你感到吃惊。孩子们都笑话我。他们觉得我是一本长了两条腿的书。

——查理·芒格

互联网改变了信息连接的方式；指数型技术在迅速颠覆着现有的商业世界；人工智能已经开始抢占人类的工作岗位……

未来，到底需要什么样的人才？

改变命运唯一的策略是你要变成终身学习者。未来世界将不再需要单一的技能型人才，而是需要具备完善的知识结构、极强逻辑思考力和高感知力的复合型人才。优秀的人往往通过阅读建立足够强大的抽象思维能力，获得异于众人的思考和整合能力。未来，将属于终身学习者！而阅读必定和终身学习形影不离。

很多人读书，追求的是干货，寻求的是立刻行之有效的解决方案。其实这是一种留在舒适区的阅读方法。在这个充满不确定性的年代，答案不会简单地出现在书里，因为生活根本就没有标准确切的答案，你也不能期望过去的经验能解决未来的问题。

湛庐阅读APP：与最聪明的人共同进化

有人常常把成本支出的焦点放在书价上，把读完一本书当做阅读的终结。其实不然。

时间是读者付出的最大阅读成本

怎么读是读者面临的最大阅读障碍

“读书破万卷”不仅仅在“万”，更重要的是在“破”！

现在，我们构建了全新的“湛庐阅读”APP。它将成为你“破万卷”的新居所。在这里：

- 不用考虑读什么，你可以便捷找到纸书、有声书和各种声音产品；
- 你可以学会怎么读，你将发现集泛读、通读、精读于一体的阅读解决方案；
- 你会与作者、译者、专家、推荐人和阅读教练相遇，他们是优质思想的发源地；
- 你会与优秀的读者和终身学习者为伍，他们对阅读和学习有着持久的热情和源源不绝的内驱力。

从单一到复合，从知道到精通，从理解到创造，湛庐希望建立一个“与最聪明的人共同进化”的社区，成为人类先进思想交汇的聚集地，共同迎接未来。

与此同时，我们希望能够重新定义你的学习场景，让你随时随地收获有内容、有价值的思想，通过阅读实现终身学习。这是我们的使命和价值。

湛庐阅读APP玩转指南

湛庐阅读APP结构图：

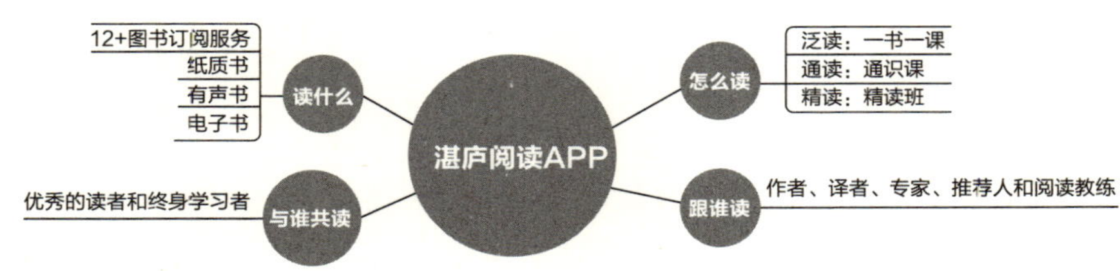

三步玩转湛庐阅读APP：

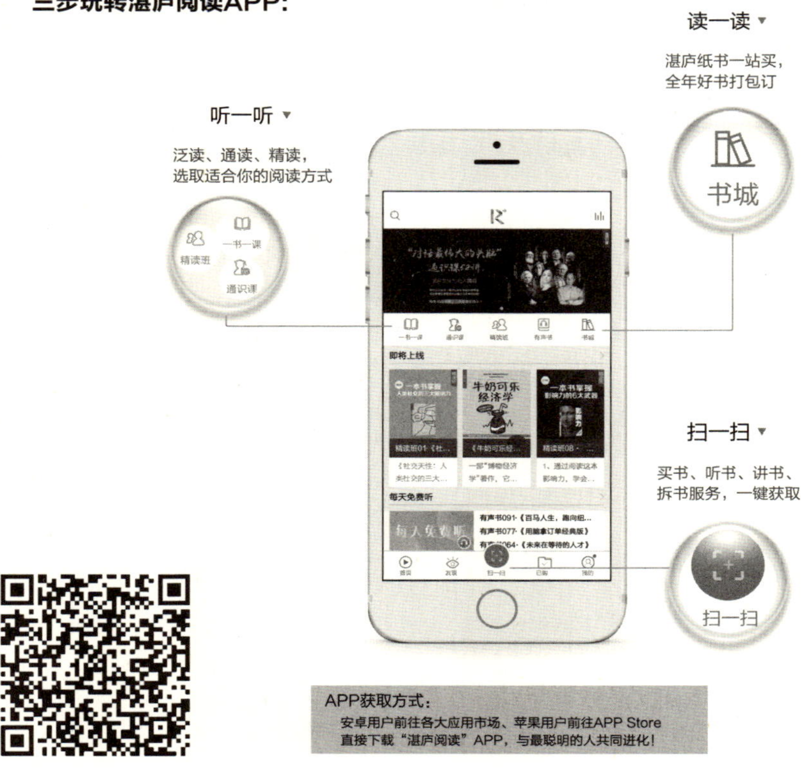

APP获取方式：
安卓用户前往各大应用市场、苹果用户前往APP Store
直接下载“湛庐阅读”APP，与最聪明的人共同进化！

使用APP扫一扫功能，遇见书里书外更大的世界！

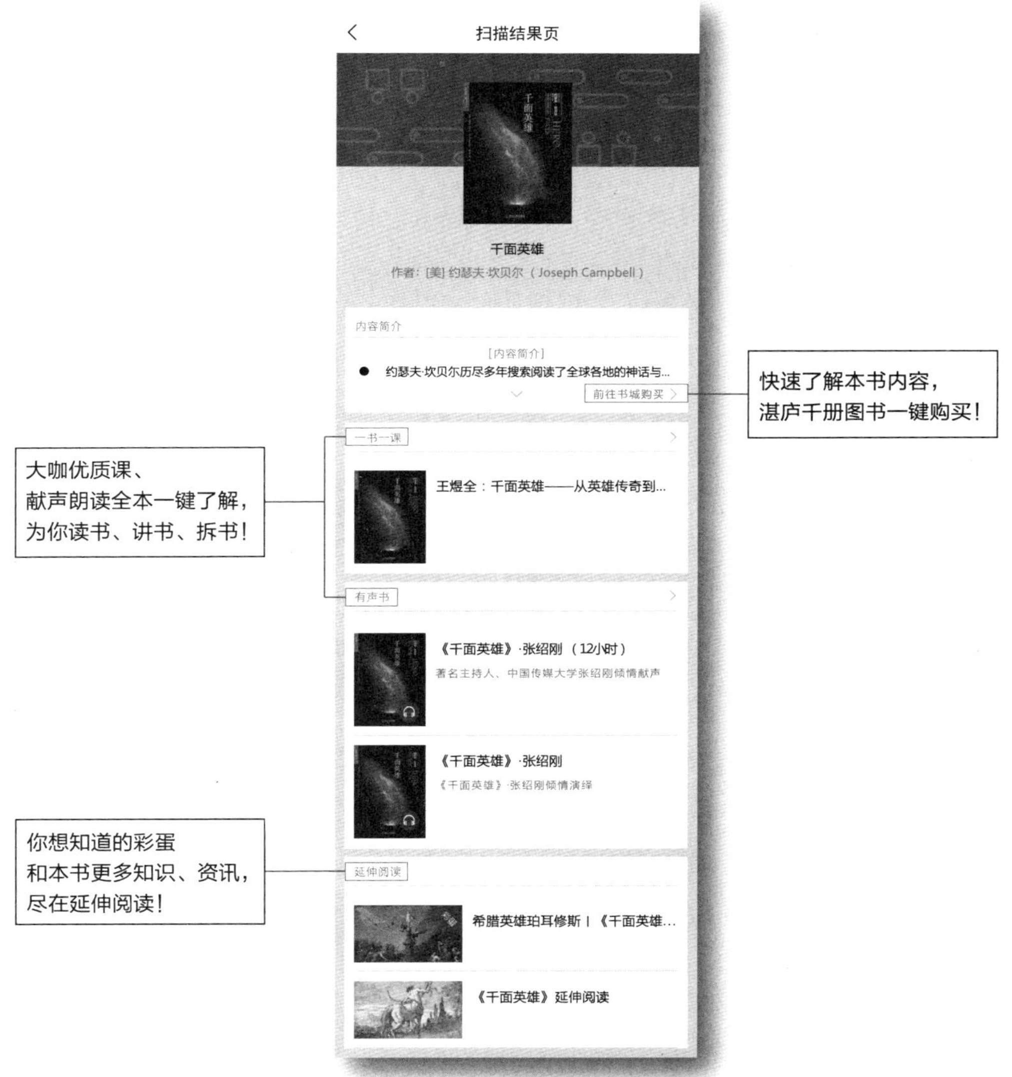

湛庐CHEERS

延伸阅读

《技术的本质》（经典版）

◎ 湛庐文化圣塔菲书系著作！

◎ 复杂性科学奠基人、首屈一指的技术思想家、“熊彼特奖”得主布莱恩·阿瑟作品！

◎ 谷歌 Java 程序开发的灵感源泉！

◎ 技术理论体系的先河之作，前所未有的关于技术产生和进化的系统性理论！

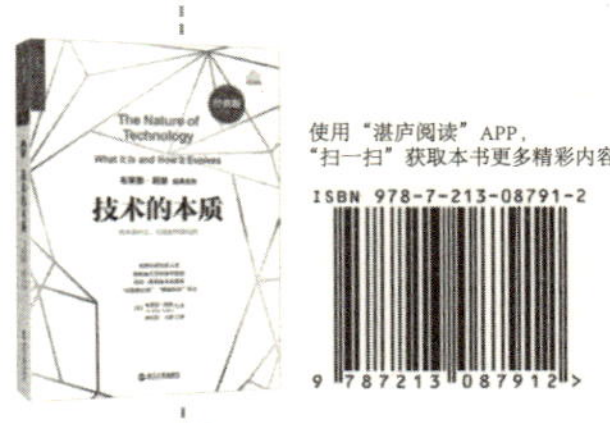

使用“湛庐阅读”APP，
“扫一扫”获取本书更多精彩内容

ISBN 978-7-213-08791-2

《创新跃迁》

◎ 哈佛商学院与斯坦福商学院的智慧碰撞，美国管理学会殿堂级巨擘迈克尔·塔什曼、查尔斯·奥赖利三世联袂打造。

◎ 与《创新者的窘境》双峰并峙的里程碑式管理学经典，失控时代的组织进化路线图。

◎“右手利润、左手创新”的实践指南，把握技术周期的穿越手册。

使用“湛庐阅读”APP，
“扫一扫”获取本书更多精彩内容

ISBN 978-7-220-10762-7

《试错力》

◎ 畅销书《卧底经济学》作者蒂姆·哈福德跨界力作！

◎ 公司版《物种起源》，伟大企业持续创新的竞争法则。

◎《黑天鹅》作者纳西姆·尼古拉斯·塔勒布，《怪诞行为学》作者丹·艾瑞里，《金融时报》美国版执行主编吉莉安·泰特，《福布斯》杂志执行主编迈克尔·诺尔鼎力推荐，《金融时报》《福布斯》《泰晤士报》《自然》联袂力荐！

使用“湛庐阅读”APP，
“扫一扫”获取本书更多精彩内容

ISBN 978-7-213-08644-1

《重塑：信息经济的结构》

◎“新经济丛书”首部著作，由信息经济先行者张翼成，复杂网络研究青年学者吕琳媛、周涛合力打造，是奠定新经济体系的思想基石！

◎ 阿里巴巴集团学术委员会主席曾鸣重磅推荐！信息社会 50 人论坛理事、阿里研究院高级顾问梁春晓，财讯传媒集团首席战略官、网络智酷总顾问、杭州师范大学阿里巴巴商学院特聘教授段永朝亲笔作序，鼎力推荐！

使用“湛庐阅读”APP，
“扫一扫”获取本书更多精彩内容

ISBN 978-7-220-10663-7

Making in America: from innovation to market / Suzanne Berger With MTI Task Force on Production in the Innovation Economy.

图书在版编目（CIP）数据

重塑制造业 /（美）苏珊娜·伯杰（Suzanne Berger）著；廖丽华译．— 杭州：浙江教育出版社，2018. 9

ISBN 978-7-5536-7449-0

Ⅰ. ①重… Ⅱ. ①苏… ②廖… Ⅲ. ①制造工业—研究—美国 Ⅳ. ①F471.264

中国版本图书馆 CIP 数据核字（2018）第 160179 号

浙 江 省 版 权 局
著作权合同登记号
图字：11-2018-323

上架指导：经济读物

重塑制造业

CHONG SU ZHIZAO YE

［美］苏珊娜·伯杰（Suzanne Berger） 著

廖丽华 译

责任编辑： 马立改
美术编辑： 韩　波
封面设计： ablackcover.com
责任校对： 罗　曼
责任印务： 时小娟
出版发行： 浙江教育出版社（杭州市天目山路40号 邮编：310013）
电话：（0571）85170300-80928　邮箱：zjjy@zjcb.com 网址：www.zjeph.com
印　　刷： 北京盛通印刷股份有限公司
开　　本： 720mm ×965mm　**成品尺寸：** 170mm×230mm
印　　张： 16.75　**字　　数：** 226千字
版　　次： 2018年9月第 1 版　**印　　次：** 2018年9月第 1 次印刷
书　　号： ISBN 978-7-5536-7449-0
定　　价： 79.90元

如发现印装质量问题，影响阅读，请电话联系调换。